Ulrich Stoll
Einmal Freiheit und zurück

W0088211

Ulrich Stoll

Einmal Freiheit und zurück

Die Geschichte der DDR-Rückkehrer

Ch. Links Verlag, Berlin

Das Buch entstand parallel zum gleichnamigen Film, der 2009 auf ARTE und im ZDF ausgestrahlt wird.
Aus persönlichkeitsrechtlichen Gründen wurden einige Namen geändert. Sie sind bei der Erstnennung durch ein * gekennzeichnet.

Die Deutsche Nationalbibliothek verzeichnet diese Publikation in der Deutschen Nationalbibliografie; detaillierte bibliografische Angaben sind im Internet über http://dnb.d-nb.de abrufbar.

1. Auflage, September 2009
© Christoph Links Verlag GmbH
Schönhauser Allee 36, 10435 Berlin, Tel.: (030) 44 02 32-0
www.christoph-links-verlag.de; mail@christoph-links-verlag.de
Umschlaggestaltung: KahaneDesign, Berlin,
unter Verwendung eines Fotos von Ulrich Stoll (2008)
Lektorat: Claudia Zippan, Berlin
Satz: Bild1Druck GmbH, Berlin
Druck und Bindung: Druckerei F. Pustet, Regensburg

ISBN: 978-3-86153-544-7

Inhalt

Vorwort

»Alles in dieser kleinen DDR wird mit der schäbigen
Aura eines Geheimnisses versehen.«

*F.C. Delius über das Zentrale Aufnahmeheim Röntgental
(in: »Der Spaziergang von Rostock nach Syrakus«, S. 150)*

Der Weg in die Vergangenheit führt in den Norden von Berlin.
Von der Autobahn A 114 biegt an der Ausfahrt Bucher Straße
eine schmale Landstraße nach Nordosten ab, die sich nach einigen Kilometern gabelt. Nach links geht es weiter über Kopfsteinpflaster in Richtung Hobrechtsfelde. Die Straße fällt an den Seiten derart stark ab, dass man als Autofahrer fürchten muss,
umzukippen, wenn man auf der Seitenspur fährt. Es bleibt nichts
anderes übrig, als sich in der Straßenmitte zu halten und zu hoffen, dass niemand entgegenkommt. Alte DDR-Straßenlaternen
mit runden Glasschirmen säumen die Strecke, an der nur die modernen Verkehrszeichen an die neue Zeit erinnern. Dann eine
Kreuzung: links ein alter geschlossener Schlagbaum, rechts das
Schild zu einem Seniorenheim. Folgt man diesem Hinweis, so
zeichnet sich nach ein paar hundert Metern auf der Schönerlinder
Straße am Ortseingang von Zepernick hinter Bäumen ein graues
Hochhaus ab. Durch eine Schranke kann man auf einen Parkplatz fahren, dorthin, wo vor über 20 Jahren ein toter Mann lag.
Ein Selbstmörder, der nicht aushalten konnte, was in diesem Ge-
bäude geschah.

Im März 1985 schickte mich meine Redaktion, das WDR-Re-
gionalmagazin »Hier und Heute«, quer durch Nordrhein-Westfalen. Ich war auf der Suche nach ehemaligen DDR-Bürgern, deren
Namen und Wohnorte im SED-Organ *Neues Deutschland* veröf-
fentlicht worden waren. Angeblich wollten 20 000 ehemalige
DDR-Bürger zurück hinter Mauer und Stacheldraht, weil sie vom
Leben im Westen enttäuscht waren – eine ungeheure Geschichte,
wenn sie denn stimmte.

Mit Hilfe von Adressbüchern und durch Telefonate konnte ich
die Wohnanschriften einiger Familien ausfindig machen. Es gab

sie offenbar wirklich, die Rückkehrwilligen in Dortmund, Bergisch-Gladbach und Overath. Doch selbst wenn ich die im SED-Zentralorgan Genannten ans Telefon bekam, wimmelten sie mich ab oder legten wortlos den Hörer auf. Mit einem Kamerateam klapperte ich die Adressen ab, für die ich keine Telefonnummern ermitteln konnte. Wo ich auch klingelte, entweder öffnete niemand oder man schlug mir nach kurzem Gespräch die Tür vor der Nase zu. Wer tatsächlich zurück in die DDR wollte, tat wohl gut daran, nicht mit den Westmedien zu reden. Ich jedenfalls musste aufgeben, konnte keine Exklusivinterviews in den Schneideraum nach Köln bringen.

Der graue Kasten am Ortsschild von Zepernick ist ein Plattenbau vom Typ »Feierabendheim«, wie in der DDR die Altenheime hießen. Ein Block mit sieben Geschossen, zwei Treppenhäusern und Balkonen über die ganze Gebäudebreite. Baugleiche Häuser stehen heute noch überall in der Umgebung, auch auf dem Gelände des nahen Klinikums Buch.

Das heutige Seniorenheim gehörte bis zur Wende zum Zentralen Aufnahmeheim Röntgental (ZAH) und diente als Wohnheim für DDR-Rückkehrer. Wer in die DDR ziehen wollte oder zurückkehrte, wurde zwischen 1986 und 1989 in diesen mehrstöckigen Plattenbau mit dem Namen Haus 11 gebracht und dort wochenlang interniert. Die oberste Etage war der Verhörtrakt – ein ganzer Flur nur für Vernehmungen. Hier mussten die Heiminsassen stundenlange »Gespräche« mit Vernehmern der Staatssicherheit ertragen, oft Tag für Tag. Die Etage konnte nur mit einem Lift erreicht werden, dessen Benutzung dem Wachpersonal vorbehalten war. Der Treppenaufgang war durch eine Eisengittertür abgesperrt.

Nicht weit vom Hochhaus entfernt steht eine weiße Holzbaracke. Hier, in Haus 2, der ehemaligen Zollbaracke, durchwühlten DDR-Beamte das Gepäck der Rückkehrer, die man verdächtigte, als Spione für den »Feind«, den Westen, zu arbeiten. Bis 1986, als Haus 11 bezugsfertig wurde, waren die Insassen des Lagers in solchen Baracken untergebracht. Vom damals wohl bedrückendsten Gebäude auf dem Gelände ist nur noch der Grundriss zu erkennen. Wo jetzt eine Betonpiste an einer Rasenfläche endet, stand das sogenannte Hexenhaus, ein unscheinbares Einfamilienhaus, in dem die »Quarantäne« eingerichtet war. Hier verbrachten die DDR-Heimkehrer ihre erste Nacht in totaler Isolation. Der Zaun, der eine Flucht aus dem »Hexenhaus« unmöglich machte, ist heute verschwunden.

Über 20 Jahre nach meiner erfolglosen Recherche tauchte in der Berliner Behörde für die Stasi-Unterlagen ein geheimnisvolles Filmfragment aus dem Jahr 1986 auf. Der bekannte DDR-Fernsehmoderator Ulrich Makosch ist dort zu sehen, wie er reumütige Rückkehrer befragt. Die Interviewpartner scheinen unter großem Druck zu stehen, berichten stockend von der Arbeitslosigkeit und der Kälte der Menschen im Westen. Für mich ist es der Auslöser zu einer zweijährigen Recherche. Der Propagandafilm des »Filmstudios Agitation«, das zeigt sich bald, ist nur ein Element einer groß angelegten Operation des Ministeriums für Staatssicherheit. »Rückgewinnungsmaßnahmen« nannte das MfS die Versuche, Geflohene durch Erpressung oder falsche Versprechungen zurück in die DDR zu locken. Die wenigen, die tatsächlich zurückkamen, so enthüllen die Stasi-Akten, durchliefen ein durchorganisiertes Kontroll- und Umerziehungsprogramm. Im Zentralen Aufnahmeheim Röntgental mussten die Heimkehrer wochen- und monatelang ausharren, bis sie zurück zu ihren Familien durften. Die Gefangenschaft im Rückkehrerheim hielten nicht alle aus: Es gab allein in den 1980er Jahren mindestens fünf Selbstmorde und drei weitere Selbstmordversuche.

20 Jahre nach dem Mauerfall könnte man vermuten, dass die meisten Geschichten über die DDR und die Staatssicherheit erzählt wären. Die Schicksale der DDR-Heimkehrer sind hingegen bisher fast völlig unbekannt geblieben. Fast ein Vierteljahrhundert nach meiner ersten Recherche hatte ich das Glück, auch durch Vermittlung von Birgit Schädlich vom Verein Bildung-Begegnung-Zeitgeschehen in Bernau, einige Rückkehrer zu treffen, die mit mir über ihre Erlebnisse in Röntgental sprachen. Ich danke meinen Gesprächspartnern, die eine Fernsehdokumentation für ARTE und dieses Buch ermöglichten. Sie waren bereit, über ein unangenehmes Kapitel ihres Lebens Auskunft zu geben. Für die Erschließung der Sach- und Personenakten zum Aufnahmeheim Röntgental sei an dieser Stelle Helga Tschuck und Sylvia Stechel von der Birthler-Behörde herzlich gedankt.

Die Namen einiger Betroffener wurden auf Wunsch geändert, was an den entsprechenden Stellen im Buch ausgewiesen ist, wie auch die Namen von niederen MfS-Offizieren mehrheitlich verändert wurden, da es Stasi-Mitarbeitern mehrfach gelungen ist, vor Gerichten auf Anonymität zu klagen und sogar die Echtheit der von ihnen selbst angefertigten Akten zu bestreiten. Ich bin von der Echtheit der diesem Buch zugrunde liegenden Akten überzeugt – sie decken sich mit den Berichten der DDR-Rückkehrer, deren Geschichten hier erzählt werden. Es sind die Geschichten von Menschen, deren Familien als Geiseln genommen wurden, um sie zur Rückkehr in die DDR zu bewegen. Und es sind Berichte über einen Neuanfang in einem Staat, der die Heimkehrer nicht willkommen hieß, sondern bespitzelte und als potentielle Spione ausgrenzte.

Ulrich Stoll

Einführung
Durchleuchtung im Aufnahmelager

Mehr als zweieinhalb Millionen DDR-Bürger fliehen bis zum Mauerbau 1961 von Ost nach West. Ein Menschenstrom, der am 13. August 1961 schlagartig versiegt. Trotzdem sind es in den Jahrzehnten danach immerhin noch über 600 000 DDR-Bürger, die durch Flucht, Freikauf oder als legale Übersiedler in die Bundesrepublik gelangen.

Weniger bekannt ist, dass es auch eine gegenläufige Bewegung gab, die allerdings viel kleiner war. In den vier Jahrzehnten der deutschen Teilung siedeln zwischen 470 000 (Schätzung West) und 675 000 (Schätzung Ost) Bundesbürger in die DDR über.[1]

Die meisten West-Ost-Übersiedler kommen verständlicherweise vor dem Mauerbau in die DDR. Doch auch nach dem August 1961 entscheiden sich noch rund 70 000 für ein Leben hinter dem Eisernen Vorhang. Migrationsforscher gehen davon aus, dass etwa zwei Drittel der West-Ost-Übersiedler Rückkehrer waren, die mehrheitlich familiäre Gründe für ihre Entscheidung hatten.[2]

Die DDR-Behörden reagieren von Anfang an mit Misstrauen auf die kleine Wanderbewegung gen Osten. Dabei hätte der eingemauerte SED-Staat für jeden Rückkehrer oder Zuziehenden dankbar sein können. Doch die DDR-Führung treibt die Furcht vor eingeschleusten Westagenten um. Um die Einreisewilligen auf ihre Motive hin zu durchleuchten, werden spezielle Lager eingerichtet. Jeder, der in die DDR ziehen oder zurückkehren will, muss für mehrere Wochen oder gar Monate diese Aufnahmelager durchlaufen.

Quarantänelager und Aufnahmestellen

Zu Beginn der 1950er Jahre errichtet die DDR an den Grenzübergangsstellen spezielle Baracken für Zuziehende und Rückkehrer, die sogenannten Aufnahmestellen, in denen Volkspolizei (Kriminalpolizei), Abteilung Inneres des Bezirkes oder Kreises sowie die Staatssicherheit (MfS) die Neuankömmlinge überprüfen und verhören. Die DDR-Behörden bezeichnen die Rückkehrer und West-Ost-Übersiedler als Aufnahmeersuchende (AE). Diese Aufnahme- und Meldestellen befinden sich zunächst in Grevesmühlen (Bezirk Rostock), Schwanheide (Schwerin), Oebisfelde und Marienborn (Magdeburg), Nordhausen, Heiligenstadt, Gerstungen, Schmalkalden (alle Bezirk Erfurt), Probstzella (Gera), Gutenfürst (Karl-Marx-Stadt) und Berlin.[3]

Von dort werden die Übersiedler auf sogenannte Quarantänelager verteilt. Sie existieren seit der innerdeutschen Grenzabschottung von 1952 in Bützow bei Schwerin, im thüringischen Eisenach, in Frankfurt/Oder, in Burg bei Magdeburg und in Neschwitz in der Nähe von Bautzen.[4]

Ist anfangs ein Zeitraum von sieben Tagen im Quarantäneheim vorgesehen, so verlängert sich die durchschnittliche Aufenthaltsdauer schon 1954 auf zwei Wochen, in einigen Fällen sogar auf bis zu drei Monate. Polizei und Staatssicherheit wollen mehr Zeit haben, um die Lagerbewohner gründlicher zu durchleuchten.[5]

Nach diesen Anfangsprovisorien baut die DDR ab 1955 neue Aufnahmeheime an fünf Standorten nahe der innerdeutschen Grenze bzw. der Grenze zu West-Berlin auf: in Rudolstadt (Bezirk Gera), Eisenach (Erfurt), Schönebeck-Salzelmen (Magdeburg), Pritzier (Schwerin) und Fürstenwalde (Frankfurt/Oder).

Die offizielle Wiederbewaffnung im Westen ab 1955, verbunden mit der Einführung der Wehrpflicht, die es zu dieser Zeit in der DDR noch nicht gibt, lässt die DDR-Führung auf Bundeswehr-Deserteure hoffen. SED-Chef Walter Ulbricht wendet sich am 5. Juli 1956 an potentielle westdeutsche Wehrflüchtlinge und erklärt im *Neuen Deutschland*: »Junge Arbeiter, junge Bauern, junge Hochschüler und Studenten, wenn Ihr den Frieden wollt und ein einiges Deutschland, dann laßt Euch nicht von den Hitlergeneralen mißbrauchen! Wer will, kann in die DDR kommen, um hier der friedlichen Arbeit nachzugehen.«[6] Für diese Westdeserteure gibt es ein gesondertes Heim, genannt »Internationale Solidarität«, in Bautzen. Es existiert bis 1962, dem Jahr, in dem auch in der DDR die Wehrpflicht eingeführt wird.[7]

Zusätzlich besteht von 1957 bis 1963 ein »Intelligenzheim« in Ferch bei Potsdam. In einer komfortableren Waldvilla werden die dringend benötigten Übersiedler mit höherer Qualifikation, wie zum Beispiel Ärzte, überprüft und vorübergehend von der Außenwelt abgeschottet.[8]

Doch ab der Jahreswende 1957/58 haben DDR-Bürger, die in den Westen geflüchtet sind, gute Gründe, nicht in die DDR zurückzukehren. Am 11. Dezember 1957 verschärft die DDR-Volkskammer das Passgesetz. Jeder Rückkehrer kann jetzt als Republikflüchtling mit Gefängnis bis zu drei Jahren bestraft werden. Diese Haftandrohung für Rückkehrwillige schwächt den möglichen Erfolg der Werbung von Spezialisten und Deserteuren ab. Darum verkündet das SED-Zentralorgan ein Jahr später: »Kein Rückkehrer wird dafür bestraft, daß er einmal ohne Genehmigung die DDR verlassen hat.«[9] Sinngemäße Aussagen werden auch in den folgenden Jahrzehnten von DDR-Behörden gemacht, doch achtet man zumeist darauf, dass es keine juristisch greifbaren Formulierungen sind. So bekommen Rückkehrwillige abwiegelnd zu hören: »Nichts wird so heiß gegessen, wie es gekocht wird«, oder: »Man wird Sie nicht gerade mit Blumen empfangen.«

Ab 1958 baut die DDR ihre Aufnahmeheime weiter aus. Das Lager Eisenach wird auf eine Kapazität von 700 Zuziehenden erweitert, und an die Stelle des Lagers Schönebeck (450 Plätze) tritt ab 1959 das Aufnahmeheim im nahegelegenen Schloss Barby (ebenfalls Bezirk Magdeburg) mit 650 Plätzen.[10]

Nach dem bis zu drei Monate dauernden Heimaufenthalt entlässt die DDR die Neubürger und Rückkehrer aber nicht sofort in eigene Wohnungen, zumal das Wohnungsangebot extrem knapp ist. Ab 1960 entstehen Bezirksheime, in denen der Aufenthalt weitere Wochen oder Monate dauern kann. Entsprechende Heime entstehen in Velgast (Rostock), Militzsee (Schwerin), Loburg (Magdeburg), Schmalkalden (Erfurt), Kraftsdorf (Gera), Karl-Marx-Stadt, Zirkelschacht (Halle), Leipzig, Dresden, Gablenz (Cottbus), Fürstenwalde (Frankfurt/Oder), Potsdam und Berlin-Weißensee.[11]

Nutzung für die Propaganda

Zu jeder Zeit werden die Zuzieher oder Rückwanderer für die Propaganda benutzt. Das *Neue Deutschland* meldet in den 1950er Jahren Phantasiezahlen von angeblich zwei Millionen West-Ost-Übersiedlern, die »der Brotangst entronnen« seien und Schreckliches über das Leben in der Bundesrepublik zu berichten hätten: »Wie so viele andere, bekam auch ich die ganze Härte des Bonner Regimes zu spüren«, wird ein Bergmann zitiert. In der *Jungen Welt,* dem Zentralorgan der Freien Deutschen Jugend (FDJ), klagen West-Jugendliche: »Wir hatten immer Hunger.«[12]

Das DDR-Innenministerium (MdI) erarbeitet Ende der 1950er Jahre gar einen Katalog der wichtigsten Übersiedlungsgründe, die auch in den Zeitungsartikeln und in Filmen vorkommen sollten: »1. Entzug von der Wehrpflicht, 2. Existenzunsicherheit, sinkender Lebensstandard, Perspektivlosigkeit der Arbeiterklasse und anderer Schichten, mangelnde soziale Betreuung und 3. Unterdrückung der geistigen und persönlichen Freiheit durch die klerikal-militaristische Diktatur.«[13]

Der Bau der Mauer am 13. August 1961 lässt die Propaganda der Massenflucht in die DDR nur für kurze Zeit verstummen. Bald beginnt das *Neue Deutschland* erneut, übertriebene Zahlen von West-Ost-Übersiedlern zu veröffentlichen.

Winfried Junge, der in den 1980er und 1990er Jahren mit der Langzeitdokumentation »Die Kinder von Golzow« bekannt wird, fertigt 1962/63 für die DEFA den Schwarzweiß-Film »Der Kinder wegen – Flucht ins Vaterland« an, in dem es heißt: »Hunderttausende fordern Aufnahme in der Deutschen Demokratischen Republik.« Junge porträtiert einen Bundeswehrdeserteur, der »nicht mehr unter alten Nazi-Generälen dienen« will, und einen Bergmann, der angeblich in der Bundesrepublik verarmt ist und seine Familie nicht mehr ernähren kann. Der Film endet mit den Worten: »Die Klügsten gehen nicht in eine ungewisse Fremde, sondern in die Deutsche Demokratische Republik. Hier ist das friedliche, bessere Deutschland.«[14]

Ähnlich plump argumentiert Walter Heynowskis Film »OK« aus dem Jahr 1965, der im Aufnahmeheim Eisenach gedreht wird. Die 21-jährige Doris S. beschreibt darin, wie sie im Westen als Animiermädchen in einer Bar arbeiten musste. Sie zeigt im Film ihre Gaspistole, die sie im Westen benötigte, um nachts sicher nach Hause zu kommen.[15]

Erst in den 1980er Jahren wird die DDR Zurückgekehrte erneut in Propagandafilmen auftreten lassen (siehe Kapitel »Nicht nur Heimweh – Stasi-Propaganda mit Rückkehrern«). Während in den Anfangsjahren der DDR noch versucht wird, Westdeutsche zur Übersiedlung in die DDR, den angeblich besseren und friedlicheren Staat, zu bewegen, werden die Schilderungen von Rückkehrern in den 1980er Jahren vor allem dazu dienen, ausreisewillige DDR-Bürger zur »freiwilligen« Rücknahme ihrer Ausreiseanträge zu bewegen.

Zentrale Aufnahmeheime

In den 1970er Jahren wird die Aufnahme von Rückkehrern und Übersiedlern konzentriert, zumal immer weniger Menschen in die DDR wollen. Das Innenministerium unterhält nun drei Zentrale Aufnahmeheime (ZAH) in Barby (Bezirk Magdeburg), in Eisenberg-Saasa (Bezirk Gera) und in Molkenberg bei Fürstenwalde (Bezirk Frankfurt/Oder).[16] 1977 beschließt man die »Zentralisierung der Aufnahmebetreuung der Rückkehrer« in einem einzigen Aufnahmeheim. Die sinkende Zahl der Zuwanderer macht die zwei großen Aufnahmeheime in Barby und Saasa überflüssig, das kleinere in Molkenberg bleibt für eine Übergangzeit noch bestehen.

1979 wird das Zentrale Aufnahmeheim Röntgental eröffnet. Es befindet sich am Ortsrand von Zepernick, einer Gemeinde im Kreis Bernau (Bezirk Frankfurt/Oder), unmittelbar hinter der nördlichen Stadtgrenze von Ost-Berlin. Genutzt wird ein 17 Hektar großes ehemaliges Reichsbahngelände, das bis dahin als Polizeihundeschule gedient hat. Die einstigen Gebäude von Bahn und Polizei werden umgebaut und renoviert. Außerdem lässt das Innenministerium Baracken errichten, in denen im April 1979 die ersten Aufnahmeersuchenden Unterkunft in Ein- bis Vierbettzimmern finden. In den schlichten eingeschossigen Bauten vom Typ 33/10/A gibt es Klub- und Kinderspielzimmer, Fernsehräume und Teeküchen. Der Weg in die DDR führt die Zuzugswilligen und Rückkehrer nun von den Grenzübergängen oder von den Meldestellen direkt nach Zepernick/Röntgental. Doch auch die Unterkunftsbaracken hier sind in den kommenden Jahren nicht ausgelastet.

Von 1980 bis 1984 durchlaufen in der Regel nur wenige hundert DDR-Rückkehrer pro Jahr das ZAH Röntgental. Hinzu kommt eine ähnlich geringe Zahl von Ausländern und Bundesdeutschen. So kommen nach einer Statistik des DDR-Innenministeriums 1980 134 Rückkehrer. 1981 sind es 186, 1982: 178, 1983: 158, 1984: 215.[17]

Nach einer Statistik der Volkspolizei ziehen zwischen 1980 und 1984 insgesamt 2253 Personen in die DDR. Diesen Zuziehern und Rückkehrern stehen im gleichen Zeitraum 150 400 DDR-Bürger gegenüber, die Anträge auf Ausreise aus der DDR gestellt haben, ein Verhältnis von 1:67 zwischen denen, die in die DDR ziehen, und denen, die den Staat verlassen wollen.[18]

Von den Zuziehern und Rückkehrern wird ungefähr die Hälfte im ZAH Röntgental überprüft. In dem für mehr als 200 Insassen angelegten Aufnahmeheim dürften sich gleichzeitig im Schnitt aber nur rund 30 Personen aufgehalten haben. Die andere Hälfte der Zuzieher und Rückkehrer, vorwiegend Rentner, die kurzzeitig im Westen waren, wird in Bezirksheimen »politisch-operativ« bearbeitet.[19]

Für 1985 werden im Statistischen Jahrbuch der DDR 311 Zuzieher und Rückkehrer angegeben.[20] Dennoch behauptet das *Neue Deutschland* im März 1985, dass angeblich mehr als 20 000 Ehemalige in die DDR zurückkehren wollen. (Kein Wunder, dass ich seinerzeit niemanden vor die Kamera bekam.) Wie die inzwischen bekannt gewordenen Daten belegen, blieb das Interesse an der Rücksiedlung gering.

Dennoch hält die Staatssicherheit an der Legende von der Attraktivität der DDR für Menschen aus nichtsozialistischen Ländern und für ehemalige DDR-Bürger fest: »Die politischen und sozialen Errungenschaften der DDR veranlassen zunehmend auch Personen aus der BRD, anderen nichtsozialistischen Staaten und Westberlin, insbesondere Personen, die mit staatlicher Genehmigung aus der DDR ... übergesiedelt sind oder die DDR ungesetzlich verließen, einen Antrag zur Auf- bzw. Wiederaufnahme in die DDR zu stellen«, heißt es in einem MfS-Papier von 1979.[21]

Wieviele der Übersiedler aus dem Westen DDR-Rückkehrer waren, lässt sich nur ungefähr beziffern, da die MdI- und MfS-Statistiken hier ungenau sind. So meldet die MfS-Statistik für den

Zeitraum von 1987 bis zum Juli 1989 470 Rückkehrer, die die Überprüfung in Röntgental erfolgreich durchliefen.[22]

Ungeachtet der geringen Rückkehrerzahlen lässt das Innenministerium das ZAH Röntgental modernisieren und neben den Baracken einen siebengeschossigen Neubau errichten. Bei seiner Fertigstellung 1986 wird dann auch das letzte noch parallel bestehende Aufnahmeheim in Molkenberg geschlossen.

Der neue Plattenbau hat eine Aufnahmekapazität von bis zu 161 Personen.[23] Offensichtlich plant man vorausschauend und denkt bei diesem »Wiederverwendungsobjekt« an eine spätere Umnutzung. Der Neubau kostet 22 Millionen DDR-Mark. Es gibt ausschließlich Ein- und Zweibettzimmer, einen Klubraum, einen Kinderspielraum und eine Bibliothek. Man verspricht sich davon auch eine Außenwirkung. Die zuständige Arbeitsgruppe im Ministerium des Innern vermerkt: »Die Lösung der Aufgaben zur Sicherstellung einer ordnungsgemäßen Aufnahme und Betreuung von Bürgern aus der BRD und aus Westberlin im Neubau trägt zur Erhöhung des internationalen Ansehens und der Autorität der DDR bei.« Doch es geht insgeheim um mehr. Man dringt darauf, »daß im Wiederverwendungsobjekt in jedem Fall 10 bis 15 Vernehmungszimmer für die AG (Arbeitsgruppe) VP (Volkspolizei) und des MfS (Ministerium für Staatssicherheit) zu schaffen sind«.

Ganz oben im sechsten Stock wird ein Verhörtrakt eingerichtet, der mit einer Metallgittertür abgesperrt ist. Auf der anderen Flurhälfte befinden sich Arzt- und Schwesternzimmer. Für Zuziehende aus dem Ausland wird eine separat gelegene Baracke genutzt. Die dortigen Insassen sollen möglichst nicht mit den deutschen Übersiedlern in Kontakt kommen. Die Planung sieht vor, dass »abgegrenzte Unterkunftsbereiche geschaffen werden sollen, die durch eine hochwüchsige Hecke, Gebüsch u. a. mit einem verdeckten Drahtzaun abgeschlossen werden«.[24]

Als Problem schätzt die Staatssicherheit allerdings ein, dass die Lagerinsassen im Neubau nun »über sehr gute Sichtmöglichkeiten« verfügen. Die DDR-Rückkehrer, unter denen das MfS Westspione vermutet, könnten so die »Personenbewegung im Objekt«, das »Verbringen von neuankommenden Aufnahmeersuchenden in die Quarantäne« und das »Wach- und Streifenregime« ausspähen. Das Personal soll auf solche Ausspähversuche besonders achten. Und an Personal fehlt es nicht: 114 Angehörige des Ministeriums des Innern betreuen das Häuflein Rückkehrer und Zuwanderer.

Die Bewacher verfügen über 37 Maschinenpistolen und 30 Pistolen sowie Tausende Schuss Munition.[25] Von den 114 Volkspolizisten und Zivilangestellten des MdI sind allein 26 Inoffizielle Mitarbeiter der Staatssicherheit. Die bespitzeln nicht nur die Rückkehrer und Übersiedler im Heim, sondern beobachten sich auch gegenseitig und schreiben Berichte über das Wachpersonal. Außerdem sind unter den Lagerinsassen stets mehrere Spitzel des MfS platziert. 19 Vernehmer der Staatssicherheit gehören ohnehin zum offiziellen Personal in Röntgental.

Der Sicherheitswahn betrifft nicht nur das Heim selbst, sondern auch seine Umgebung. Ein MfS-Bericht zur Sicherheitslage aus dem Jahr 1987 hält fest: »Das ZAH wird von 12 Straßen und Wegen begrenzt bzw. tangiert«, von wo aus »Einsicht- oder Kontrollmöglichkeiten« bestehen. Die 700 Einwohner Röntgentals werden daher überprüft. 113 von ihnen, ermittelt das MfS akribisch, würden öfter in den Westen reisen, könnten dem »Gegner« also von dem Lager berichten und ihm nähere Angaben übermitteln.[26] Daher platziert die Stasi weitere 16 Inoffizielle Mitarbeiter im Umfeld des ZAH, also im Ort Röntgental. Dort leiten sogenannte Führungs-IM mehrere Spitzel-Netze.[27] Und die IM melden jeden Bürger, der sich dem Objekt nähert: »Im Rahmen der Registrierung zeichnet sich als Tendenz ab, daß die Personenbewegung um das ZAH seit 1986 ständig zugenommen hat. Allein im genannten Zeitraum [9 Monate der Jahre 1986/87, d. Verf.] wurden 18 Fälle registriert, in denen sich Personen eindeutig für das ZAH interessierten, Beobachtungen mittels Fernglas vornahmen oder fotografierten.«[28]

»Regimefragen«: Der Tagesablauf im ZAH Röntgental

Neben der totalen Durchleuchtung der Rückkehrer und Übersiedler aus Furcht vor westlichen Agenten ist die Umerziehung der Lagerinsassen Hauptaufgabe der Beschäftigten in den Aufnahmeheimen. Das »Heimregime« regelt bis ins Detail die Aufgabenverteilung im Lager. Der Heimleiter untersteht offiziell dem Ministerium des Innern (MdI) und hat »die Prinzipien der Wachsamkeit und Sicherheit konsequent durch(zu)setzen«[29]. In Röntgental ist der Leiter in den späten 1980er Jahren aber zugleich auch »Offizier im besonderen Einsatz« (OibE) der Staatssicherheit. Dies ist seinem Dienstherrn, dem MdI, offiziell nicht bekannt.

Zweitwichtigster Mann im Heim ist der Leiter der »Kultur«. Er untersteht der Abteilung Inneres beim Rat des Bezirkes und soll den Aufnahmeersuchenden »die politische Bedeutung ihrer Übersiedlung und die sich daraus ergebenden Pflichten ... erläutern« und »die Überlegenheit des sozialistischen Arbeiter- und Bauernstaates« nachweisen. Dazu lädt der Leiter der »Kultur« Vortragsredner der SED und der Urania ins Heim, die den Zuziehenden das Rechtssystem der DDR erklären oder Dias über Kunst und Kultur zeigen.[30]

Es ist auch Pflicht des »Kulturleiters«, die neuen DDR-Bürger mit einer Ansprache aus dem Heim zu entlassen. Die Neubürger seien nun nicht mehr »Objekte der monopolistisch-militaristischen Clique« und müssten »das Vertrauen, was (sic!) ihnen unser Staat entgegenbrachte, rechtfertigen«, so der festgelegte Text einer Rede.[31] (Rückkehrer und Zuzieher, denen die Aufnahme in die DDR schließlich gelungen ist, dürfen später allerdings keine betriebswichtigen Maschinen und Fernschreiber bedienen.)

1979 und 1986 erlässt das Ministerium des Innern »zur Gewährleistung einer straffen Ordnung« Grundsätze über das Verhalten von Beschäftigten und Insassen in den Zentralen Aufnahmeheimen.[32] Darin ist unter anderem festgelegt, dass der Heimleiter »die politisch-ideologische Erziehung der Zivilbeschäftigten zur Gewährleistung von Ordnung, Disziplin und Sicherheit ... und zur revolutionären Wachsamkeit« zu sichern hat. Seine Untergeben, die »Kulturmitarbeiter«, sollen wiederum den »Aufnahmeersuchenden« die »Werte der sozialistischen Nationalkultur ... durch ... politisch-ideologische und kulturell-erzieherische Arbeit« nahe bringen. »Den Zivilbeschäftigten ist untersagt, mit Aufnahmeersuchenden persönliche Gespräche zu führen«, und sie müssen »Anzeichen negativer Verhaltensweisen bzw. feindlicher Tätigkeiten« unverzüglich dem Leiter des ZAH melden. Nach den Berichten der Lagerinsassen sollten »Kulturmitarbeiter« nur mit »Herr Kultur« und »Frau Kultur« angesprochen werden, Krankenschwestern nur mit »Schwester«, um eine Identifizierung der ZAH-Mitarbeiter auszuschließen.[33]

Auch die Vernehmer sind den Lagerinsassen namentlich nicht

bekannt. So heißt es in einem MfS-Papier: »Auf Grund dessen, daß die Angestellten und Mitarbeiter aus Sicherheitsgründen ihre Namen nicht mitteilen, hat sich im Verlaufe der Zeit die Ansprache mit ›Sachbearbeiter‹ ergeben.«[34]

Der genau festgelegte Tagesablauf, in der MfS-Sprache der »Regimeablauf«, ist ganz auf die »Gewährleistung von Ordnung und Sicherheit« ausgerichtet. Um 6.30 Uhr werden die Heiminsassen durch das Radioprogramm von »Stimme der DDR« geweckt, das über Lautsprecher im Heim übertragen wird. Von 7.00 Uhr bis 8.00 Uhr wird gefrühstückt, danach müssen die Insassen zu Befragungen oder können sich durch Hilfsarbeiten im Garten oder an der Heizanlage ein Taschengeld verdienen.

Von 11.45 Uhr bis 12.15 Uhr gibt es Mittagessen und von 17.00 Uhr bis 17.30 Uhr Abendbrot. Ab 22.00 Uhr sieht der »Regimeablauf« Nachtruhe vor. Das Verlassen des Aufnahmeheims ist »aus Sicherheitsgründen« generell verboten.[35]

»Zurückdrängung von Ausreiseersuchen«

Seit der Unterschrift der DDR-Vertreter unter die KSZE-Schlussakte in Helsinki 1975 besteht ein unauflösbarer Widerspruch zwischen dem dort festgeschriebenen Recht auf freie Wahl des Wohnsitzes für alle Bürger und dem DDR-Straftatbestand der »Republikflucht«, die durch Mauer und Schießbefehl mit allen Mitteln verhindert werden soll. Hunderttausende DDR-Bürger stellen Ausreiseanträge. Sind es 1980 noch 21 500, so versechsfacht sich die Zahl jährlicher Anträge bis 1989 auf 125 000.

DDR-Innenminister Friedrich Dickel reagiert 1977 auf die Antragswelle mit der »Ordnung ... über das Vorgehen bei der Unterbindung und Zurückdrängung von Versuchen von Bürgern der DDR, die Übersiedlung nach der BRD oder nach Westberlin zu erreichen«.[36] Darin wird zur Straftat erklärt, wenn sich Ausreiseantragsteller auf die ihnen nach der Schlussakte von Helsinki zustehenden Rechte berufen und dabei der DDR die »Nichteinhaltung völkerrechtlicher Verpflichtungen« vorhalten.[37] Der Begriff der »Zurückdrängung von Ausreiseersuchen« wird auch zu einem Leitbegriff für die Arbeit der Staatssicherheit. Angesichts der großen Zahl von Ausreiseanträgen unternimmt die DDR ungeheure Anstrengungen, um ihre Bürger von entsprechenden Versuchen abzuhalten oder sie zur »freiwilligen« Rücknahme der Anträge zu bringen.

In den MfS-Dienstanweisungen über den Umgang mit Rückkehrern und Übersiedlern schlägt sich das so nieder: »Im Prozeß der politisch-operativen Überprüfung, Bearbeitung und Kontrolle sind ständig Aufnahmeersuchende auszuwählen, die sich für eine wirksame Öffentlichkeitsarbeit zur Unterstützung der Politik der Partei- und Staatsführung eignen ... Über Aufnahmeersuchende, von denen zu erwarten ist, daß sie ... positiven Einfluß in ihren Arbeits- und Freizeitbereichen, insbesondere auf die Zurückdrängung rechtswidriger Übersiedlungsersuchen bzw. des ungesetzlichen Verlassens der DDR, ausüben könnten, sind die zuständigen Diensteinheiten ... zu informieren.«[38]

Die bedeutendste »Zurückdrängungsmaßnahme« ist die Veröffentlichung der Namen und Wohnorte von 80 Familien im *Neuen Deutschland* am 6. März 1985, Personen, die angeblich aus der Bundesrepublik in die DDR zurückkehren möchten. »Über 20 000 Ehemalige wollen zurück«, titelt das SED-Blatt. Wenige Tage später können Westmedien wie *Der Spiegel*, aber auch der in der DDR gern gehörte Deutschlandfunk und das ZDF-Magazin *Kennzeichen D* die Behauptung des *ND* widerlegen, indem sie angebliche Rückkehrwillige präsentieren, die die Angaben in der DDR-Zeitung bestreiten.[39] Das DDR-Fernsehen nimmt daraufhin von einem geplanten Propagandafilm zum Thema wieder Abstand. (Mehr dazu im Kapitel »Nicht nur Heimweh«.)

Die Rückkehrer, die für »Zurückdrängungsmaßnahmen« geeignet scheinen, nötigt die Staatssicherheit vor allem zu individuellen Gesprächen mit Ausreisewilligen. In den Berichten über die Ergebnisse der »politisch-operativen Arbeit« des MfS in den Aufnahmeheimen, die die Abteilung VII/3 vierteljährlich vorlegt, werden auch die erfolgten »Zurückdrängungsmaßnahmen« aufgeführt, also die Einsätze von Rückkehrern, die Ausreisewillige zur Rücknahme ihres Ausreiseantrags überreden konnten. Besonders stolz meldet die MfS-Abteilung beispielsweise für das Planjahr 1986 Zersetzungsmaßnahmen, die Ausreisewillige zur Aufgabe ihres Vorhabens brachten:

»Im Ergebnis der Bearbeitung von AV (=Aufnahmeverfahren) konnten weiterhin in 8 Fällen bestehende Liebesverhältnisse zersetzt und damit vorliegende Anträge auf Übersiedlung in die BRD zurückgedrängt werden.«[40]

Einsatz von Inoffiziellen Mitarbeitern

Entsprechend der für Röntgental gültigen Dienstanweisung DA 1/79 setzt das MfS Inoffizielle Mitarbeiter (IM) ein, die »legendiert als aufnahmeersuchende Personen« die Rückkehrer und Übersiedler ausspähen sollen. Darüber hinaus sind natürlich weitere MfS-Spitzel unter den Zivilbeschäftigen und den Wachmannschaften des Aufnahmeheims Röntgental und der vorgelagerten Aufnahmestelle Berlin-Pankow platziert.[41]

Die Spitzel werden für mehrere Wochen in das Lager eingeschleust und in der Regel auch mehrfach eingesetzt. Voraussetzungen sind »feste Bindung an das MfS, ... geistige Beweglichkeit, Kontaktfreudigkeit« etc. Ziel der Stasi ist die »Verhinderung der Pläne, Absichten und Maßnahmen gegnerischer Geheimdienste«, wozu eine »inoffizielle Durchdringung des Aufnahmeprozesses« angestrebt wird. Die Treffs zwischen Führungsoffizier und Spitzel werden als »Gespräche« in den Vernehmungszimmern der Aufnahmeheime getarnt.[42]

Allein die vier Inoffiziellen Mitarbeiter, die 1986 jeweils mehrere Monate in Röntgental verbringen, liefern 653 Berichte über die Insassen des Lagers.[43] In diesem Jahr befinden sich lediglich 167 Rückkehrer und 93 Zuziehende in Röntgental, so dass von einer umfassenden Bespitzelung allein durch die als Lagerinsassen getarnten MfS-Mitarbeiter gesprochen werden kann.

Die DDR-Rückkehrer, die für dieses Buch interviewt wurden, hatten alle die Vermutung, dass sie im Aufnahmeheim entweder durch Mikrofone abgehört oder durch Spitzel überwacht wurden. Sie hatten Angst, etwas Falsches zu sagen, was zur Ausweisung in die Bundesrepublik hätte führen können. Um ein vollständiges Bild des »Systems Röntgental« zu erhalten, wären neben dem Blick in die Akten und den Gesprächen mit DDR-Rückkehrern auch Interviews mit den Verantwortlichen von SED und Stasi wünschenswert gewesen. Doch fast alle MfS-Spitzel und Füh-

rungsoffiziere, die identifiziert werden konnten, lehnten Gespräche über die Aufnahmeheime und ihre Rolle darin ab, ebenso wie
die für das ZAH verantwortlichen Mitarbeiter des Innenministe-
riums. Sie hatten offenbar gute Gründe.

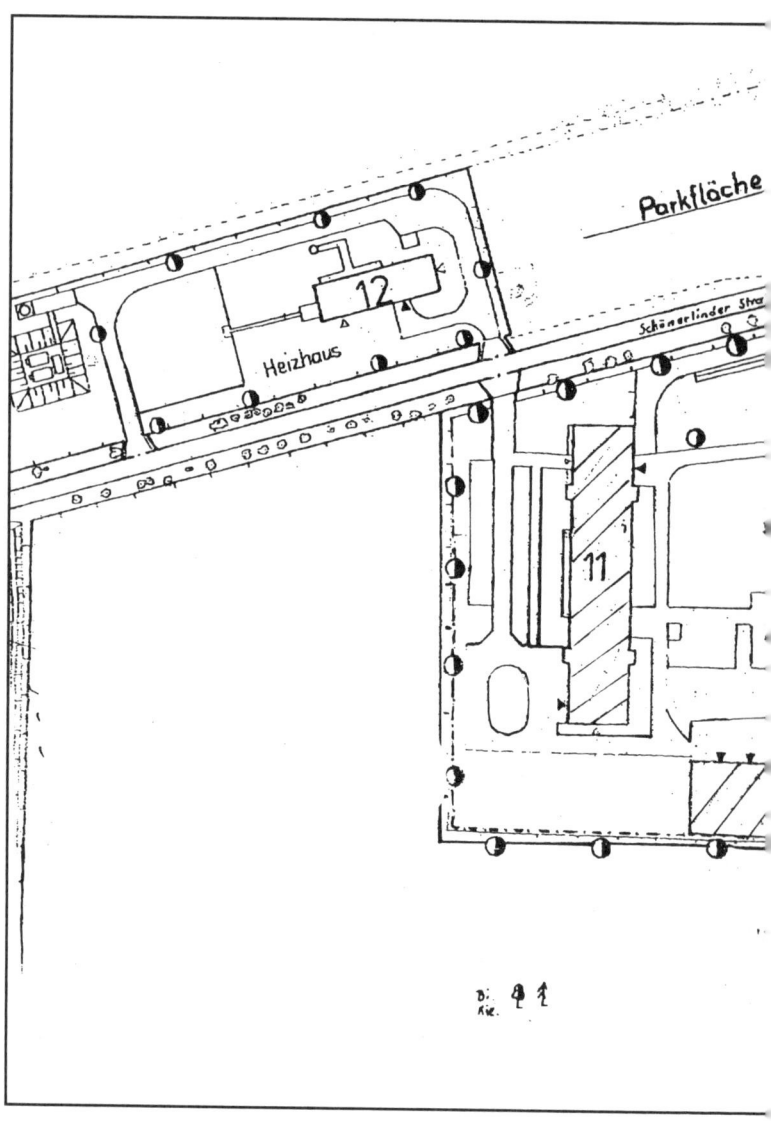

Das Gelände des Zentralen Aufnahmeheims Röntgental:

1: Dienstgebäude des MfS
2: Zollbaracke
3: Isolationsgebäude (»Quarantäne«)
4: Wache
5–8: Unterkunftsbaracken

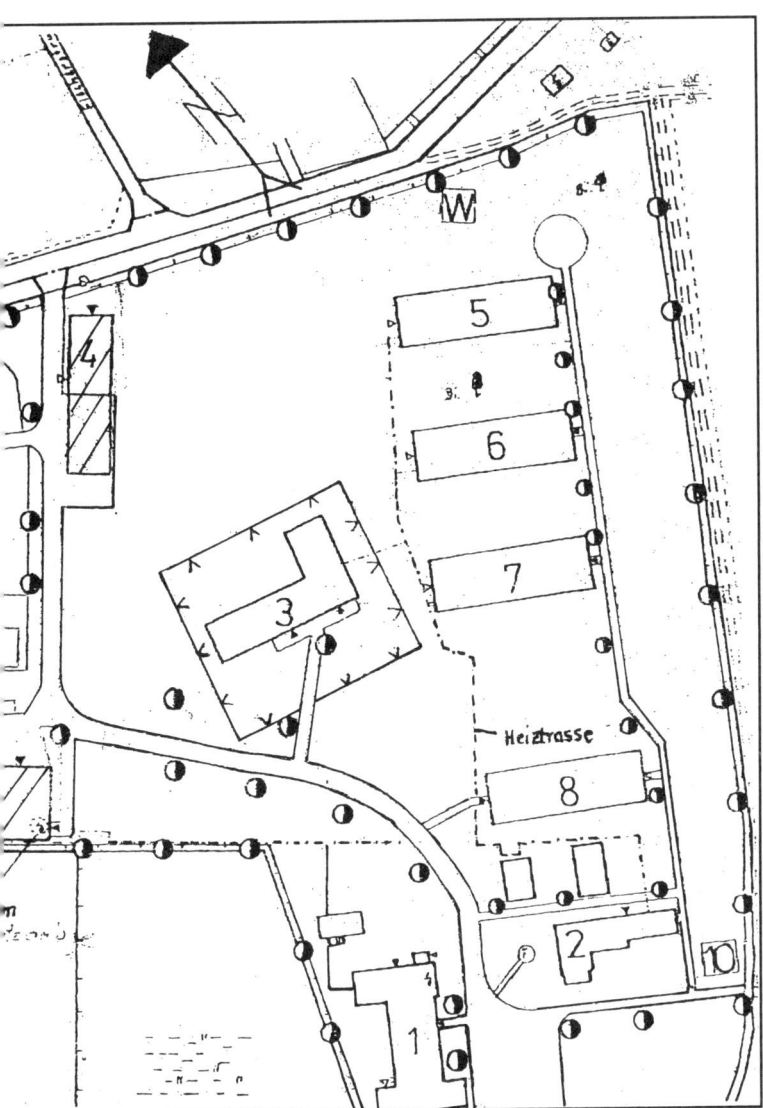

9: Werkstattgebäude
10: Technikgebäude
11: Haupthaus (Neubau 1986) für Rückkehrerunterkünfte, Büros,
    Speisesaal, Krankenstation und Vernehmerzimmer
12: Heizhaus

Gefangen

X Die Rückkehr des Alwin Ziel

Jetzt ist er allein. Alwin Ziel blickt sich um. Der Raum misst keine zwölf Quadratmeter. An der rechten Längswand steht ein schmales Bett, bedeckt mit einer grauen Militärdecke. Gegenüber, unter dem zweiflügligen Fenster, ein quadratischer Tisch mit hellgrüner Sprelakart-Platte, davor ein Holzstuhl mit grauen Metallbeinen. Auf dem Tisch liegen ein Bleistift, ein Anspitzer und ein Stapel graues Schreibpapier. »Schreiben Sie Ihren Lebenslauf auf«, hatte die stämmige Stasi-Frau in dem beigefarbenen Kostüm dem 47-Jährigen gesagt. »Und lassen Sie kein Detail aus!« Dann hatte sie Alwin Ziel an die Schulter gefasst, ihn durch die Tür geschoben und hinter ihm abgeschlossen.

Neben ihm, rechts von der Tür, summt ein weißer Foron-Kühlschrank. Wie lange hat er nichts gegessen? Ist es schon zehn, zwölf Stunden her, seit er den Wagen neben dem Grenzhäuschen abstellen musste? Er fühlt sich flau und kraftlos, doch der Appetit kommt nicht. Lustlos öffnet er die Kühlschranktür. Im Türfach stehen zwei kleine Flaschen Margonwasser. Das einzig Essbare sind drei Bananen und zwei Scheiben Graubrot auf einem Teller. Eine Scheibe ist mit blassem Schnittkäse belegt, die andere mit Bierschinken. Die Wurst muss schon ein paar Stunden hier stehen. Am Rand ist sie dunkel und ausgetrocknet. Er ekelt sich bei dem Gedanken, dort hineinzubeißen.

Ziel nimmt eine Wasserflasche, setzt sich an den Tisch und trinkt. Der Sprudel schmeckt nach Eisen. Das Fenster hat keine Griffe, er kann es nicht öffnen. Totenstill ist es in dem Haus, das die Stasi-Leute »die Quarantäne« nennen. Offenbar ist er der einzige Bewohner. »Sie kommen noch in die Quarantäne«, hatte vorhin der kräftige Mann an der Wache gesagt. »Wir müssen sichergehen, dass Sie sich drüben keine ansteckende Krankheit eingefangen haben.« Die Frau im Kostüm, die ihn an der Wache abgeholt hatte, war mit ihm 30 Schritte gegangen, er hatte mitgezählt. Dann standen sie an einem mannshohen Zaun, der von Stacheldraht gekrönt war. Im Dunkeln war hinter dem Zaun ein gewöhnliches weißes Wohnhaus mit zwei Stockwerken zu erkennen: die »Quarantäne«, sein Gefängnis für diese Nacht. Die Frau schloss das Tor im Zaun auf, dann die Haustür. Er trottete wie ferngesteuert hinein. Im Flur machte sie Licht. Kaltes Neonlicht.

Das Zimmer gleich links vom Eingang ist der Raum, in dem er jetzt sitzt. Alwin Ziel ist eingesperrt wie ein Verbrecher, gefangen in einem Einfamilienhaus, um das sie einen Zaun gezogen haben, damit er gar nicht erst auf den Gedanken kommt abzuhauen.

Wieder kriecht die Angst in ihm hoch, wie vor ein paar Stunden an der Grenze. Er versucht, sich zu beruhigen. »Das sind Einschüchterungsversuche«, redet er sich ein. Psychologische Tricks, die seine Bewacher an der Juristischen Hochschule des MfS in Potsdam gelernt haben. Er soll sich völlig hilflos und verlassen vorkommen, und am Ende lassen sie ihn zur Familie. Glaubt er das wirklich? Er weiß, dass er die Angst durch solche Gedanken nicht abschütteln kann. Er starrt auf das leere Papier und horcht. Stille. Wie ein einsames Hexenhäuschen im tiefen Wald, denkt er.

»Bin ich der Einzige, der so verrückt ist, zurückzukehren?«, geht es ihm durch den Kopf. Auf dem Weg von der Wache zur »Quarantäne« war ihm außer dem Wachpersonal kein Mensch begegnet. Knapp hundert Meter entfernt hatte er ein graues Hochhaus entdeckt. Ob es zum Lager gehört? Das Gelände scheint groß zu sein. Als der Konvoi am frühen Abend auf das Eingangstor zugerollt war, hatte er entlang der Schönerlinder Straße, die er von Spaziergängen kannte, den langen Blechzaun gesehen, den eine Reihe von Peitschenlampen beleuchtete. Dahinter ein riesiges, stilles Stück Wald, eingezäunt von einer grauen Blechwand, und mittendrin ein verriegeltes »Hexenhaus«. Als sich das Eingangstor des Lagers geöffnet und der Konvoi vor dem Wachgebäude angehalten hatte, waren durch das Seitenfenster kurz zwei Uniformierte mit Pistolentaschen zu erkennen. Dann hatte ein dicker Anzugträger die Tür aufgerissen und ihn unsanft in das Verhörzimmer geschoben.

In der Nähe des Häuschens müssen Patrouillen unterwegs sein. Er hatte vorhin, auf dem Weg zur »Quarantäne«, Hundegebell gehört. Jetzt ist alles still. Keine Hunde, keine Straßengeräusche. Er sitzt allein am Tisch, spitzt wie in Zeitlupe den Stift. Er versucht, sich an das Gesicht des Dicken zu erinnern, der das Verhör in der Wache geführt hat.

»Mir war versprochen worden, dass ich zu meiner Familie komme, und jetzt bin ich hier bei Ihnen«, hatte Alwin Ziel dem Mann zugerufen, der die Wagentür geöffnet hatte. »Ich möchte wissen, was das zu bedeuten hat.«

Der Kopf des Dicken war schlagartig rot angelaufen:

»Sie Verräter, Sie stellen hier auch noch Forderungen? Wir werden Ihnen zeigen, wo Ihre Grenzen sind!«

Der Lada, den Alwin Ziel im Westen gekauft hatte, verschwand in einer Garage neben der Wache. »Sie werden sich wieder über das Gepäck hermachen und alles durchwühlen«, überlegte Ziel, als er in das Verhörzimmer geführt wurde. Der Dicke machte es sich hinter einem furnierten Schreibtisch bequem, Ziel musste sich auf einen Stuhl einen Meter vor den Schreibtisch setzen. Damit waren die Machtverhältnisse geklärt. Der Dicke stellte die Fragen, und Alwin Ziel hatte zu antworten.

Das Gesicht des Vernehmers war glatt, obwohl er über 50 Jahre alt sein durfte.

Das fleischige, gräuliche Gesicht eines Menschen, der selten lachte und kaum Gefühle zeigte. Ein Mann, der anstrengende, Falten bildende Mimik vermied. Die Lippen spöttisch und blutleer, die graublauen Augen fast wimpernlos und wachsam, aber nicht stechend. Eine sauber geschnittene Frisur, das dünner werdende graue Haupthaar gescheitelt. Der Vernehmer wirkte in seinem grauen Anzug wie entfärbt, wie eine ausgeblichene Fotografie. Ein unauffälliger Mann, dachte Ziel. Ein durchschnittlicher Mensch, der eine unglaubliche Sicherheit aus der Macht gewann, die hinter ihm stand.

Doch jetzt kann er sich kaum noch an die Details dieses Gesichtes erinnern. War die Nase fleischig und grobporig? Wiesen geplatzte Äderchen am Nasenflügel auf steten Alkoholkonsum hin? Er weiß es nicht mehr. Und er merkt, dass er auch das Gesicht der Frau, die ihn ins »Hexenhaus« gebracht hatte, kaum mehr vor sein inneres Auge zwingen kann. Die Gesichter der Stasi entgleiten ihm.

Schon kurz nach zehn. Er soll schreiben. Alles, von Anfang an. Alwin Ziel streicht mit der Hand über das Blatt und setzt den Bleistift an.[1]

Frei

Es ist der 22. April 1988, als der Interzonenzug aus dem vergitterten Bahnhof Berlin-Friedrichstraße hinausrollt. In der Jacketttasche hat Alwin Ziel den Reisepass, mit dem er mühelos die Grenzkontrollen im Bahnhof hatte passieren können. Gegen elf hatte er den Container im Tränenpalast betreten. Die Tür hinter ihm schnappte zu. Er war allein mit dem Uniformträger hinter der Glasscheibe. Der Grenzer blickte ihn auffordernd an, Ziel schob seinen Pass unter der Glasscheibe durch. Langsam blätterte der Beamte durch die Seiten des Reisepasses, strich mit dem Daumen über das Papier, wohl um zu prüfen, ob das Dokument eine Fälschung war. Er sah das Foto lange an, warf Ziel einen prüfenden Blick zu und starrte dann wieder auf das Bild im Pass. Zögernd griff er zum Stempel und klappte das Dokument zu, bevor die Farbe trocknen konnte. Die Ausgangstür des Containers surrte. Die Grenze, die sonst eine unüberwindliche Mauer war, öffnete sich. Ein lächerlich kleiner Schritt, und Ziel war im Westen.

Der Zug rollt langsam durch den Lehrter Bahnhof, vorbei am Hansaviertel und durch den Bahnhof Zoo. Elegante West-Berliner Bürgerhäuser ziehen am Savignyplatz vor dem Abteilfenster vorbei. Ziel lehnt sich zurück. Heute ist er 47 Jahre alt geworden. Zum zweiten Mal erlaubt die DDR dem Fachschullehrer aus Ost-Berlin, in den Westen zu reisen – natürlich ohne seine Frau Brigitte und die beiden Söhne Martin und Johannes. In Hesedorf bei Hamburg will er an der Konfirmation seiner Nichte Ruth teilnehmen. Doch Alwin Ziel hat noch etwas anderes vor. Er will im Westen bleiben und versuchen, die Familie nachzuholen.

Hinter Spandau versperrt eine kilometerlange Sichtschutzwand den Blick auf den glatt geharkten Todesstreifen. Ein Wachturm steht hinter der Mauer. Jetzt erst wird Ziel die Dimension der Grenze klar. Hinter der Sichtschutzwand müssen sich gigantische Grenzanlagen verbergen, keine einfache Mauer, wie er immer vermutet hatte. Hunderte von Metern vom ersten bis zum letzten

Zaun: unüberwindliche Stacheldrahtverhaue, Panzersperren, Signalzäune, Hundelaufanlagen, die ihn und seine Familie bislang gefangen gehalten haben.

Jetzt geht die Fahrt durch die graue DDR, ein letztes Mal. Der Zug rumpelt und kriecht, unendlich langsam, vorbei an Wittenberge und Ludwigslust.

Noch einmal wird die Passkontrolleinheit der Stasi mit den albernen Stempelkoffern vor der Brust akribisch seine Papiere überprüfen. In drei Stunden wird er im Westen sein, für immer, als freier Bundesbürger. Dabei nahm sein Lebensweg bisher eher einen für die DDR typischen Verlauf.

Im Sommer 1961, kurz bevor die DDR sich einmauert, schreibt Alwin Ziel seine Abschlussarbeit am Institut für Lehrerbildung: »Wie kann ich durch die Kollektiverziehung Arbeiterkinder und die Kinder von Genossenschaftsbauern in meiner 3. Klasse fördern?« Dafür erhält der Neunzehnjährige die Prädikatsnote »gut«. Anschließend wird er für eineinhalb Jahre zum Wehrdienst in der NVA eingezogen. Nach einem Fachlehrerstudium wird er Deutsch- und Russischlehrer sowie Diplompädagoge. Wieder ein guter Abschluss in Sprachheilpädagogik. Er darf an der Fachhochschule für Ökonomie in Berlin als Dozent anfangen. Neben der Arbeit absolviert er ein Fernstudium, wird 1986 Diplomjurist – Prädikat »sehr gut«.

Ziel unterrichtet sozialistisches Recht und leitet die Hochschulgruppe der DSF, der Gesellschaft für Deutsch-Sowjetische Freundschaft. Seine Vorgesetzten bescheinigen ihm eine »klare Haltung in politischen, fachlichen und pädagogischen Fragen« und betonen, er sei »stets bemüht, dem Freundschaftsgedanken zu unserem Bruderland besonders Ausdruck zu verleihen«.[2] Sie ahnen nicht, dass der drahtige Mann mit dem dünner werdenden schwarzen Haar auf dem Absprung ist.

Die DDR erlaubt ihm 1987 einen kurzen Ausbruch aus dem eingemauerten Land. Zum 60. Geburtstag seines Bruders fliegt Alwin Ziel nach Kanada. Drei Wochen darf er in Medicine Hat bleiben, einer kleinen Industriestadt in Alberta. Er reist durch Kanada und begreift, dass seine Söhne ein anderes Leben verdient haben, dass es mehr gibt als eine sichere angepasste Existenz im Arbeiter- und Bauernkäfig. Ziel will raus. Er wartet bis 1988, auf die nächste Westreise.

Die Rudolf-Seiffert-Straße in Berlin-Lichtenberg bildet ein U, das von Hochhausblöcken umrahmt wird. Eine Plattenbauwüste, die jeden Morgen Tausende von Menschen ausspeit. Die Werktätigen-Schlange wälzt sich in der Frühe über die eiserne Fußgängerbrücke auf den Bahnsteig an der Storkower Straße. Die roten S-Bahnzüge bringen die Menschen in die Büros und Fabriken Ost-Berlins, um ihre Fracht am Spätnachmittag hier wieder auszustoßen. Dann strömen die vielen Menschen erneut über die Brücke, hinein in die Wohntürme. Am Abend, wenn es dunkel wird, ist kaum ein Ton zu hören, obwohl Hunderte erleuchteter Fenster vom Leben in den Plattenbauten zeugen. Nur das Kreischen der an- und abfahrenden Züge durchbricht die Stille. Gegen 22 Uhr am 22. April 1988 klingelt in der Hausnummer 2 ein Telefon. Brigitte Ziel sitzt im Wohnzimmer vor dem Fernseher. Sie steht auf, geht in den Flur und greift zögernd zum Hörer. Sie ahnt, dass ihr Mann dran ist.

»Ich werde nicht zurückkommen«, sagt Alwin Ziel mit leiser Stimme. Er steht in Hesedorf im Hausflur seines Schwagers Klaus-Peter und hat einen Kloß im Hals. Am anderen Ende der Leitung herrscht Schweigen. Nach endlosen Sekunden kommt ein knappes »Na ja« von Brigitte zurück. Wortlos legt er den Hörer auf. Er weiß nicht, ob sein Plan aufgehen wird. Die Mithörer von der Stasi dürfen nicht erfahren, dass Brigitte eingeweiht ist.

Oberst Grille von der Volkspolizei-Inspektion Berlin-Lichtenberg ruft seine Sekretärin zum Diktat. Alwin Ziel soll als Straftäter eingestuft werden, als Republikflüchtling. Brigitte Ziel hat der Polizei gemeldet, dass ihr Mann nicht zurückkehren wird. Grille ist ratlos: »Bürger ist bereits gereist. Keine negativen Auswirkungen. Fam. und soz. Verhältnisse geordnet. Hinweise auf Vorbereitungshandlungen liegen nicht vor. Die Bindungen an die DDR durch die Ehefrau und die Kinder schienen nachweislich gegeben«, diktiert der Polizeioberst. »Strafprozessuale Maßnahmen wurden eingeleitet.«[3]

Zwei Tage später passiert Alwin Ziel die Schranke des Aufnahmelagers Gießen. Er will die Formalitäten für die Aufnahme in die Bundesrepublik schnell erledigen und sich dann auf die Ausreise der Familie konzentrieren. Eine Woche wird er in einem kargen Zimmer mit Feldbett leben. Westdeutsche und amerikanische

Geheimdienste werden ihn über die Lage in der DDR befragen. Er muss sich beim Arbeitsamt um eine Stelle bemühen. Der West-Berliner Rechtsanwältin Barbara von Schulenburg schickt er die persönlichen Daten von Brigitte, Johannes und Martin. Die Anwältin soll im Auftrag der Bundesregierung die Übersiedlung von Ziels Angehörigen erwirken. Doch sie vertröstet Ziel: Sein Fall sei kompliziert, es werde wohl einige Wochen dauern, wenn nicht Monate.

»Aufmachen, Volkspolizei!« Die Stimme an der Wohnungstür klingt herrisch und ungeduldig, jemand läutet Sturm. Brigitte Ziel steht langsam auf. Sie hat diesen Moment erwartet, seit sie den Ausreiseantrag gestellt hat – einen Antrag auf Übersiedlung in die Bundesrepublik Deutschland. Die Staatssicherheit hat ein ausgeklügeltes psychologisches Programm entwickelt, um Ausreisewillige zu brechen. Sie sollen ihren Antrag zurückziehen und auf die von der DDR in Helsinki garantierte Reisefreiheit freiwillig verzichten.

Die Uniformierten salutieren knapp: »Brigitte Ziel?« fragt der Polizist mit dem Schnäuzer.

»Ja«, kommt es leise zurück.

»Ziehen Sie sich etwas über, kommen Sie mit zur Klärung eines Sachverhaltes.«

»Aber die Jungen kommen gleich aus der Schule.«

»Es dauert nicht lange. Kommen Sie.« Sie zieht schweigend ihren Mantel an und tritt vor die Tür.

Während der Fahrt im Lada schweigen die Polizisten. Brigitte Ziel sitzt auf der braunen Kunstlederrückbank und sieht auf die Möllendorffstraße. Nach wenigen Minuten Fahrt biegt der Polizeiwagen links ab und fährt unter der S-Bahntrasse am Ostkreuz in die Hauptstraße ein. Rechts taucht die rote Backsteinmauer der Haftanstalt auf. Vor einem grauen Blechtor hält der Lada. Das Tor geht auf und öffnet den Blick auf einen ummauerten Hof. Ist sie verhaftet? Und was wird mit den Kindern, die keine zehn Autominuten von hier gleich in die Wohnung stürmen werden und nicht wissen, dass ihre Mutter abgeholt wurde?

Sie muss aussteigen und eine Treppe hoch in einen Gefängnisblock hineingehen. Zwei Frauen in Wärteruniformen übernehmen sie wortlos, schließen hinter ihr die Tür ab. Sie führen Brigitte

Ziel durch ein vergittertes Treppenhaus, zwei Stockwerke hoch. Immer spürt sie eine Hand am rechten Oberarm. Die Frau hinter ihr riecht nach Zigaretten, dirigiert sie vor sich her, drückt mit der Hand ihren Arm, wenn sie Brigitte Ziel in eine andere Richtung steuert, befiehlt ihr stumm, stehenzubleiben oder loszugehen. Vorneweg marschiert die andere Wärterin. Unter dem graugrünen Schiffchen trägt sie einen strengen Haarknoten. Jetzt schließt sie das Gitter am Ende des Treppenhauses auf, öffnet die Tür. Die Hand der Zweiten befiehlt: Weiterlaufen, nach rechts in den langen Gang mit den hellgrauen Zellentüren. Brigitte Ziel hört nur das Hallen der Schritte und das Klappern der Schlüssel, doch hinter jeder einzelnen Tür, spürt sie, muss ein Mensch sitzen, eine Gefangene wie sie. Sie versucht, ruhig zu bleiben. Ein Einschüchterungsversuch, sie haben nichts in der Hand. Und doch kriecht Angst in ihr hoch.

Die Erste schließt wieder ein Gitter auf, dann geht es vorbei an einer endlosen Reihe von Türen. Eine Tür ist offen. Die Hand schiebt sie in den Verhörraum, greift vom Oberarm um auf ihre Schulter und drückt sie sanft, aber bestimmt auf einen unbequemen Schemel. Brigitte Ziel blickt auf einen längs vor ihr stehenden Tisch, an den sechs Bürostühle akkurat herangeschoben sind. Dahinter quer ein Schreibtisch mit Telefonanlage und Schreibmaschine. Von einem Porträtfoto auf der blassen gelb-orangen Tapete blickt schmallippig Erich Honecker in den Raum. Der Schlüssel dreht sich draußen im Schloss. Warten.

Es kommt ihr wie eine Ewigkeit vor, bis sie die Schritte näher kommen hört. Das Schloss schnappt auf. Es sind sechs Männer in Zivil, die schweigend Platz nehmen. Der Mann im dunkelblauen Zweireiher, der sich in den Schreibtischstuhl sacken lässt, scheint der Ranghöchste zu sein. Er öffnet einen schmalen Ordner und blickt ernst auf ein Blatt Papier. Er scheint die unbehagliche Stille zu genießen. Die fünf anderen Anzugträger bemühen sich um gleichgültige Mienen und betrachten ihre gefalteten Hände auf dem Tisch. Sie warten. Der Zweireiher starrt immer noch auf das Papier, scheint es sorgfältig zu studieren, blättert dann in der Akte. Leicht neigt er den Kopf, als ob er mit dem linken Ohr dem Papiergeräusch noch intensiver lauschen wolle. Dann hält er inne. Sieht Brigitte Ziel fest an. Die anderen fünf folgen seinem Blick.

»Brigitte Ziel, Sie wissen, warum Sie hier sind?«

»Weil mein Mann im Westen ist.«

»Weil Ihr Mann illegal die DDR verlassen hat«, verbessert sie der Zweireiher mit leichtem Sächseln. »Ihr Mann hat eine schwere Straftat begangen, und Sie ...« – er kostet die Pause aus – »haben ihn bei der Planung und Durchführung dieser Straftat unterstützt.«

»Ich wusste nicht, dass mein Mann nicht zurückkommen will.«

»Sie haben mit ihm die Straftat geplant.«

»Ich wusste nicht, was er vorhat.«

Sie sieht ihm nicht in die Augen, fixiert die verschlungenen Hände auf seinem Revers, das Parteiabzeichen. Jetzt kommen die Schmerzen wieder. Vorgestern war sie beim Arzt. Sie hat Magenbluten. Zu viel Stress, hat der vermutet, ohne zu wissen, was sie in diesen Wochen durchmacht. Der Mann am Schreibtisch beobachtet, wie sie versucht, sich zusammenzunehmen. Nach einer kleinen Pause atmet er hörbar ein und holt aus zum großen Schlag.

»Wir wissen, dass es Ihnen nicht gut geht.«

Der Arzt also auch, denkt sie. Sie wissen alles. Der im Dunkelblauen fährt fort: »Wir geben Ihnen Zeit, sich zu erholen und richtig auszukurieren.«

Seine Augen tasten ihr Gesicht nach der Wirkung seiner Worte ab. »Für Johannes und Martin werden wir sorgen. Es gibt ausgezeichnete Kinderheime in der DDR, das wissen Sie doch.« Die Worte treffen sie unvorbereitet, wie Hammerschläge. Brigitte Ziel sackt auf dem Hocker zusammen. Die Hand ihrer Bewacherin fasst von hinten ihre Schulter. Sie wird nicht zulassen, dass die Frau auf dem Hocker zu Boden stürzt.[4]

Wach

»Als ich fortging, war'n die Arme leer – kehr wieder um.
Mach's ihr leichter einmal mehr, nicht so schwer.
Als ich fortging, kam ein Wind so schwach – warf mich nicht um.
Unter ihrem Tränendach war ich schwach.«

Wie lange hat er geschlafen? Alwin Ziel hebt den Kopf und blickt sich in seinem Gefängnis um. Drüben am Tisch hat er gesessen, hat versucht, seinen Lebenslauf aufzuschreiben, hat immer wieder den Bleistift abgesetzt, radiert, neu angefangen und in die Stille hineingehorcht. Als die Müdigkeit stärker wurde als die Angst, konnte er sich endlich hinlegen. Dann, ganz plötzlich, war diese Musik da.

> *Nichts ist unendlich, so sieh das doch ein.*
> *Ich weiß, du willst unendlich sein, schwach und klein.«*

Die Stimme von Dirk Michaelis kommt heiser aus dem weißen Lautsprecher über der Tür. Das Lied vom Fortgehen und Umkehren ist ein aktueller Schlager, der gerade in irgendeinem DDR-Radio-Programm läuft, und doch kommt es Alwin Ziel so vor, als würden seine Bewacher das Lied extra für ihn spielen, für den Rückkehrer, den sie in der Hand haben. Er liegt auf dem Rücken im Bett und starrt zur Decke, lauscht dem Gedudel. So liegt er wohl eine Dreiviertelstunde, ohne dass irgendetwas geschieht. Er hebt den Arm, sieht auf seine Armbanduhr: Um 6.30 Uhr hat die Musik eingesetzt. Jetzt, kurz nach sieben, ist der Schlüssel im Schloss der Außentür zu hören. Dann steht ein großer schlanker Mann in einer hellbraunen Lederjacke in der Tür.

»Herr Ziel, Sie können jetzt zu den anderen zum Frühstück. Sie werden ins Haus 11 verlegt.« Ziel rafft frische Wäsche aus seinem kleinen Koffer zusammen und eilt ins Bad. Nach fünf Minuten und einer hastigen Wäsche ist er bereit. Der Mann mit der Jacke schließt hinter ihm das »Hexenhaus« ab und deutet in Richtung Hochhaus. Der Plattenbau, den Ziel gestern Abend gesehen hatte, ist also das Hauptgebäude des Lagers. Aber wie lange muss er hier bleiben? Er stellt keine Fragen mehr, zählt die Stockwerke des Hauses, auf das sie zugehen. Sieben Etagen. Unten reichen die Fenster bis ins nächste Geschoss, offenbar ein größerer Saal. Über die Gebäudefront zieht sich in jedem Stockwerk ein Band von Balkonen. Dahinter eine Reihe gleich aussehender Fenster.

Er blickt nach rechts: Dort steht das barackenartige, eingeschossige Wachgebäude, in dem er gestern Abend das erste Verhör beim Dicken hatte. Das graue Blechtor ist geschlossen, ein Volkspolizist langweilt sich am Zugang zur Wache. Das ganze Gelände umschließt ein mannshoher Wellblechzaun. Zwei Meter davor verläuft ein Maschendrahtzaun. Die beiden Zäune bilden eine schmale Gasse, in der die Wachen offenbar nachts patrouillieren. Im Abstand von etwa zehn Metern stehen Bogenlampen, die jetzt ausgeschaltet sind. Wieso bewacht man ihn, den Rückkehrer, wie einen Verbrecher?

Alwin Ziel betritt mit einem mulmigen Gefühl das Hochhaus. Er sieht eine junge Frau in weißer Rüschenbluse an einem Tresen sitzen und seinen Begleiter grüßen. Hinter ihr ist ein kleiner Kiosk zu erkennen. In einem Regal sind Keksschachteln, Zigarettenpäckchen und Kaffeepakete gestapelt. Hinter der Rezeption geht es die Treppe hoch zum Speisesaal. Alwin Ziel ist verblüfft. Er sieht ein gutes Dutzend Männer und Frauen, die an mehreren Tischen sitzen und gutgelaunt frühstücken. Kinder laufen herum. Der Mann in der Lederjacke führt ihn zu einem Ausgabeschalter, und eine burschikose Frau in Kittelschürze reicht Ziel ein Tablett mit Brot und Aufschnitt.

»Nach dem Frühstück melden Sie sich im Raum 036 zur Aufnahme«, sagt der Mann und lässt ihn mit dem Tablett allein. Ziel setzt sich an das Ende eines Tisches, an dem bereits drei Männer versammelt sind. Sie begrüßen den Neuen freundlich. Ziel will sich vorstellen, seinen Namen sagen und seine Geschichte erzählen, doch einer legt verschwörerisch die Hand auf den Mund: »Ich heiße Erhard, und Nachnamen sind verboten!«

Die Frau von der Rezeption kommt mit raschen Schritten näher. Sie muss in den Raum geschlichen sein. Sie tippt »Erhard« auf die Schulter: »Mitkommen, zum Gespräch!«

Ziels neuer Bekannter steht wortlos auf und folgt der Frau aus dem Speisesaal hinaus. Welche Macht muss sie haben, denkt Alwin Ziel, dass sie jedes Gespräch durch eine leichte Berührung der Schulter unterbrechen kann. Es ist eine Macht, die auch ihn im Griff hat. Eine Macht, die ihre Finger nach dem freien Mann im Westen ausgestreckt, die ihn zurückgezerrt hat in einen Staat, der willkürlich über seine Zukunft und das Leben seiner Familie entscheiden kann. Seit fast 24 Stunden ist er wieder in der DDR. Wann wird er seine Frau und die Kinder wiedersehen?[5]

Druck

Sechs Wochen zuvor hatte er Brigitte angerufen, um ihr von seinem neuen Leben zu berichten. Nach den Tagen im Lager Gießen schickt ihn die Hamburger Sozialbehörde in ihre Durchgangsunterkunft. Der Billstieg 13 ist ein schäbiger Bau im Südosten Hamburgs, mitten im Industriegebiet. Zwei Wochen muss er dort ausharren, bis er Arbeit und eine Bleibe gefunden hat. Er hat Glück: In Wandsbek bekommt er für sich und die Familie eine Wohnung. Keine besonders schöne Gegend, doch es gibt Hoffnung auf Arbeit. Eine Gewerkschaft will ihn als Arbeitsrechtler beschäftigen. Erst einmal soll er aber Ende Juli einen Eingliederungslehrgang in West-Berlin absolvieren.

Brigitte Ziel weint am Telefon, berichtet von den Drohungen der Stasi-Offiziere, die sie erst nach Stunden wieder vor der Wohnungstür abgesetzt haben. Sie wird den Ausreiseantrag zurückziehen, das musste sie unterschreiben. Und sie bittet ihren Mann zurückzukommen. Alwin Ziel weiß jetzt, dass seine Frau und die Söhne so lange Geiseln bleiben, bis er aufgibt und zurückkehrt. Er sieht keine Hoffnung mehr für einen Neuanfang im Westen: Du kannst auf den Trümmern deiner Familie nicht neu anfangen, geht es ihm durch den Kopf.

Wie betäubt hört er die Stimme seiner Frau aus dem Hörer. Er könne ohne Nachteile zurück, sagt sie, er müsse nur seine Flucht öffentlich bereuen. Das klingt nach einem guten Angebot, wenn es denn keine Falle ist. Er sucht Rat bei seinem Bruder in Kanada. Der beschwört ihn am Telefon, nicht nachzugeben, nicht zurückzukehren. Einige Tage später spannt Alwin Ziel einen Bogen in die Schreibmaschine. Er bittet die DDR-Behörden um Wiederaufnahme:

»Während meines Aufenthalts in der BRD habe ich festgestellt, daß die gesellschaftlichen Verhältnisse in der BRD so gelagert sind, daß es mir persönlich nicht möglich ist, mich darin einzugliedern«, lügt Ziel. »Auch habe ich eindeutig feststellen müssen, daß das gesamte Leben in der BRD vom Geschäft geprägt ist und finanziell ausgerichtet ist. Nachdem ich festgestellt hatte, daß diese Welt nicht meine Welt ist, kam ich zu der Erkenntnis, daß ich einen falschen Weg gegangen war ... Ich habe dann nochmals gründlich über alle Probleme nachgedacht und kam zu dem Schluß, daß ich meine Probleme nur in der DDR lösen kann.«[6]

Ins Messer gelaufen

Im Norden, hinter den saftig-grünen Wiesen, kann der Mann im blauen Lada die roten Bauernhäuser und den spitzen, schieferge-deckten Turm von St. Marien erkennen. Rechts von der Autobahn kommt die Raststätte näher, ein roter Klinkerbau mit Spitzdach. Die Tankstelle Gudow-Nord ist die letzte Haltemöglichkeit vor der Grenze zur DDR. Wenn es eine Falle ist, überlegt Alwin Ziel, dann siehst du das hier nie wieder. Dann ist Gudow das letzte Stück Freiheit. Den Lada hat er in Hamburg gekauft. Ein Auto, für das es in der DDR Ersatzteile gibt, das er drüben aber erst nach jahrelanger Wartezeit oder zu einem Wahnsinnspreis bekommen hätte.

Jetzt rollt er in seinem russischen Wagen auf den Grenzüber-gang Zarrentin zu und denkt an die Worte des Bruders. Wenn der Recht hat, kommt Ziel nicht zu Brigitte, Martin und Johannes, sondern in den Knast. Doch Brigitte ist krank, die Kinder brau-chen ihn. Er hat die Zusage, dass er nicht eingesperrt wird. Die Stasi hat es Brigitte versprochen. Es muss gutgehen. In der Spät-sommersonne ist der niedrige Führungsturm der Grenztruppen zu erkennen, dahinter ein schlanker, höherer Wachturm. Ziel sieht das riesige Blechdach der Abfertigungshalle. Noch ein paar Me-ter, dann ist er in der DDR, der er gerade erst vor ein paar Mona-ten entkommen ist.

Es ist der 16. August 1988, als der blaue Lada um 12.45 Uhr das Kontrollhäuschen erreicht. Vor der Baracke steht ein Uniformier-ter. Ziel händigt ihm seinen bundesdeutschen Pass aus. Der Gren-zer nimmt das Dokument, reicht es in das Häuschen. Jetzt ist Ziel nicht mehr Bundesbürger. Der Grenzoffizier gibt ihm mit einer herrischen Handbewegung zu verstehen, dass er hinter das Ge-bäude fahren soll. Dort kann das Auto nicht mehr von den ande-ren Reisenden gesehen werden.

Als der Lada zum Stehen kommt, sind sie plötzlich da. Sechs Uniformträger umstellen blitzschnell den Wagen. Sie richten ihre Kalaschnikows auf seinen Kopf. Du bist voll ins Messer gelaufen, denkt Ziel. Willenlos folgt er den Anweisungen. Einer fordert ihn auf, in eine Garage zu fahren, den Lada über einer Grube abzu-stellen. In der »Kontrollbox« – so nennt die Staatssicherheit ihre Garage – zerlegen zwei Mechaniker das Auto professionell in seine Einzelteile. Sie montieren die Reifen ab, lassen die Luft heraus. Sie suchen Verstecke für Kassiber, Material feindlicher Geheimdienste.

Während die Männer sich über die Rückbank des Lada hermachen, führt ein Grenzsoldat Ziel in ein Verhörzimmer neben der Garage. Ein leerer Raum mit einem hellbraunen Tisch und zwei grünen Polsterstühlen. Die Fenster sind Schlitze unterhalb der Decke. Hier kann niemand hinein-, niemand hinaussehen. Ziel muss sich setzen, der Grenzsoldat nimmt schweigend auf dem anderen Stuhl Platz, eine kurze Kalaschnikow ohne Schulterstütze vor der Brust. Der Grenzer blickt stur geradeaus zur Tür, an Ziels Kopf vorbei.

»Worauf muss ich denn warten?«, will Ziel von dem stummen Soldaten wissen.

»Da wird noch telefoniert mit anderen Genossen«, antwortet der. Von nun an schweigt der Bewaffnete, glotzt zur Tür und reagiert auf keine der Fragen mehr, mit denen Alwin Ziel die Situation aufzulockern versucht. Die Stunden kriechen dahin. Die DDR lässt den Rückkehrer spüren, dass sie endlos über seine Zeit verfügen kann. Es gibt nichts zu lesen, Ziel soll brüten.

Er sitzt wie festgezaubert, weiß, dass er nicht einfach aufstehen und herumlaufen darf.

Endlose Stunden wie Folter. Es ist schon Spätnachmittag, als ein Offizier die Tür aufreißt: »Wir müssen Sie noch genauer überprüfen«, sagt der Hauptmann und hält einem kleinen grauen Mann im Arztkittel die Tür auf. Der Doktor schlüpft in das Verhörzimmer. Der Hauptmann schließt ab, der Bewaffnete starrt Ziel an.

»Sie müssen sich ausziehen«, befiehlt der Offizier. Ziel erhebt sich langsam, als der Mann ihn mit einer Kopfbewegung in einen kleinen Seitenraum winkt. Ziel legt sein Hemd und seine Hose sorgfältig über eine Stuhllehne. Der Hauptmann tritt in den Türrahmen des Nebenraumes: »Auch die Unterwäsche!« Dann taucht hinter ihm das graue Männchen im Arztkittel auf. Der Doktor streift sich Gummihandschuhe über: »Beugen Sie sich vor, die Hände auf die Knie!«

Nach der demütigenden Untersuchung sitzt Ziel wieder auf dem Stuhl gegenüber dem Bewaffneten. Noch einmal dauert es Stunden, bis der Hauptmann wiederkommt.

Er führt den Gefangenen nach draußen. Dort steht der wieder zusammengebaute Lada. »Sie folgen dem gelben Wartburg!«, herrscht ihn der Hauptmann an und steigt in einen Barkas-Transporter, an dessen Steuer bereits ein Grenzsoldat sitzt.

Der Wartburg mit einem Zivilisten in Lederjacke setzt sich in Bewegung. Ziel folgt dem Wagen auf die Autobahn. Im Rückspiegel kann er den grauen Barkas mit dem Hauptmann erkennen. Auf der rechten Spur bewegt sich der Konvoi im Schneckentempo, mit höchstens 80 Stundenkilometern. Ich weiß doch, wo ich wohne, wundert sich Alwin Ziel. Warum soll er dem Wartburg folgen? Der Mann am Steuer ist offensichtlich von der Stasi.

Nördlich von Berlin, kurz vor Bernau, hat er Gewissheit: Der Wartburg fährt nicht weiter Richtung Zentrum, sondern setzt den Blinker bei der Ausfahrt Bucher Straße. Es geht als nicht zu Frau und Kindern, sie haben etwas anderes vor. Die Kolonne rumpelt über Landstraßen Richtung Zepernick. Wartet dort ein Gefängnis auf ihn? Der Hauptmann hatte etwas von einer Befragung gemurmelt. Kurz vor dem Ortskern von Zepernick kommt der Konvoi zum Stehen, vor einem hohen Blechzaun, der ein riesiges Gelände zu begrenzen scheint. Die Digitaluhr neben dem Armaturenbrett zeigt 21.00 Uhr.[7]

OPK »Schiene«

Der Rückkehrer Andreas Mäder

Der kräftige Mann ist außer Atem, als er die Visitenkarte des Hamburger CDU-Politikers Gert Boysen aus der Jackentasche zieht. Es ist heiß in der Telefonzelle.

Andreas Mäder schwitzt, als er die Nummer wählt. Es klingelt einmal, zweimal, dreimal. Wenn Boysen jetzt abhebt, gibt es kein Zurück mehr. Dann ist der Dresdner Diplomingenieur Dr. Andreas Mäder ein ganz gewöhnlicher Republikflüchtling.

Drei Tage zuvor, am 6. Juni 1988, stand Mäder inmitten einer Reisegruppe des FDJ-Reisebüros »Jugendtourist« in Ost-Berlin auf dem Bahnsteig im Bahnhof Friedrichstraße. Seine erste Westreise führte ihn in die Partnerstadt von Dresden, nach Hamburg. Mäder ist mit seinen 33 Jahren einer der Ältesten. Er hat sich als Betreuer der Jugendbrigaden in seinem Betrieb verdient gemacht.

»Wer jetzt noch seinen Personalausweis hat, soll ihn abgeben«, rief der Reiseleiter mit ernster Miene der Gruppe zu.[1]

Mäder zwang sich, nicht in der Jacketttasche nachzufühlen, ob sein blauer DDR-Ausweis noch da ist. Er hat nicht vor, ihn abzugeben, irgendwie muss er sich ja ausweisen, wenn er in Hamburg auf die Polizeiwache geht.

Der Reiseleiter erhob erneut die Stimme: »Wer jetzt den Ausweis noch nicht abgegeben hat, wird als republikflüchtig angesehen. Sehen Sie alle noch einmal nach!«

Mäder, ein großer Mann mit dichtem schwarzen Haar, versuchte, ein harmloses Gesicht aufzusetzen. Er klopfte seine Taschen ab, zuckte mit den Schultern. Dann nahm er seinen Koffer und stieg in den Zug.

Boysen hebt nicht ab. Am Vortag hat Mäder den Sprecher der CDU-Fraktion im Hamburger Rathaus kennengelernt, als die DDR-Reisegruppe zu einem Empfang im Rathaus weilte. Mäder nutzte einen Gang zur Toilette, um in Boysens Büro zu schleichen. Er wolle fliehen, erklärte er dem Politiker hastig, ob er sich morgen bei ihm melden könne? Das gehe klar, gab Boysen nickend zu verstehen.

Doch jetzt ist Andreas Mäder der einsamste Mensch auf der Welt: Er hat sich vor einer Stunde am Bahnhof Altona von seiner Gruppe absetzen können. Obwohl der Reiseleiter angewiesen ist, niemanden aus seiner FDJ-Gruppe aus den Augen zu lassen, erlaubt er Mäder und den anderen, ohne Begleitung für ein paar Minuten durch die Geschäfte in der Bahnhofspassage zu flanieren. Mäder schlendert unauffällig in ein Schuhgeschäft und verschwindet durch den Hinterausgang. Er eilt ins Kolpinghaus, in dem die Gruppe untergebracht ist, packt hastig seine Sachen, greift den Koffer und läuft los. Bis zur Telefonzelle rennt er wie ein gehetztes Tier. Vielleicht sind sie schon hinter ihm her?

Boysen ist nicht erreichbar. Mäder hängt enttäuscht den Hörer ein.[2]

Die Staatspartei der DDR hat Großes vor mit ihrem Genossen Andreas Mäder. Er soll Direktor der Fahrzeuginstandhaltung der Dresdner Nahverkehrsbetriebe werden. Doch Mäder hat andere Pläne: Er will nach Berlin, ins Verkehrsministerium, weit weg von seiner Ex-Frau. Sie hat das Erziehungsrecht für die beiden Kinder, und Andreas Mäder leidet unter der Trennung von der Familie. Nach zehn Jahren Ehe haben sie sich vor einem Jahr scheiden lassen. Mäder lässt sich seitdem immer wieder krankschreiben, hat Magenbeschwerden, für die er die Trennung verantwortlich macht.

Doch seit einigen Monaten geht es ihm besser: Er ist wieder verliebt. Andreas Mäder will zu seiner Freundin Ruth, einer Ingenieurökonomin, nach Berlin ziehen. Auch Ruth meint, er würde nur durch die räumliche Trennung von der Familie zur Ruhe kommen.[3]

In seinem Kaderentwicklungsplan steht jedoch etwas anderes: Mäder soll in Dresden bleiben, Karriere beim VEB Nahverkehr machen. Das hat er abgelehnt. Der Parteisekretär des Betriebs hat ihm gedroht: »Du wirst in der DDR nicht mehr hochkommen als Ingenieur oder leitender Angestellter!« Im Mai 1988 teilt Parteisekretär Ziesche ihm mit, dass er kein Nachwuchskader für den Posten des Betriebsdirektors mehr sei. Seine Bewerbung beim Verkehrsministerium ohne Absprache mit der Parteileitung und dem Betriebsdirektor nehmen sie ihm übel und verpassen ihm einen Dämpfer. Das reicht Andreas Mäder. Er schmiedet einen Plan, weiht Ruth ein. Wenn die SED ihnen verbietet, in Ost-Berlin zusammenzuleben, dann muss es eben anders gehen.[4]

Der Plan

Seit ein paar Wochen ist sich Mäder sicher, dass seine Freundin Inoffizielle Mitarbeiterin der Stasi ist. Ruth ist mit ihren 25 Jahren eine gefestigte, linientreue Genossin, Parteimitglied wie er und in der Kampfgruppe. Er hat sie überrascht, als er den Stasi-Verdacht ausspricht, und Ruth hat stumm genickt. »Ja, das stimmt«, sagt sie nach einer Pause mit hochrotem Kopf. »Das darfst du aber gar nicht wissen, sonst habe ich den Kopf in der Schlinge.« Mäder versteht. Er hilft ihr sogar, ihre IM-Berichte zu formulieren. Unwichtiges Zeug, unverfängliches Spielmaterial. Zusammen entwickeln Mäder und seine Freundin einen Plan. Einerseits traut die SED Mäder nicht, will ihn disziplinieren. Zugleich soll er für seine Jugendarbeit im Betrieb belohnt werden. Die FDJ will ihn im Juni 1988 nach Hamburg reisen lassen, mit einer Jugendtourist-Gruppe.[5]

Wenn er von der Reise nicht zurückkommt, überlegen sie gemeinsam, wird die Stasi versuchen, ihn zurückzuholen. Dann werden sie Ruth nach Hamburg schicken, ihre Inoffizielle Mitarbeiterin »Beate«, um Mäder zur Rückkehr zu bewegen. Wie werden die sich beim MfS wundern, wenn Ruth auch drüben bleibt![6]

Mäder verlässt die Hamburger Telefonzelle und meldet sich auf der nächstgelegenen Polizeiwache. Er legt seinen Ausweis auf den Tresen und erklärt, dass er aus der DDR geflohen sei. Die Beamten scheinen das schon gewohnt zu sein, fragen gelangweilt die Personalien ab. Doch wo soll er schlafen? Die Sozialbehörde ist nicht mehr besetzt, und so muss Andreas Mäder die Nacht im »Haus Jonas« verbringen, dem Nachtasyl der Bahnhofsmission.

Jetzt endlich kommt er zur Ruhe und denkt zurück an die erlebnisreichen Tage in der westdeutschen Großstadt. Die FDJ-Delegation ist in Vierbettzimmern im Kolpinghaus untergebracht. Für ihn, den Älteren, ist es nicht sonderlich behaglich, mit drei jungen

Männern das Zimmer zu teilen, von denen er nicht weiß, wer von ihnen ein Spitzel ist. Sie waren auf der Reeperbahn, haben die Kaufhäuser mit ihrem unglaublichen Warenangebot besucht, waren im Barlach-Haus und in der Thälmann-Gedenkstätte. Mittags haben sie sogar in chinesischen und portugiesischen Restaurants gegessen. Das wenige Westgeld, das Andreas Mäder mitgenommen hatte, war schnell verbraucht. Er hat auf einer Wechselstube 300 DDR-Mark umgetauscht, dafür gab es 40 D-Mark, mit denen er jetzt auskommen muss.[7]

Am nächsten Morgen ruft er erneut das Sekretariat seines neuen Bekannten an. Boysen ist nicht da, musste nach Bonn. »Können Sie den Tag allein über die Runden bringen?«, fragt die Sekretärin. »Herr Boysen kann Sie um 18 Uhr am S-Bahnhof Poppenbüttel abholen.«

Boysen ist offenbar bereit, den Flüchtling über das Wochenende in seinem Haus aufzunehmen. Schließlich ist seine Frau Dresdnerin, die sich über den Besuch eines Landsmanns sicher freuen wird.[8]

Am Montag ist Andreas Mäder nach einem aufregenden Wochenende in Hamburg unterwegs nach Gießen. Boysen hat Mäder seinen Freunden vorgestellt, und der Mann aus Dresden musste immer wieder die Details seiner Flucht schildern. Jetzt muss er wie jeder Übersiedler das Bundesaufnahmeverfahren durchlaufen, einen bürokratischen Prozess, der genau geregelt ist. Mäder bekommt einen Laufzettel mit den Terminen für seine Befragungen. Ein Beamter reicht ihm ein Paket Bettwäsche und Geschirr und nennt ihm die wichtigsten Daten. 7 Uhr bis 8 Uhr Frühstück, 12 Uhr bis 13 Uhr Mittagessen, Abendessen 16 Uhr bis 17 Uhr, leiert der Beamte herunter. Dann kann Mäder sein Quartier beziehen. Zimmer 206 im Haus »Sachsen-Anhalt«, ein Vierbettzimmer, das er mit drei DDR-Flüchtlingen teilen muss.

Die alliierten und deutschen Geheimdienste sind begierig auf jede Information aus der DDR. Ein Vernehmer, vermutlich ein BND-Mitarbeiter oder Verfassungsschützer, will von Mäder wissen, ob er Kontakte zur Staatssicherheit hatte.

»Sind Sie selbst mal zur Zusammenarbeit aufgefordert worden?«

»Nein«, antwortet Mäder. Er verschweigt Ruths Stasi-Mitarbeit, um sie zu schützen.

»Können Sie das unterschreiben?«

»Ja.«

Der Beamte zieht einen DIN-A-5-Zettel aus der Schreibtisch-schublade: »Ich versichere, daß ich in keiner Form mit einem kommunistischen Geheimdienst zusammengearbeitet habe und auch nicht zusammenarbeite.«

Mäder unterschreibt. Ob er sich vorstellen könne, künftig für den westdeutschen Geheimdienst zu arbeiten? Wenn ich jetzt nein sage, überlegt Mäder, dann denken sie, dass ich dem anderen System nachhänge. Kein guter Start im Westen, wenn man unter dem Verdacht steht, ein Stasi-Spitzel zu sein. Der Mann vom Geheim-dienst schiebt ihm erneut ein Blatt Papier über den Tisch. Sie wollen seine Zusage schriftlich. Mäder unterschreibt.

»Sie werden in Hamburg von der Hauptstelle für Befragungs-wesen zu einem weiteren Gespräch eingeladen. Gute Reise.«[9]

Allein

Nach drei Tagen fährt Mäder mit 200 D-Mark Überbrückungs-geld in der Tasche zurück nach Hamburg. In einem Hotel an der Reeperbahn hat die Hamburger Sozialbehörde ihm ein Zimmer reserviert. Doch in der schäbigen Absteige ist niemand an der Rezeption, im Hotel scheint kein Mensch zu sein. Mäder trottet zurück zum Bahnhof. In der Bahnhofsmission weist ihn eine Frau ab. Sie habe kein Bett für ihn, er könne ja nach Gießen fah-ren. Mäder läuft zurück in die Haupthalle und schließt den Kof-fer ein. Er muss nachdenken, geht im Bahnhof auf und ab. In Gießen haben sie ihm gesagt, es sei illusorisch, dass die DDR seine Freundin Ruth zu ihm lasse oder dass er seine beiden Kin-der in Dresden in nächster Zeit sehen könne.[10]

Vor einer Woche ist er vor den Stasi-Spitzeln in seiner Reise-gruppe in wilder Panik geflohen. Sie werden ihn suchen. Was, wenn sie ihm plötzlich über den Weg laufen? In Hamburg gibt es niemanden, der ihn schützen könnte. Von Ruth hat er seit Tagen nichts gehört. Er kann sie in der DDR nicht anrufen, denn dann würde die Stasi Wind von dem gemeinsamen Fluchtplan bekom-men. Wann werden die Männer vom BND oder vom Verfassungs-schutz sich melden? Werden sie ihn tatsächlich anschreiben oder werden sie plötzlich in seinem Hotel auftauchen, wenn er morgen sein Zimmer bezieht? Andreas Mäder fühlt sich wie ein Gejagter, wie ein Darsteller in einem schlechten Agentenfilm. Wieder und wieder hält er sich vor Augen, dass er jetzt eine Zielperson für den Geheimdienst ist.[11]

Mäder verlässt eilig den Bahnhof, zurück Richtung Hotel, auf die Reeperbahn. Ihm kommen betrunkene Männer entgegen, die grölend über die Amüsiermeile wanken. Die Ausrufer vor den Tabledance-Bars stellen sich ihm in den Weg, wollen ihn mit ihrem norddeutschen Singsang in die schummerigen Etablissements locken. Mäder macht einen Bogen um sie und versucht, sich zu beruhigen, einen klaren Kopf zu bekommen. Doch die Angst lässt ihn nicht mehr los. Er kennt die Gerüchte um den plötzlichen Tod des ehemaligen DDR-Fußballers Lutz Eigendorf. Im Westfernsehen, hatte man ihm erzählt, war der tödliche Autounfall als Mordkomplott der Stasi dargestellt worden. Stasi-Chef Mielke hatte dem Spieler seines Lieblingsvereins FC Dynamo die Flucht in den Westen offenbar nicht verziehen. Eigendorf, der kaum trank, wurde im Frühjahr 1983 schwer verletzt und mit hoher Alkoholkonzentration im Blut aus seinem zertrümmerten Wagen geborgen. Er starb kurz darauf in einem Braunschweiger Krankenhaus. Wenn der mörderische Arm der Stasi bis nach Braunschweig reicht, dann kann der DDR-Geheimdienst auch Andreas Mäder in Hamburg mühelos finden. Er malt sich aus, wie er in der Hamburger U-Bahn tot aufgefunden wird, von der Stasi hingerichtet durch eine unauffällige Giftinjektion in den Rücken.[12]

Er läuft weiter die Reeperbahn entlang, vorbei an funkelnden Leuchtreklamen und den Bildern nackter Frauen. Endlich findet er eine Telefonzelle und wählt Boysens Privatnummer. Wieder läutet es endlos. Der Politiker ist nicht zu erreichen. Mäder läuft wieder durch die Stadt, findet schließlich den Weg zum Kolpinghaus. Der Nachtpförtner erkennt ihn als Mitglied der DDR-Reisegruppe, die gerade abgereist ist. Ob er mal telefonieren könne? Der Pförtner gibt ihm Kleingeld, und Mäder wählt die Nummer der Ständigen Vertretung der DDR in Bonn. Die hatte der Reiseleiter jedem aus der Gruppe schon in Ost-Berlin in die Hand gedrückt, für alle Fälle.

»Man wird Sie nicht mit Blumen empfangen«

Mäder atmet tief durch, greift zum Telefon und wählt.

»Ja bitte?« Die Männerstimme klingt misstrauisch.

»Ich bin Andreas Mäder von der FDJ-Reisegruppe in Hamburg, ich bin vor einer Woche abgehauen. Ich möchte wissen, ob ich in die DDR zurückkehren kann, ob das geht?«

»Warten Sie mal, bleiben Sie dran.« Die Stimme klingt plötzlich aufgeregt.

Dann ist die Leitung still. Mäder wartet mit dem Hörer am Ohr. Der Mann in der DDR-Vertretung scheint herumzutelefonieren. Nach zwei endlosen Minuten meldet er sich wieder.

»Ja, Sie können zurückkehren. Brauchen Sie Unterstützung? Wir holen Sie ab.«

Mäder fragt, ob er mit einer Anklage wegen Republikflucht rechnen müsse. Der Mann am Telefon klingt jetzt viel selbstbewusster, er hat sich offenbar rückversichert : »Man wird Sie nicht mit Blumen empfangen, aber den Kopf wird man Ihnen auch nicht abreißen.«[13]

Mäder ist beruhigt. Sie sind froh, denkt er, wenn einer freiwillig zurückkehrt. Am liebsten wollen sie gleich zu ihm ins Hotel kommen, ihn holen, bevor er es sich anders überlegt. Das muss er verhindern.

»Ich reise morgen mit der Bahn zurück. Ich komme morgen nach Schwanheide. Bitte informieren Sie meine Mutti und meine Freundin.« Er buchstabiert die Namen und Adressen von Ruth und der Mutter.[14]

Es ist spät am Abend, als Andreas Mäder zurück zum Bahnhof läuft. Der Nachtschalter ist noch geöffnet. Er kauft eine Fahrkarte nach Schwanheide. Das ist ein Grenzübergang, an dem die Interzonenzüge halten, damit die Männer von der Passkontrolleinheit des MfS zusteigen können, kein normaler Halt im deutsch-deutschen Grenzverkehr.

Gleich Mitternacht. Noch acht Stunden bis zur Abfahrt des Zuges. Undenkbar, in das schäbige Hotel zurückzukehren, auch wenn jetzt jemand an der Rezeption sitzen sollte. Er setzt sich auf eine Bank und wartet. Hier werden ihn weder der Verfassungsschutz noch die Stasi vermuten.[15]

Der Bahnsteig in Schwanheide ist menschenleer, als Andreas Mäder aus dem Reichsbahnwaggon steigt. Die beiden bewaffneten Grenzer vor dem Zollgebäude blicken verdutzt, als der Mann mit dem Koffer auf sie zukommt.

»Ich möchte mich als Rückkehrer melden«, sagt Mäder und streckt den verdutzen Uniformierten seinen Ausweis entgegen. Die Männer führen ihn in den Vorraum des Wachgebäudes. Ein Grenzer bewacht ihn, der andere geht in das Gebäude, um zu telefonieren. Ein Mann mit abgelaufenem Visum für eine Westreise steht auf dem Bahnhof Schwanheide. Was sollen sie mit ihm anfangen?

Es dauert lange, bis der Grenzer mit zwei Zivilisten zurückkommt. Sie wühlen in seinem Koffer herum, stecken seine Schuhe in ein Durchleuchtungsgerät und lassen Mäder die Kleidung bis auf die Unterhose ablegen. »Sie sind nicht verhaftet«, sagt einer der Zivilisten unvermittelt und fordert ihn auf, sich wieder anzuziehen.

Mäder muss in einen Barkas-Transporter steigen und wird zur Polizei nach Boizenburg gebracht. Ob er mal auf die Toilette könne? Selbstverständlich. Ein bewaffneter Volkspolizist geht mit, steht neben ihm am Pissoir. Mäder ist angeblich nicht verhaftet, aber ständig unter Bewachung. Dann soll er wieder einsteigen.

»Wo fahren wir hin?« Keine Antwort. Der Transporter rumpelt auf der Fernstraße 5 Richtung Berlin. Ist Mäder doch festgenommen? Was haben sie mit ihm vor?

Es ist die übliche Prozedur, die jeder DDR-Rückkehrer durchläuft. Auch Mäder muss ins ZAH Röntgental. Er wird »zugeführt«, wie Kripo-Hauptmann Brandt in einem Aktenvermerk schreibt: »Der Aufnahmeersuchende hinterläßt einen sauberen und gepflegten Eindruck. Er ist intelligent. In seinem Verhalten ist er höflich und sachlich. Den durchgeführten Maßnahmen brachte er Verständnis entgegen.«[16]

Mäder muss sein Gepäck und die Papiere abgeben und wird im Unklaren gelassen, wo er sich befindet und wie lange sein Zwangsaufenthalt auf dem umzäunten Gelände dauern soll.

Andreas Mäder wird nicht ins »Hexenhaus«, in die »Quarantäne«, gebracht, es ist vermutlich an diesem Abend mit einem anderen Rückkehrer belegt. Ein rundlicher ZAH-Angestellter führt ihn direkt in den dritten Stock des Hochhauses. Der Flur ist menschenleer, Mäder ist offenbar der einzige Bewohner der Etage. In der Mitte des Ganges liegt seine Unterkunft: ein etwa 15 Quadratmeter großes Zimmer mit Balkon und einem rosa gekachelten Bad, das über Toilette und Waschbecken verfügt. Mit Kreide ist ein weißer Strich auf dem Flur vor seinem Zimmer aufgemalt. Der Dicke, der ihn ins Zimmer gebracht hat, erklärt ihm den Sinn des Kreidestrichs:

»Sie können sich im Zimmer frei bewegen, aber Sie dürfen die Linie nicht übertreten.«

»Ein psychologischer Trick«, denkt Mäder. »Sie wollen testen, ob ich die Grenzen auslote oder mich freiwillig füge.« Die Tür zum Flur wird nicht verschlossen, und doch ist er gefangen. Natürlich wird er in dieser Nacht nicht wagen, die Tür zu öffnen und auf den Flur zu treten.[17]

»Unterschreiben Sie die Hausordnung«, sagt der Mann und weist mit einer Kopfbewegung auf das Blatt auf dem Tisch. In der Hausordnung sind die Essens- und Ruhezeiten festgelegt. Um 6.30 Uhr ist Wecken, 7.30 Uhr bis 8.00 Uhr Frühstück. Von 11.45 Uhr bis 12.15 Uhr gibt es Mittagessen und von 17.00 Uhr bis 17.30 Uhr Abendbrot. Fast dieselben Zeiten wie in Gießen, denkt Mäder. Die deutschen Bürokraten in Ost und West haben doch mehr gemeinsam, als sie wahrhaben wollen.[18]

In der Heimordnung ist festgelegt, wo die Heiminsassen auf dem Gelände spazieren gehen dürfen und wo nicht. Mäder überfliegt das Papier und unterschreibt. Er weiß nicht, dass er der Staatssicherheit mit seiner Unterschrift schriftlich bestätigt, dass er freiwillig in Röntgental ist und seine zeitlich unbefristete Gefangenschaft akzeptiert.[19]

»Wie lange muss ich hier bleiben?«, will er wissen, als der Dicke das Papier greift und sich aus der Tür schiebt. Werden sie ihn wie in Gießen ein, zwei Tage durch die Mangel drehen? »Das können wir Ihnen nicht sagen«, kommt es zurück. »Das kann vier Wochen dauern, das kann auch länger dauern.«

Vier Wochen! Wieder ist an Schlaf nicht zu denken. Mäder sitzt am Tisch in seinem Zimmer und soll genau aufschreiben, mit wem er im Westen gesprochen hat. Ab morgen früh werden sie ihn in die Zange nehmen und seine Notizen akribisch mit seinen Aussagen abgleichen. In seinem Kulturbeutel findet er den Kleinbildfilm, den er in den Westen mitgenommen hat. Vor der Reise hatte er seine wichtigsten Urkunden abfotografiert: die Promotionsurkunde, das Ingenieurdiplom. Zum Glück haben sie die

Nagelschere nicht konfisziert. Er zerschneidet den Film in kleinste Schnipsel und spült sie im Klo hinunter. Selbst wenn die Staatssicherheit so raffiniert war, ein Sieb in der Toilette zu installieren, würden die winzigen Filmschnipsel durchrutschen, hofft er. Seine Flucht, das hat er sich zurechtgelegt, war eine Kurzschlusshandlung, wegen der kaputten Ehe und der Demütigung im Beruf. Eine spontane Dummheit. Dabei muss er von jetzt an bleiben. Er darf bei den Verhören keine Fehler machen. Nach vielen Stunden ist der Bericht über die Tage im Westen fertig. Andreas Mäder sinkt zum ersten Mal seit Tagen in einen tiefen traumlosen Schlaf.[20]

Wiedergutmachung

Bei den Nahverkehrsbetrieben in Dresden-Tolkewitz verbreitet sich die Nachricht vom Rückkehrer Andreas Mäder wie ein Lauffeuer. Die Stasi setzt ihre Spitzel im Betrieb in Bewegung, um die Meinungen über den »Verräter« zu erkunden:

»Nach Bekanntwerden ..., daß Mäder versucht hat, bei einer Touristenreise nach Hamburg in der BRD zu bleiben, gab es nicht einen Kollegen, der diese Handlungsweise gebilligt hätte. In der Technologie äußerte sich sogar der Kollege X., wenn der nach Tolkewitz wiederkommt, dann treten einige aus der Partei aus, denn von solchen Menschen muß man sich ganz einfach distanzieren. Die Kollegen P. und Kollegin S. in der Technologie äußerten sich sogar, da kündigen wir, wenn der wiederkommt.«[21]

Die SED beruft eine Parteiversammlung im Betrieb ein, um über Mäder Gericht zu halten. Die Genossen überbieten sich in negativen Kommentaren über Mäder:

»Der Kollege G., Schlosser im Motorenbau, sagte, diese Niete soll man rausschmeißen, da ist mir jeder Übersiedlungsersucher 1000-mal lieber. Die bekennen sich wenigstens offen zu ihrer Einstellung ... Der Kollege, der sein Mentor beim Abschluß des Doktortitels war, sagte, ich wäre glücklich, wenn man ihm diesen Titel aberkennen könnte.«[22]

Die SED-Mitglieder im Betrieb, das sogenannte Parteiaktiv, beschließen die fristlose Entlassung Mäders. Außerdem, wollen einige plötzlich wissen, hätten ihn die Kollegen sowieso nicht sehr geschätzt: »Im Kollektiv der Technologie war er nicht beliebt, da hinter seinem Auftreten die praktischen Kenntnisse wohl fehlten.«

Andreas Mäder, der in Röntgental auf seine Wiedereingliederung in die DDR wartet, weiß noch nicht, dass die Partei- und die Betriebsleitung ihm die Rückkehr zu den Nahverkehrsbetrieben verbaut haben.

Im Aufnahmeheim läuft Mäder hinter einem Mann den Flur entlang. Über das Treppenhaus gelangen sie schweigend ins Freie. Er benötige neue Dokumente, hat der Mann ihm knapp erklärt. Er läuft zielsicher auf eine Baracke zu, schließt auf, führt Mäder über eine schmale Treppe in einen düsteren Keller, öffnet eine Eisentür: ein fast leerer fensterloser Raum, eine Lampe, ein Stuhl.

»Setzen Sie sich«, knurrt der Mann und hantiert an einem Fotoapparat, der auf einem Stativ angebracht ist. Es blitzt zwei-, dreimal. Mäder wird von vorn und von der Seite fotografiert.

Der Keller erinnert ihn an eine Gruft. Hier will niemand länger bleiben, denkt Mäder, und genau das wollen sie ihm wohl klarmachen: Wenn er Schwierigkeiten macht, kann der Aufenthalt im ZAH unangenehm werden, das spürt er. Mach jetzt keinen Fehler, sag nichts, was dich hinterher den Hals kosten kann, nimmt er sich vor.[23]

Dann muss er in den sechsten Stock, zu seinem Vernehmer. Wohl ein Stasi-Offizier. Der kühl wirkende Mann in Zivil begrüßt ihn mit ernstem Kopfnicken, weist ihm den Stuhl vor dem Schreibtisch zu. Auf dem Tisch steht eine Erika-Schreibmaschine mit eingespanntem Bogen und Durchschlagpapier.

Mäder muss genau berichten, was er im »Feindobjekt« Gießen erlebt hat. Nach jedem Satz, den Mäder antwortet, muss er eine Pause machen. Der Vernehmer tippt umständlich mit zwei Fingern die Sätze. Es dauert Stunden, bis das erste Vernehmungsprotokoll fertig ist. Dann soll Mäder die Vernehmer in Gießen beschreiben. Der Stasi-Mann legt ihm ein Blatt mit einem leeren Gesicht darauf vor, stellt einen Karton mit Bärten, Augen, Ohren, Nasen aus Papier daneben. Wie war die Nase des BND-Mannes? Wie der Mund des Verfassungsschützers? Hatte der CIA-Mann verkniffene oder offene Augen? Die Staatssicherheit hat mit den sogenannten Identi-Kits schon zahlreiche westliche Geheimdienstler im Lager Gießen identifiziert. Jetzt soll Mäder Bärte, Augenbrauen und Ohren auf das Papiergesicht legen, wie in einem Detektivspiel für Kinder.

Mäder merkt, dass der Stasi-Mann Zweifel an seinem Aufenthalt in Gießen hat. Wenn Mäder ein Detail widersprüchlich darstellt, gilt er womöglich als BND-Agent, der gar nicht in Gießen war, sondern direkt in die DDR geschleust wurde, fürchtet der Neuankömmling. Doch er hat Beweise. Im Aufnahmelager Gießen hat er fotografiert. Den Lagereingang mit dem Wachhäuschen, seine Unterkunft, das Haus »Sachsen-Anhalt« und den Lageplan an der Hausfassade. Den Fotoapparat mit dem Film haben sie ihm am ersten Abend in Röntgental abgenommen. Die Bilder müssten die Stasi überzeugen.[24]

Der Vernehmer formuliert Mäders erregte Schilderung von den Fotos in die trockene Behördensprache des MfS um. »Unter dem Aspekt der Wiedergutmachung« habe Mäder »fotografische Aufnahmen zum Feindobjekt Gießen« gefertigt, tippt der Vernehmer in die Maschine und fährt in seinem Protokoll fort: »Er ist gewillt, im öffentlichkeitswirksamen Zurückdrängungsprozeß von Übersiedlungsersuchenden mitzuwirken.« Der Offizier notiert, dass Mäder »gegenüber dem MfS mit Selbstanbieterverhalten anfiel«.[25]

Der Vernehmer will nicht nur alles über die Tage in Hamburg wissen, Mäder soll auch erzählen, was ihm an den anderen Rückkehrern auffällt. Sein Zimmernachbar zum Beispiel, der Friedhofsverwalter Fred aus Berlin-Friedrichshain, was denn das für einer sei? Der sei im Suff wiedergekommen, weil er so an der Familie hänge, berichtet Mäder. Fred brüste sich unter Alkoholeinfluss, dass er über 3000 Mark monatlich durch Nebengeschäfte verdiene, mit privatem Autohandel und dem Verkauf alter Uhren.[26]

Den Vernehmer, den »Sachbearbeiter« von der Stasi, scheint Mäders Offenheit zu beeindrucken. Andreas Mäder hat das Gefühl, dass der Mann ihm seine Version von der spontanen Dummheit, von der unüberlegten Flucht abnimmt.

Trotzdem dauern die Verhöre an, Woche um Woche. Immer wieder dieselben Fragen. Neben den Vernehmungen und den Mahlzeiten gibt es nur Langeweile. Mäder bietet der Heimleitung an, den Rasen vor Haus 11 zu mähen. Dafür bekommt er Taschengeld und kann sich Kaffee oder Zigaretten kaufen.

Die Staatssicherheit weiß nicht so recht, was sie vom Rückkehrer halten soll. Anhaltspunkte dafür, dass Mäder ein westlicher Agent ist, hat sie nicht:

»Nach Einschätzung der Abteilung II liegen keinerlei Anhaltspunkte vor, daß Mäder auftragsgemäß in die DDR zurückgekehrt ist«, formuliert der Vernehmer. »Operativ zu beachten sind jene Feststellungen, nach denen Mäder beabsichtigt, den Kontakt zum CDU-Vertreter in Hamburg Boysen aufrechtzuerhalten.«[27]

Immer wieder muss Mäder auch zu einer Vernehmerin von der Kriminalpolizei, die sich vor allem für mögliche Straftaten des Rückkehrers interessiert.

»Wieso haben Sie kurz vor der Reise nach Hamburg den Fernseher abgemeldet?« Die Frage trifft Andreas Mäder unvorbereitet. Die Frau von der Kripo hat ein wichtiges Indiz für eine geplante Republikflucht in der Hand. Sie blickt den fassungslosen Mäder prüfend an: »Na, dann schreiben wir mal, daß Sie zu Ihrer Verlobten ziehen wollten.«

»Ja, das stimmt«, stammelt Mäder. Glück gehabt.

Mäder weiß nicht, dass Polizei und Stasi weitere Erkundigungen über ihn einziehen. Berichte über den Dresdner Ingenieur verfasst auch der IM »Bernd Kellermann«. Der sitzt öfter mit am Tisch in der Küche, wenn Mäder und andere Rückkehrer ihr Bier trinken. »Kellermann«, ein in das ZAH eingeschleuster Stasi-Spitzel aus Magdeburg, schreibt alles Verdächtige auf, was er über Mäder aufschnappen kann:

»Der M. ist ein schwer zu beschreibender Mensch vom Charakter her ... Über seinen BRD-Aufenthalt äußerte er sich kaum ... Er gibt zwar zu, in Gießen gewesen zu sein, was er dort aber für Kontakte hatte, gibt er nicht an.« Stasi-Hauptmann Opitz, »Kellermanns« als Vernehmer getarnter Kontaktmann, empfiehlt »weitere Aufklärung des Persönlichkeitsbildes«.[28]

Die Rückkehrer belauern sich, vermeiden zu große Offenheit, wenn sie zusammensitzen. Abends dürfen sie ein bis zwei Flaschen Bier trinken, das soll wohl die Zunge lockern. Jeder könnte ein Spitzel sein, jeder wird in den stundenlangen Verhören genötigt, etwas über die Mitinsassen in Röntgental zu erzählen. Auch Mäders Freundin Ruth schreibt wieder Berichte für die Stasi. Eine Woche nach seiner Einlieferung ins Aufnahmeheim darf sie ihren Freund Andreas besuchen. IM »Beate« berichtet ihrem Führungsoffizier in Dresden: »In unserem 3stündigen Gespräch sah M. die Dinge realistisch. Er hat eingesehen, daß er einen Fehler gemacht hat.«

Doch sie gibt der Stasi nichts Belastendes in die Hand. »In meinem letzten Gespräch mit dem Mäder bezüglich von Namen, Kontakten in der BRD, konnte ich erneut keine Ergebnisse erzielen«, schreibt IM »Beate« am 28. Juli.[29]

Stasi und Volkspolizei lassen nichts unversucht, um Andreas Mäder und sein Umfeld zu durchleuchten. Kurz nach Ruths Besuch bei ihrem Freund im Aufnahmeheim stehen zwei Polizisten bei Ruths Eltern vor der Tür. Sie wollen genau wissen, was die künftigen Schwiegereltern vom Ingenieur Mäder halten, ob die Tochter sich trennen oder mit dem Rückkehrer zusammenbleiben will.

»Daß er von der Touristenreise nicht zurückkam, hat die Befragten und auch die Tochter unangenehm überrascht und ihrer aller Vertrauen zu ihm zunächst erschüttert«, schreibt ein Mitarbeiter der Kriminalpolizei Dresden und schickt das Befragungsprotokoll an das Zentrale Aufnahmeheim. Die Akte über Andreas Mäder, die Operative Personenkontrolle »Schiene«, wächst innerhalb weniger Wochen auf mehrere hundert Seiten an.[30]

Wiedereingliederung

Vier Wochen im Lager und unzählige Verhöre liegen hinter ihm. Mäder muss wieder in den sechsten Stock. Ein hohes Tier der Stasi soll da sein, geht das Gerücht im Heim um. Ist das das Entscheidungsgespräch? Hauptmann Engel, Mäders Vernehmerin von der Abteilung K der Volkspolizei, hat dem MfS ihren Schlussbericht bereits vorgelegt. Sie empfiehlt, Mäder wieder in die DDR aufzunehmen: »Herausgearbeitet wurde in dem Aufnahmeverfahren, daß Dr. Mäder seinen ungesetzlichen Grenzübertritt nicht vorbereitete, sondern sich dazu erst in der BRD entschloß.«[31]

Im Vernehmerzimmer sitzt ein großer schlanker Mann und sieht Andreas Mäder selbstsicher an. »Genosse Andreas«, beginnt der Stasi-Offizier. »Wir haben verstanden, dass du dich aus persönlichen Gründen hast hinreißen lassen, diesen Fehler zu begehen. Wie stellst du dir das vor, wenn du wieder in der DDR bist, wie willst du diesen Fehler wiedergutmachen?«

»Ja, ich weiß auch nicht. Wiedergutmachung im Betrieb, also erzählen, wie es war. Dass das im Westen bloß Verblendung ist, bloß bunte Farbe und so.«

»Und noch? Und wie noch?«

»Ich kann im Kollektiv erzählen: Macht den Fehler nicht, seid nicht so dumm. Auch im Westen ist nicht alles Gold, was glänzt.«

»Und was noch?«

Mäder fühlt sich unbehaglich. Der Offizier will ein weitergehendes Angebot. Es ist eine Prüfung. Der Dresdner Maschinenbauingenieur soll selber formulieren, was die Stasi von ihm erwarten kann.

»Natürlich werde ich darüber hinaus meinen Beitrag leisten.«

Damit scheint der Stasi-Mann sich zufriedenzugeben. Mäder hat den Anwerbeversuch der Stasi durchschaut. Er wird nicht erstaunt sein, wenn sie in ein paar Wochen oder Monaten vor seiner Tür stehen und die Gegenleistung für die straffreie Rückkehr einfordern. Doch als Inoffizieller Mitarbeiter will sich Mäder wohl nicht einsetzen lassen und sich schon gar nicht selbst darum bewerben. Das hat der kluge Offizier schon verstanden.[32]

Erneut lassen sie Mäder schmoren, noch einmal zwei Wochen lang. Als er eines Tages vor Haus 11 steht und in die Sonne blinzelt, ruft ihn die Frau von der Rezeption durch die offene Tür: »Andreas, mitkommen!«

Die Diensthabende geht voraus zu seinem Zimmer. »Beeilen Sie sich, packen Sie ihre Sachen!« Mäder versteht, dass dies seine Entlassung ist. Die Frau führt ihn zum hinteren Aufzug. Auf der Rückseite von Haus 11 steht ein hellgelber Wartburg Kombi. Ein Mann springt heraus, grüßt knapp und verstaut Mäders Gepäck im Kofferraum.

»Nicht umdrehen!«, zischt die Rezeptionistin. Wer geht, darf nicht zu den anderen, nicht Abschied nehmen, sondern hat unauffällig zu verschwinden. Keiner der Heiminsassen soll wissen, wohin es geht. Die Rückkehrer sollen in der DDR kein Netzwerk knüpfen, sollen sich möglichst nie wieder begegnen.

»Bitte schnell einsteigen!« Wieder weiß Mäder nicht, wo es hingeht. Zu einer Dienststelle der Stasi oder nach Hause? Der Fahrer schweigt. Am S-Bahnhof Bernau endet die Fahrt. Der Wartburg-Fahrer drückt ihm einen S-Bahn-Fahrschein und eine Reichsbahn-Fahrkarte in die Hand: von Berlin-Hauptbahnhof nach Dresden.

»Sie müssen sich unverzüglich bei der Volkspolizei melden«, sagt der Mann von der Staatssicherheit und gibt ihm einen Zettel: Volkspolizei KD Dresden, Bärensteiner Straße 5. Dann fährt der Wartburg davon.

Den Bart, den er sich vor der Reise nach Hamburg hat stehen lassen, hat Andreas Mäder abrasiert. Er betritt das Bürogebäude der Dresdner Nahverkehrsbetriebe mit einem mulmigen Gefühl. Seit gestern Abend ist er wieder da, hat mit Ruth ein Glas Wein getrunken und Wiedersehen gefeiert. Er hofft, dass er als reumütiger Heimkehrer seinen Platz in der DDR wieder einnehmen kann, dass er auch im Betrieb weitermachen kann wie bisher. Auf dem Flur trifft er die ersten Kollegen. Einige starren ihn aus todernsten Gesichtern an, andere wenden sich ab. Das ungute Gefühl wird stärker. Er solle direkt zum Fachdirektor kommen, teilt ihm eine Mitarbeiterin kühl mit und geht ohne ein erklärendes Wort weiter.

Fachdirektor Kühnel blättert mit verschlossenem Gesicht in Mäders Kaderakte. Er teilt ihm die fristlose Entlassung mit, wegen arbeitsrechtlicher Verstöße. Mäder protestiert: Nicht einen Tag habe er gefehlt, die Flucht falle in seinen Urlaub, und die Zeit in Röntgental habe er nicht zu verantworten. Kühnel blickt ihn ausdruckslos an. Er hat keine Argumente. Es bleibt dabei. Punkt. Mäder ist fristlos entlassen wegen unentschuldigten Fehlens am Arbeitsplatz. Kühnel spricht ein Hausverbot aus.

Mäder kämpft um seine Stelle, ruft die Konfliktkommission und das Kreisgericht in Dresden an. Er soll die Klage zurückziehen, fordert man ihn auf. Mäder weigert sich. Dann kommt ein Brief vom Betriebsdirektor. Er nimmt die Kündigung zurück, teilt Mäder aber gleichzeitig mit, dass an einer Weiterbeschäftigung des Ingenieurs kein Interesse bestehe. Ab Herbst 1988 hat Mäder eine Stelle im VEB Verkehrskombinat Dresden, dem Schwesterunternehmen der Nahverkehrsbetriebe. Keine Führungsposition. Es ist klar: In der DDR wird Andreas Mäder nicht mehr zum Betriebsdirektor aufsteigen.

Auch die SED schließt ihn aus. Das Parteiaktiv hat den Rauswurf mit nur einer Gegenstimme beschlossen. Wer als Genosse aus der DDR flieht, ist unwürdig, in der Partei zu bleiben. Dieselben Leute werden im Dezember 1989, nach dem Mauerfall, zu ihm kommen und ihn fragen, ob er in der SED-PDS mitmachen möchte. Mäder will, allein schon aus Genugtuung, doch nach wenigen Monaten tritt er wieder aus.

Die Stasi bleibt Andreas Mäder ein ganzes Jahr nach seiner Entlassung aus Röntgental auf den Fersen. Im September 1988 herrscht in der Dresdner Kreisleitung der Staatssicherheit Alarmstimmung: Die Stasi vermutet, »daß der M. möglicherweise Verbindungen zu feindlichen Stellen unterhält«. Eine Besuchergruppe aus der Partnerstadt Hamburg ist in die DDR eingereist, darunter der CDU-Politiker Gert Boysen. Boysen wird im Rahmen der Stasi-Aktion »Alster« überwacht. Offenbar plant er ein Treffen mit Mäder, vermutet die Stasi. Gegen Mäder kommt wieder einmal seine Freundin Ruth, die Inoffizielle Mitarbeiterin »Beate«, zum Einsatz im Rahmen der OPK »Schiene«. Mäder und Boysen wollen sich offenbar im Dresdner Hotel »Bellevue« treffen, das finden die MfS-Spezialisten heraus.[33]

Beim abendlichen Treffen in der Hotelbar sitzt Ruth neben Mäder und folgt interessiert der Unterhaltung der Männer. »Der IM wurde akzeptiert und war während des gesamten Gespräches anwesend«, notiert ein Stasi-Mitarbeiter. Boysen erzählt, dass Mäders Tante im Westen nach der Abreise des Neffen vom Staatsschutz vernommen wurde. Die bundesdeutschen Behörden, berichtet der Hamburger, hätten den Verdacht, »dass Mäder Agent der DDR sei«, weil er den Kontakt zu Boysen gesucht habe und bei ihm wohnen konnte. Ob er ihm die Rückkehr in die DDR übelnehme, will Mäder von dem Hamburger wissen.

»Nein«, erwidert Boysen, »nach meiner Auffassung darf jeder Deutsche seinen Wohnsitz dort nehmen, wo er will.« Ein Satz, den die Lauscher vom MfS ruhig hören können, denkt sich Boysen. Er vermutet, dass die Hotelbar verwanzt ist und ahnt nicht, dass die Stasi bei ihm am Tisch sitzt.[34]

Der private Kontakt zweier Männer aus Ost und West ist Ende der 1980er Jahre offenbar Anlass genug, um mehrere Abteilungen zweier verfeindeter Geheimdienste über Monate auf Trab zu halten. Erst am 19. Juli 1989 schließt die Dresdner Staatssicherheit die Akten der Operativen Personenkontrolle »Schiene«:

»Durch den Einsatz des IM ›Beate‹ konnten keine Informationen zu einem feindlich-negativen Wirksamwerden des Mäder erarbeitet werden ... Im Ergebnis der getroffenen Einschätzung wird vorgeschlagen, die OPK einzustellen.«[35]

Ruth trennt sich kurz nach ihrem Einsatz im Hotel »Bellevue« von Mäder. Sie hält das Doppelspiel wohl nicht mehr aus. Bis zur Wende muss Andreas Mäder noch an seiner neuen Arbeitsstelle im Verkehrskombinat Dresden ausharren. Am 5. Dezember 1989 stürmt er mit Tausenden von Dresdnern die Bezirksverwaltung der Stasi in der Bautzner Straße. Sein Betrieb wird abgewickelt, und Andreas Mäder macht sich selbständig.

Der Spitzel

Deckname »Bernd Kellermann«

Am 10. Mai 1988 steht Bruno Kreminski* vor einem grauen Plattenbau in der Langhoffstraße im Ost-Berliner Stadtteil Marzahn. Der bullige junge Mann mit der abgegriffenen Sporttasche blickt nach oben: Unter dem Dach, im neunten Stock, befindet sich sein neues Zuhause, die konspirative Einraumwohnung mit dem Decknamen »Journal«.

Kreminski schließt die Tür auf. Der 28-jährige Magdeburger blickt sich um: ein kleiner Flur mit Garderobe, dahinter ein Zimmer mit weißer Sprelakart-Schrankwand, einem rotem Kunstledersofa und drei Sesseln, graue Auslegware. Hier wird Kreminski vier Wochen lang das Westfernsehen studieren und seine Legende lernen. Er wird 160 Stunden »Wetten daß ...?«, »Tagesschau« und »Tatort« sehen, bundesdeutsche Zeitungen lesen und trainieren, wie ein Westdeutscher zu reden, sich wie ein solcher zu kleiden und zu benehmen. »Bestimmte Sendungen und Filme, welche im BRD-Fernsehen gezeigt werden, sind, auf die Legende bezogen, sehr informativ«, schreibt er seinen Vorgesetzten im MfS. »Diese sind auch vorteilhaft im Hinblick auf die Denk- und Ausdrucksweise eines BRD-Bürgers.« Bruno Kreminski wird sich in »Bernd Kellermann« verwandeln.[1]

Kreminski hat einen gradlinigen Weg zur Staatssicherheit hinter sich: Als er Mitte der 1980er Jahre eine Reserveübung bei der Bereitschaftspolizei in Halle absolviert, wird die Staatssicherheit auf ihn aufmerksam. Kreminski ist im Zivilberuf Anlagenverantwortlicher im Datenverarbeitungszentrum Magdeburg und engagiert sich in der Staatsgewerkschaft FDGB. Die SED hat ihn gerade als Mitglied aufgenommen. Ein Linientreuer, der sich in der Freizeit ausschließlich mit Frau und Kindern beschäftigt. Ein Mann ohne Freundeskreis und ohne Kontakte in den Westen. Er hat eine ruhige Art, ist Vertrauensmann der Gewerkschaft im Betrieb.

Kreminski nimmt das Angebot an, Inoffizieller Mitarbeiter und schließlich Hauptamtlicher Inoffizieller Mitarbeiter (HIME) des Ministeriums für Staatssicherheit zu werden.

Noch vor ein paar Wochen wirkte Kreminski wie ein großer tapsiger Bär, ein bisschen zu dick für sein Alter. Seine Führungsoffiziere bemerken voller Anerkennung, dass Kreminski sich gewaltig anstrengt, um sportlicher zu werden: »In seinem Äußeren erscheint der HIME auf Grund seiner Größe von ca. 1,87 m keineswegs übergewichtig. Er wirkt auch nicht unbeholfen und hat seit seiner Einstellung als HIME ca. 10 kg abgenommen.«[2]

Er hat sich bewährt, vier Jahre lang, als Inoffizieller Mitarbeiter der Stasi mit »hoher Einsatzbereitschaft«. Jetzt ist er im Hauptberuf Spitzel mit 1250,– Mark netto monatlich. Er hat Anspruch auf 33 Tage Urlaub. Das steht in seinem Arbeitsvertrag, der »Verpflichtung«, die er ein paar Tage zuvor eigenhändig in einer anderen konspirativen Wohnung verfasst hat. »Ich werde bestrebt sein«, hat Kreminski dort geschrieben, »meine mir zur Verfügung stehende Arbeitszeit effektiv zu nutzen, um einen entscheidenden Beitrag zur konspirativen Bekämpfung des Feindes zu realisieren.« Dann hat Kreminski mit Major Schmidt und Major Fraesdorf, seinem künftigen und seinem bisherigen Führungsoffizier, Kaffee getrunken.[3]

Einen Monat zuvor hat Generalmajor Joachim Büchner den »Maßnahmenplan für die Auswahl, Vorbereitung und den Einsatz von Inoffiziellen Mitarbeitern zur politisch-operativen Bearbeitung von Aufnahmeersuchenden im Zentralen Aufnahmeheim« formuliert. Spitzel wie Bruno Kreminski sollen »unter strengster Wahrung der Konspiration« die Rückkehrer in Röntgental ausspähen. Büchner, Leiter der Stasi-Hauptabteilung VII, ist ein MfS-Profi. Schon seit 1950, seit seinem 21. Lebensjahr, dient er dem DDR-Geheimdienst. Er hat den politischen Untergrund überwacht, also DDR-Dissidenten verfolgt, war in der Auslandsspionage tätig und hat ein Fernstudium an der Juristischen Hochschule des MfS absolviert. Dort hat Büchner im Fach Jura promoviert. Der Generalmajor kennt nichts anderes als das MfS und spricht dessen Bürokratensprache. Bruno Kreminski und seine Kollegen, die in das Aufnahmeheim eingeschleusten Spitzel, sollen laut Büchners »Maßnahmenplan« die DDR-Rückkehrer und das Personal im ZAH genauestens durchleuchten. Sie sollen die »Pläne, Absichten und Maßnahmen gegnerischer Geheimdienste« aufdecken, sollen »operativ bedeutsame Anhaltspunkte« zu den Rückkehrern erarbeiten und mögliche IM-Kandidaten ausfindig machen, also potentielle Spitzel unter den Lagerinsassen. Sie werden Berichte auch über das Wachpersonal im ZAH schreiben und die Zivilangestellten vom medizinischen Dienst und der Kulturabteilung beobachten. »Wer-ist-wer-Arbeit« heißt das in Büchners Stasi-Jargon.[4]

Jetzt öffnet Kreminski den Kleiderschrank: Fein säuberlich gefaltet liegen dort drei T-Shirts und zwei Polohemden. Auf einem Bügel hängt eine Levi's-Jeans. Die Maskerade für den Computertechniker aus Magdeburg, der einen verliebten West-Berliner spielen soll, voller Sehnsucht nach seiner Freundin in der DDR. Kreminski wird mit gefälschten Papieren in die DDR einreisen, die Grenzbeamten täuschen und sich ins Zentrale Aufnahmeheim in Röntgental einweisen lassen. Doch erst einmal muss er lesen, die dicken Mappen mit Zeitungsausschnitten, Grafiken und Lehrsätzen über das westdeutsche System. Er muss lernen, wo die einzelnen Bundesländer liegen und wie Arbeit, Kündigungsfristen, Urlaub und so weiter im Westen organisiert sind. Kreminski hat Angst vor der Begegnung mit echten Bundesbürgern, die sich mit Computern auskennen. Als ehemaliger EDV-Facharbeiter im Datenverarbeitungszentrum Magdeburg weiß er um die Unterschiede zwischen Robotron-Geräten aus volkseigener Produktion und moderneren PCs und Apple-Computern. Was viele im Westen schon zu Hause haben, ist für ihn noch völlig fremd.

Sorge macht ihm auch seine Legende: Was, wenn er auf jemanden trifft, der sich in West-Berlin auskennt? Dort war er noch nie, soll sich aber als West-Berliner ausgeben. Seine angebliche Verlobte in der DDR existiert nicht. Was, wenn ihn jemand nach ihr fragt, ein Foto sehen will? Kreminski arbeitet schwer, merkt sich Details, schaut jeden Abend bis spät in die Nacht Westfernsehen.

»Die Antworten dürfen nicht zu flüssig kommen«

Im Juli 1988 passiert »Bernd Kellermann« mit einem gefälschten bundesdeutschen Pass und einem Tagesvisum problemlos die Grenze am Bahnhof Friedrichstraße und reist in die DDR ein. Mit der klapperigen S-Bahn fährt er zur Jannowitzbrücke. Noch ein paar Schritte in die Inselstraße. Dort muss er sich melden, in der Aufnahmestelle der Volkspolizei. Er ist bereits angekündigt. In einem Barkas bringt ihn das Transportkommando zum ZAH. Im Wachgebäude befragt ihn eine MfS-Mitarbeiterin über den Grund seiner Übersiedlung. Sie ahnt nicht, dass die Stasi ihr einen IM vorsetzt.

»Kellermann« spielt seine Rolle gut: »Die Antworten dürfen nicht zu flüssig kommen, das könnte gestellt wirken«, wird er später berichten. »Damit hatte ich allerdings keine Probleme, denn ich war von der neuen Umgebung doch etwas geschockt.«[5]

Der Schock, das ist das »Hexenhaus«, das Quarantänegebäude, in dem »Kellermann« die ersten Stunden verbringen muss. Ein Polizist durchsucht seine Kleidung und die Sporttasche – für »Kellermanns« Geschmack zu oberflächlich. Nach stundenlangem Warten kann er schließlich in sein Einzelzimmer im Hochhaus einziehen. »Ein Einzelzimmer erachte ich für optimal für den Kämpfer. Denn gewisse Sachen, wie die finanzielle Unterstützung durch den Verbindungsoffizier, kann man so besser verschleiern.«[6]

Am nächsten Abend sitzt »Bernd Kellermann« mit pochendem Herzen in der Küche im fünften Stock des Aufnahmeheims. Die Rückkehrer stürzen sich auf den Neuen. Warum will der Bundesbürger in die DDR? »Kellermann« gibt sich locker, ist aber vorsichtig, erzählt wenig. Und er hört aufmerksam zu, weil die Rückkehrer Geschichten erzählen, die ihm Major Schmidt bei der Vorbereitung nicht angekündigt hat. Er hört von den Aldi-Läden, in denen sie im Westen alle billig einkaufen. Er hört zum ersten Mal vom Eisbergsalat, der drüben offenbar viel gegessen wird. »Kellermann« fällt auf, dass er die Preise für Zigaretten, Kaffee und Schokolade nicht präsent hat. Ein Vorbereitungsfehler. Wenn er lacht, hält er unsicher die Hand vor den Mund. Er hat gemerkt, dass die Rückkehrer, die länger im Westen waren, hellere Zahnfüllungen haben. »Man darf nicht mit Gewalt versuchen, unbedingt immer mitreden zu wollen«, schreibt er später in seinem Abschlussbericht: »Der Kämpfer muss genau einschätzen können: bei dem Thema halte ich den Mund, da bin ich mir nicht sicher.«

Er lernt, dass er nicht Broiler oder Letscho sagen darf, sondern von Hähnchen und eingelegter Paprika sprechen muss, wenn er sich nicht verraten will.[7] Kämpfer »Bernd Kellermann« blickt sich am Küchentisch um. Der Mann mit dem auffälligen Schnäuzer, der sich über die Backen bis zu den Koteletten zieht, weckt sein Interesse. Fred heißt er und sitzt hier schon fünf Wochen fest. Fred trinkt sein Bier in großen Schlucken, nimmt kein Blatt vor den Mund. Er kritisiert die Unterlegenheit der sozialistischen Wirtschaft, redet verächtlich vom »Spielgeld« in der DDR. Und er prahlt mit seinen Heldentaten. Der Kirchenmitarbeiter hat mit Autos gehandelt, hat alte Uhren in die Kleidung eingenäht und nach West-Berlin geschmuggelt, als er zum Geburtstag seines Onkels ausreisen durfte. Er hat das Begrüßungsgeld zweimal kassiert, beim Senat und bei der Kirche, und sich dann im Notaufnahmelager Marienfelde gemeldet. Doch die West-Berliner Behörden haben ihm wenig Hoffnung gemacht, dass seine Frau in nächster Zeit nachkommen könne. »Kellermann« prostet Fred zu, und der erzählt munter weiter von seinen Antiquitätengeschäften, die ihm über 3000 Mark monatlich auf die Hand eingebracht hätten. Sogar eine kleine Elfenbeinskulptur habe er über die Grenze geschmuggelt, um sie in harte Währung zu verwandeln, für den Neustart als Antiquitätenhändler im Westen.

In »Bernd Kellermanns« Kopf entsteht schon der Bericht über den Autoschieber und Kunsthehler Fred. In der Operativen Personenkontrolle »Küster« wird die Stasi Belastendes über Fred zusammentragen. Informationen, die »Bernd Kellermann« beim Bier in der Küche sammelt. Dort sitzt Fred und erzählt über die Nacht Anfang April, als er in West-Berlin von Kneipe zu Kneipe zog und immer wieder erfolglos bei seiner Frau anrief. Die war zum Tanzen gegangen, das wusste Fred. Und mit jeder Rum-Cola wuchs die Eifersucht. Um 4.40 Uhr stand er dann völlig betrunken mit seinem Opel Ascona am Grenzübergang Zimmerstraße, obwohl der »Checkpoint Charlie« eigentlich Ausländern und Diplomaten vorbehalten ist, und lallte etwas von Rückkehr.

Sieben Wochen muss Fred im ZAH bleiben, wird bespitzelt und durchleuchtet. Dann darf er zurück in sein altes Leben. »Bernd Kellermann« hat dafür gesorgt, dass die Stasi ihn in der Hand hat. Fred kann jederzeit verhaftet werden.[8]

»Da brüllen eben alle für Deutschland«

Nach einer Woche im Heim bewegt sich »Bernd Kellermann« völlig unbefangen unter den Rückkehrern. Dreimal wöchentlich berichtet er seinem Führungsoffizier Major Schmidt. Die Treffen sind als Verhöre im sechsten Stock von Haus 11 getarnt. Nach dem Frühstück tippt ihm eine Frau von der »Kultur« auf die Schulter, führt ihn zum Lift. Sie dreht den Schlüssel im Schloss um. Der Lift fährt bis zum sechsten Stock, der Etage, die Rückkehrer nicht selbständig erreichen können. Die Frau schließt ein hell gestrichenes Gittertor auf, das im Hausflur merkwürdig deplatziert wirkt. Dahinter liegen die Verhörzimmer. In einem sitzt Major Schmidt und hört sich an, was »Bernd Kellermann« aufgeschnappt oder durch geschicktes Fragen herausgefunden hat. Wenn er etwas Staatsfeindliches hört, verfasst »Kellermann« handschriftliche Vermerke. Und das kommt oft vor: »Man kann im Allgemeinen davon ausgehen, daß der überwiegende Teil der Aufnahmeersuchenden eine negative Einstellung zu Staat und Partei hat. Es ließen sich auch in Bezug auf die UdSSR starke Antipathien erkennen. Da wird eben von ›Scheiß-Russen‹ u. ä. gesprochen.«[9]

Das notiert »Bernd Kellermann« spätabends in seinem Zimmer. Die Stunden davor hat er im Fernsehraum mit den Rückkehrern gesessen und die Fußball-Europameisterschaft verfolgt. In München schlägt die bundesdeutsche Mannschaft Spanien mit 2 : 0. »Die meisten der Aufnahmeersuchenden scheinen sich weitestgehend mit den Bundesrepublikanern zu identifizieren«, klagt »Kellermann« seinem Führungsoffizier. »Da brüllen eben alle für ›Deutschland‹, während unser Fußball doch sehr herabgewürdigt wird.«[10]

141 solche Berichte wird er in den sechs Wochen im ZAH schreiben. Und seine Informationen bleiben nicht folgenlos. 44 Ermittlungsverfahren wegen ungesetzlichen Verlassens der DDR leitet die Staatssicherheit gegen Rückkehrer ein.

Nach fast vier Monaten im Lager muss »Bernd Kellermann« das Aufnahmeheim Röntgental verlassen. Die DDR will ihn nicht haben. Mit gesenktem Kopf, seinen Koffer in der Hand, steigt er in den Transporter auf dem Parkplatz vor Haus 11. Die Abschiebung von »Bernd Kellermann« zurück in den Westen ist die Legende für die »Herauslösungsmaßnahme« der Staatssicherheit. Tatsächlich wird sich »Bernd Kellermann« jetzt wieder in Bruno Kreminski aus Magdeburg verwandeln. Sein verdeckter Einsatz war ein voller Erfolg:

»Insbesondere beim Einsatz in der HA VII/3 zur Sicherung und Aufklärung des ZAH des MdI Röntgental und der Aufenthaltsersuchenden zeigte er hohe Einsatzbereitschaft, einen klaren politischen Standpunkt und fachliches Können zur Erfüllung eines tschekistischen Auftrages.« Das schreibt Oberstleutnant Wolsky, Leiter der Abteilung VII der Magdeburger Staatssicherheit.[11] Er empfiehlt den jungen Mann, der die Lagerinsassen in Röntgental bespitzelt hat, für höhere Aufgaben im MfS: »Dieser Einsatz, der unter einer sehr hohen persönlichen Belastung erfolgte, zeigte vor allem, daß die Bereitschaft des Kandidaten, Angehöriger des MfS zu werden, seiner politischen Grundhaltung und Erziehung entspricht.«[12] Für seine »operativ sehr bedeutsamen Arbeitsergebnisse« im Aufnahmeheim bekommt der »Kämpfer« eine Geldprämie von 500 Mark und nimmt erst einmal einen dreiwöchigen Urlaub.[13]

Es ist nicht schwer, Bruno Kreminski viele Jahre später ausfindig zu machen. Er ist seiner Heimatstadt Magdeburg treu geblieben. Er legt nicht gleich den Hörer auf, sondern ist bereit zu reden. Seine Zeit beim MfS, sagt er gleich, »das war eine relativ kurze Episode – zum Glück, weil mir das Ganze irgendwie gar nicht lag.«[14]

Will er wie die meisten IM seine Stasi-Geschichte kleinreden? Prompt kommt der Satz, den so viele ehemalige Inoffizielle Mitarbeiter sagen, als hätten sie sich untereinander abgestimmt: »Ich bin auch der Meinung, dass ich mit den Berichten niemandem geschadet habe.«

Die Berichte, das sind Kreminskis Meldungen an seinen Führungsoffizier. Er hat aufgeschrieben, wer im Rückkehrerheim ein Alkoholproblem hatte. Jetzt tut es ihm leid. Natürlich sei nicht auszuschließen, dass seine Spitzelberichte den Leuten Probleme bereitet haben. »Ich hoffe es nicht. Aber ich war bestimmt nicht der Einzige, der das gehört hat.«

Seine Zeit beim MfS, sagt er, sei ein Kapitel, das er im Nachhinein bereue: »Ich möchte das nicht noch einmal aufwühlen. Ich habe eine ganze Menge verdrängt irgendwo, hatte hinterher auch Alkoholprobleme.«

Viel mehr lässt er sich nicht entlocken. Doch seine Geschichte von der kurzen Zeit beim MfS, die ihn zum Alkoholiker werden ließ, deckt sich nicht ganz mit dem, was in den Stasi-Akten steht: Sie deuten auf einen sehr ehrgeizigen, beflissenen MfS-Mitarbeiter hin, und auch seine Führungsoffiziere sind voller Lob über den zielstrebigen IM. Fünf Jahre hat er der Staatssicherheit gedient, bis zum Ende der DDR.

Nach der Zeit als Spitzel im Rückkehrerheim war Kreminski, so die Akten, in der Abteilung VII/5 eingesetzt. Er sollte in Magdeburg »Abwehrarbeit zur Sicherung der Strafvollzugseinrichtungen« leisten und in Gefängnissen unter den Strafgefangenen Inoffizielle Mitarbeiter der Staatssicherheit gewinnen, nunmehr als hauptamtlicher Feldwebel des MfS: »Bis zum 31.12.1989 ist zu sichern, daß der Genosse Feldwebel Kreminski in der Lage ist, selbständig Werbungen/Gewinnungen vorzubereiten und durchzuführen.« So steht es in seinem Ausbildungsplan.[15] Dazu kommt es nicht mehr. Im November 1989 verlässt Kreminski das MfS.

Es fällt ihm heute schwer, über die Zeit beim MfS zu reden. Immer wieder betont er, er sei nicht der richtige Typ für die Spitzelarbeit gewesen. Seine Legende sei sowieso ein bisschen wackelig gewesen. Er habe sich nur ins ZAH einschleusen lassen, um beruflich voranzukommen: »Ich bin deshalb reingegangen, weil mir versprochen wurde, dass ich dann eventuell im Rechenzentrum arbeiten könnte. Aber das hat sich alles nicht so entwickelt, wie ich das gern gehabt hätte.«

Doch er musste ja gar nicht für die Stasi arbeiten, um später in der Datenverarbeitung unterzukommen. Kreminski war schon zuvor Anlagenverantwortlicher im Datenverarbeitungszentrum Magdeburg. Er gab seinen Arbeitsplatz auf, um für das MfS nach Röntgental zu gehen. Nach der Wende konnte er in seinem alten Betrieb in der EDV weiterarbeiten.

Um seine Erinnerungen hat der ehemalige Mitarbeiter der MfS-Abteilung VII vor langer Zeit eine Mauer gezogen. Ein Treffen mit ihm könnte sicher die Erinnerung auffrischen. Ob er sich das vorstellen könnte, ein weiteres Gespräch? Kreminski zögert. Er will sich erst mit seiner Frau beraten. Es kommt zu keinem weiteren Kontakt mit dem Mann, der »Bernd Kellermann« war.

Horst aus Jena

Die Geschichte einer Fehlentscheidung

Die zehn Tage bei der Cousine in Fürstenfeldbruck sind wie im Flug vergangen. Was haben sie nicht alles gesehen! Die eleganten Geschäfte in der bayerischen Kleinstadt haben Erika Geißler am meisten beeindruckt. Immer wenn ihr eine Handtasche oder ein Paar Schuhe besonders gefiel, sagte ihr Mann Horst: »Das brauchst du dir nicht zu kaufen, das schicke ich dir!« Ein Scherz, dachte sie dann, und beide schmunzelten.

Doch seit zwei Tagen ist Horst irgendwie verändert. Er ist stiller geworden, weicht ihren Blicken aus.[1]

Jetzt ist er unterwegs nach Frankfurt am Main. Horst Geißler will seinen alten Kollegen Riedel* besuchen, der vor drei Jahren die DDR verlassen hat. Riedels Frau hatte versucht, ihre Ausreise aus der DDR zu erzwingen. In der Ständigen Vertretung der Bundesrepublik in Ost-Berlin bat sie um Hilfe. Die Beamten schickten sie weg. Sie müsse einen Ausreiseantrag stellen. Kurz darauf wurde sie wegen versuchter Republikflucht verhaftet. Als die Bundesrepublik sie freikaufte, durfte ihr Mann auch in den Westen. Ein paar Stunden will Horst beim Freund bleiben, dann will er nachkommen. So haben es die Eheleute Geißler verabredet.[2]

Erika Geißler will mit dem Morgenzug direkt zurück in die DDR fahren. Zuhause in Jena treffen sie sich dann. Das hat Erika Geißler bis gestern geglaubt. Doch jetzt wachsen die Zweifel. Warum ist Horst seit ein paar Tagen so grüblerisch? Als sie am Vortag sorgfältig eine Bluse zusammenfaltete und in den prallgefüllten Koffer legte, spürte sie beim Nachdrücken etwas Festes. Unter ihrer Wäsche lag seine Spiegelreflexkamera, die er nie aus der Hand gab und sonst immer in seinem eigenen Koffer verstauen wollte.

Kurz vor der Westreise traf Horst Geißler seinen erwachsenen Sohn Stefan, der in Cottbus studiert. Der Vater setzte zu einer Erklärung an: »Stefan, unter Umständen komme ich nicht wieder.«

Der angehende Bauingenieur winkte ab, glaubte nicht wirklich, dass der Vater gehen will. Und wenn doch? Stefan könnte es verstehen. Schließlich ist er, der Sohn, aus dem Haus. Ein neuer Anfang für die Eltern im Westen? Oder nur für den Vater? Warum nicht? Der Vater hat oft über die Lage im Betrieb geklagt. Immer fehlen Baumaterialien, ständig stehen die Kräne still, wenn sie mal wieder mühsam ein Krankenhaus bauen. Horst Geißler ist SED-Mitglied und doch nicht vom Sozialismus in der DDR überzeugt. »Geh nicht in die Partei«, hat er dem Sohn immer wieder eingeschärft. Der Mutter sagte Stefan nichts über dieses Gespräch.[3]

Am 3. August 1988 muss Erika Geißler in Probstzella aus dem Interzonenzug steigen. Das Gepäck aller West-Ost-Reisenden wird im Zollgebäude durchleuchtet. Erika Geißler zeigt ihren Pass vor. »Wo ist Ihr Mann?«, fragt der DDR-Grenzer.

»Der kommt nicht«, antwortet sie mit leiser Stimme.

Ihr Mann hatte sich kurz vorher aus Frankfurt bei der Cousine in Fürstenfeldbruck gemeldet. Er war kaum zu verstehen. Ein Weinkrampf schüttelte ihn. Die Cousine vernahm nur Wortfetzen. Er fahre nicht zurück in die DDR, schluchzte der Mann, dann legte er auf.[4]

Stefan Geißler holt seine Mutter vom Bahnhof in Jena-Paradies ab. Der Zug aus Frankfurt mit dem Vater müsste kurz darauf am Westbahnhof ankommen. Den Weg könne er sich sparen, gibt Erika Geißler ihrem Sohn zu verstehen. Der Vater bleibe drüben, in Frankfurt. Gut, soll er, denkt Stefan. Doch was wird das für ihn für Folgen haben? Sie fahren schweigend durch die Stadt. Vielleicht werfen sie mich von der Uni, grübelt Stefan.[5]

»Rückgewinnung«

In der Poliklinik, in deren Labor Erika Geißler arbeitet, herrscht seit Tagen helle Aufregung. Sie muss zum Chef. Seit fast einer Woche ist ihr Mann überfällig, offenbar eine wohlüberlegte Flucht nach Westen. Sie soll sich bereithalten für eine Vernehmung. Der Kontaktbeamte der Stasi hat sich angekündigt. Auch Horst Geißlers Betriebsdirektor macht sich Sorgen. Werner Zimmermann hat sich gegenüber der Polizei und dem MfS für seinen Ingenieur verbürgt. Der kommt zurück, der hat doch einen Sohn hier im Studium. Direktor Zimmermann vom Investitionsbüro Jena sitzt mit dem Kontaktbeamten der MfS-Bezirksverwaltung Gera in seinem Büro. »Ich persönlich und auch das Kollektiv sind der Meinung, das ist eine falsche Entscheidung von ihm«, beginnt Zimmermann. »Er ist doch von seiner Gesamtentwicklung her in unserem Kollektiv besser aufgehoben als irgendwo anders.«[6]

Mit dem Mann von der Stasi hat Zimmermann regelmäßig Kontakt, das ist seine Pflicht als Betriebsdirektor in der DDR. Die Männer vereinbaren, dass Geißlers direkter Vorgesetzter, Betriebsleiter Wolfgang Wilke, die Initiative ergreifen soll, um den Flüchtling zurückzulocken. Wilke lässt sich von Frau Geißler die Telefonnummer von Familie Riedel in Frankfurt geben.[7] Der Fall wird jetzt zu einer »Rückgewinnungsmaßnahme« des MfS.[8]

Am Abend klingelt es bei Erika Geißler. Die Kaderleiterin des Investitionsbüros Jena steht vor der Tür. Erika Geißler bittet die ihr unbekannte Frau hinein. Sie kommt gleich zur Sache, spricht von einer Dummheit, einer unüberlegten Flucht. »Wer könnte Ihrem Mann nachreisen, um ihn zurückzuholen?«, fragt die Kaderleiterin. »Wem vertraut der Horst? Mit wem ist er im Betrieb am engsten befreundet?«

Frau Höger* fällt Erika Geißler ein, die sitzt ihrem Mann im Büro gegenüber. Doch die Kaderleiterin schüttelt energisch den Kopf. Die Höger habe zu wenig familiäre Bindungen in der DDR. Die Gefahr sei zu groß, dass die auch abhaute. Die Kaderchefin lässt sich die Nummer von Riedels in Frankfurt geben.[9]

»Am gleichen Tag in den Abendstunden nahm Genosse Wilke telefonisch Kontakt mit dem Verursacher auf, um ihn zur Rückkehr in die DDR zu bewegen«, schreibt die Volkspolizei in ihrem Bericht.[10] Geißler ist nervös und kurz angebunden, will das Gespräch beenden. Wilke lockt, verspricht Geißler Straffreiheit bei einer Rückkehr bis zum 18. August. Das habe ihm die Volkspolizei versprochen, ein Hauptmann Geisensetter.[11] Die Zeit drängt. Mittlerweile hat Geißler das Aufnahmeverfahren im Lager Gießen durchlaufen. Die westlichen Geheimdienste haben ihn also schon über seine Arbeit und die DDR vernommen. Haben sie ihn vielleicht schon als Agenten angeworben? Horst Geißler ist wieder in Frankfurt bei seinem Freund Riedel. Immer wieder ruft Wilke dort an, versucht, seinen ehemaligen Mitarbeiter zur Umkehr zu bewegen. »Komm zurück, Horst, es passiert dir nichts.«

49 Jahre alt ist Horst Geißler jetzt, vielleicht noch jung genug für einen Neuanfang in der Freiheit. Beruflich steht er gut da. Einen Diplomingenieur kann man auch im Westen gebrauchen. Er versteht etwas vom Verkehrswesen, vom Schul- und Krankenhausbau, von der Planung und Finanzierung öffentlicher Gebäude. Geißler blickt hinaus in die Einkaufsstraße. Die vielen schönen Autos, die üppigen Auslagen in den Feinkostgeschäften! Die Menschen wirken weniger gedrückt als in Jena, scheinen aufrechter zu gehen in ihren gut geschnittenen Anzügen und Kostümen. Um Stefan macht er sich Sorgen. Der ist jetzt 21 und will natürlich sein eigenes Leben haben. Werden sie ihn weiter studieren lassen?

Der 16. August 1988 ist ein Dienstag, Tag 13 seines unerlaubten Aufenthaltes im Westen. In diesen zwei Wochen muss etwas mit Horst Geißler geschehen sein. Hat das gute Zureden von Wilke genutzt? Oder hat Wolfgang Wilke Druck ausgeübt, mit Nachteilen für Erika und Stefan gedroht?

Hat Geißler erkannt, dass er ohne seine Familie nicht leben will? Es ist Abend, als Horst Geißler zum Telefon greift. Er ist allein in Riedels Wohnung, wählt Erikas Telefonnummer in Jena. Seit zwei Wochen hat er nur einmal mit ihr gesprochen. Sie würden ihn bearbeiten, hat er ihr erzählt. Er solle zurückkommen, das habe er abgelehnt. Jetzt will er ihr etwas ganz Wichtiges sagen, will alles genau mit ihr durchsprechen. Das Telefon klingelt lange, sie muss schon im Bett gewesen sein.

»Ja bitte?« Ihre Stimme klingt kühl. Als er sich meldet, legt sie sofort auf. Er hat sie verlassen, und sie macht dicht, um nicht noch mehr verletzt zu werden.

Jetzt wählt er Wilkes Privatnummer. »Horst, was machst du für Sachen?«, sagt der Betriebsdirektor zur Begrüßung. Das ist jedes Mal sein Spruch, wenn er mit dem Mann in Frankfurt telefoniert. Sie reden lange, sprechen jedes Detail durch. Ja, es gebe keine Strafe, kein Gefängnis wegen Republikflucht. Geißler könne seinen alten Posten wiederhaben, alles werde wie vorher sein. Nicht einmal ein Karriereknick oder Nachteile für die Familie. Horst Geißler glaubt seinem Chef. Der teilt der Staatssicherheit am nächsten Morgen mit, dass der Ingenieur zurückkomme.

Meldung der Bezirksverwaltung des MfS Gera: »Im Ergebnis von Rückgewinnungsmaßnahmen unter Einbeziehung des Betriebskollektivs reiste der Geißler, Horst, am 17.8.88, 18.30 Uhr, über die GÜST Gerstungen in die DDR ein.«[12]

Merkwürdig, denkt Horst Geißler, als der Grenzer ihm den DDR-Pass mit dem abgelaufenen Visum wortlos zurückgibt und salutiert. »Angenehme Weiterreise!«, schnarrt der Uniformierte. Keine Vorwürfe? Wissen sie alle Bescheid?

Es ging alles so schnell seit dem Telefonat gestern Abend. Er hatte schlecht geschlafen, morgens eilig gepackt und nach dem Duschen gefrühstückt. Seine Gastgeber, die Riedels, waren im Urlaub und hatten ihm die Wohnung überlassen. Irgendwann war er mit dem Koffer am Bahnhof, kaufte die Fahrkarte und bestieg den Interzonenzug nach Berlin.

Nach vier Stunden Fahrt hält der Zug im Westbahnhof Jena. Horst Geißler fühlt sich irgendwie erleichtert, als er auf den Bahnhofsvorplatz tritt. Ein hellblauer Wartburg begrüßt ihn mit Lichthupe. Ein »schwarzes Taxi«, das ihn schnell nach Hause bringt, in die Oßmaritzer Straße 17. Er zahlt zwei D-Mark, die hat er noch.[13]

Eine Formalität

Die Aussprache hat Zeit bis morgen, denkt Erika, als sie mit ihrem Horst am Esstisch sitzt. Schmal sieht er aus. Er isst sein Brot schweigend, erzählt dann ein bisschen von der Rückreise. Es ist ein vorsichtiges Herantasten. So vertraut wie immer und doch so fremd, als hätten sie sich Jahre nicht gesehen. Als sie sich am nächsten Morgen auf den Weg zur Arbeit machen will, schaut sie noch einmal ins Schlafzimmer. Horst schläft. Soll er, es ist erst halb sieben. Nachher können wir reden, denkt sie. Eine richtige Aussprache. Als sie die Wohnungstür hinter sich zuzieht, weiß sie nicht, dass es zu dieser Aussprache nicht kommen wird.[14]

In der Mittagspause wird sie ans Telefon gerufen. »Hier Volkspolizei, Leutnant Holtz.«

Sie steht im Flur vor der Kantine am Fernsprecher, der an der Wand befestigt ist.

»Frau Geißler, wir bringen Ihren Mann noch kurz nach Zepernick.«

»Wohin? Wo ist denn das?«

»Nach Zepernick bei Berlin! Regen Sie sich nicht auf, regen Sie sich nicht auf, das ist nur so zur Kontrolle. Eine Formalität.«[15]

Als sie den Hörer auflegt, schreibt Leutnant Holtz weiter an seinem Bericht:

»Die Überführung wurde kommentarlos zur Kenntnis genommen.«[16]

Um 8 Uhr hatte sich Horst Geißler bei der Volkspolizei gemeldet. Das hatte er Wilke versprochen. Es muss alles seine Ordnung haben. Er muss schließlich den Reisepass abgeben und seinen Ausweis holen. Als Leutnant Holtz ihn vor den Schreibtisch von Hauptmann Geisensetter führt, wird Geißler unbehaglich. Ein Polizist in Zivil, ein Kripo-Beamter also. Holtz spannt einen Bogen in die Erika-Schreibmaschine und beginnt zu tippen, was Geißler auf Geisensetters Fragen antwortet.

Name, Adresse, Familienstand, Aufenthalt in der BRD von wann bis wann.

»Bitte äußern Sie sich zu der Straftat.«

Das hat gesessen. Der Rückkehrer wirkt nervös. Drei Stunden nimmt Geisensetter ihn in die Mangel, will alle Details der Flucht und des Aufenthalts im Westen wissen.

Horst Geißler merkt, dass er nicht nur befragt wird. Geisensetter diktiert eine Strafanzeige gegen ihn, wegen illegalen Verlassens der DDR.

»Der G. machte zu diesem Zeitpunkt wie auch bei der späteren Überführung einen verstörten Eindruck«, schreibt Leutnant Holtz.[17] Um 11 Uhr lässt Holtz den Barkas vorfahren. Geißler muss hinten sitzen, der Fahrer und Holtz sitzen vorne. In der Wohnung darf er ein paar Sachen in seinen Aktenkoffer packen. Leutnant Holtz beobachtet den Rückkehrer dabei genau. Dann geht es nach Zepernick. Horst Geißler wagt nicht, Fragen zu stellen. Er blickt auf die Nacken von Leutnant Holtz und dem Fahrer. Die Männer schweigen. Wird er jetzt doch eingesperrt? Über zwei Stunden fahren sie über die Autobahn und über Landstraßen, bis der Zweitakt-Bus durch das Tor des Aufnahmeheims tuckert.

Holtz springt aus dem Barkas, geht zur Wache und legt die Hand an die Mütze. Der wachhabende Offizier erwidert den Gruß.

»Herr Hauptmann, zum Rückkehrer Geißler wurde in der VP Jena eine Anzeige aufgenommen«, berichtet Holtz. »Der Mann wirkt auf uns verstört und glaubt nicht, dass er straffrei davonkommt.«[18]

Der Hauptmann nickt. Das wird er in seinem Bericht an die Genossen vom MfS vermerken. Nicht, daß Geißler sich noch etwas antut!

Der Genosse von der Staatssicherheit übernimmt den Neuzugang und führt ihn in die »Quarantäne«.[19] Auf dem Tisch in dem schmalen Zimmer steht ein Teller mit Broten.[20] Geißler beißt zögernd vom Brot ab, während der Vernehmer ihm Fragen stellt. Die Erstbefragung in der »Quarantäne« muss nach Auffassung der Stasi sofort geschehen, auch wenn die meisten Neuankömmlinge verwirrt und verängstigt sind. Dann verstellen sie sich nicht so geschickt, und es lässt sich leichter herausfinden, ob sie Feinde des Sozialismus sind.

»Welche imperialistischen Geheimdienste haben Sie in Gießen kontaktiert?«, will der Offizier von dem Kauenden wissen. Geißler hat den ganzen Tag nichts gegessen.

»Wie lief die Kontaktaufnahme zu Riedel ab?«

Nach zwei Stunden ist der Stasi-Vernehmer überzeugt, dass der Mann kooperationswillig ist. Dem muss man die Nacht im »Hexenhäuschen« nicht zumuten. Um 19.15 Uhr übergibt er Horst Geißler an die Volkspolizei. Der Neuankömmling wird in das Haus 11 gebracht, Zimmer 5.10, neben dem Fernsehraum. Der Polizist schreibt einen Vermerk: » G. fühlt sich gesund, bedarf keiner ärztlichen Betreuung.«[21]

Die Frau an der Rezeption soll ein Auge auf den Neuen werfen. Noch irgendwelche Wünsche? Geißler kauft bei ihr zwei Flaschen Bier und geht wieder auf sein Zimmer. Morgen beginnen die Gespräche, die Vernehmungen im sechsten Stock, nach dem Mittagessen muss er zum Verhör. Die Wachhabende macht noch einen Rundgang um das Haus und schließt den Hintereingang ab.[22]

Als Dr. Burghard Müller* am Vormittag vor das Haus tritt, ist der Himmel grau. Ein wechselhafter Sommer, immer wieder Regen. Der Berliner Zahnarzt geht ein paar Schritte in Richtung Kegelbahn, einer trostlosen Betonpiste, an der sich die Rückkehrer manchmal die Zeit vertreiben. Vor wenigen Tagen noch war Müller in West-Berlin, im Aufnahmelager Marienfelde. Er hatte die Reise zum Geburtstag seiner Tante zur Flucht genutzt und wollte seine Freundin und deren Sohn nachholen. Doch die DDR ließ nicht mit sich verhandeln. Jetzt ist er wieder hier, nach sechs Wochen im Westen. Es muss irgendwie gehen. Als Zahnarzt in der Poliklinik lebt er nicht schlecht.[23]

Beim Frühstück war ihm der Neue aufgefallen. Der schlanke blonde Endvierziger stellte sich als Horst aus Jena vor, als Müller ihn ansprach und nach seiner Geschichte fragte. Doch dann tippte die »Kulturmitarbeiterin« Horst auf die Schulter und beendete die Unterhaltung. »Zimmer 031 bitte«, sagte die Frau in der Rüschenbluse und wies Richtung Tür.

»Wir reden nachher weiter«, sagte Müller.

Jetzt steht er vor der Kegelbahn und raucht eine Zigarette. Um kurz nach elf kommt Horst aus der Tür. Die Männer gehen ein paar Schritte. Müller spürt, dass der Ingenieur aus Jena reden will. Horst Geißler macht sich große Sorgen um die Zukunft des Sohnes, der studiert Bauingenieurwesen in Cottbus. Sie hätten ihn getäuscht, sagt Geißler. Alle, auch sein Chef. Von Straffreiheit sei die Rede gewesen. Alles Lüge. Die Polizei habe ihn angezeigt, wie einen Verbrecher behandelt.

»Wie hoch wohl das Haus ist?«, fragt Geißler plötzlich und blickt auf die Balkone im sechsten Stock. Dort müsse er nachher hin, zum Verhör. Sie nennen es beschönigend Gespräch, aber er weiß, dass die Stasi ihn in die Zange nehmen will.[24]

An der Rezeption hat an diesem Vormittag eine junge Frau Dienst, die vor Selbstbewusstsein strotzt. Ende zwanzig, etwas üppig, immer dezent geschminkt. Offenbar ist sie sich ihrer Wirkung auf Männer bewusst. Sie kann sich zudem sicher sein, dass die Macht des Staates hinter ihr steht.

Gleich gibt es Mittagessen. Vorher muss Müller ihr unbedingt sagen, was er mitbekommen hat.

»Der Neue«, sagt der Zahnarzt, »redet so komische Sachen.« Die Frau hebt den Kopf, zieht die Augenbrauen hoch. »Ich mache mir Sorgen, dass er sich etwas antut.«

»Ist gut«, sagt die »Kulturmitarbeiterin« und schlägt ihre Kladde auf. »Ich melde das der Heimleitung.«

Sie notiert: »Aufnahmeersuchender Müller informiert über Sachverhalt AE Geißler. Äußerungen des AE Geißler, die auf einen Selbstmord hindeuten.«

Dann schreibt sie noch eine kurze Notiz an Heimleiter Stegbauer. Sie gibt Dr. Müllers Worte genau wieder: »Der neue AE äußert im Bereich der anderen AE so komische Sachen, wie hoch das Haus ist ... Der AE Müller ist der Meinung, man soll den AE Geißler beobachten.« Dann bringt sie die Notiz in Stegbauers Büro.[25]

Hauptmann Brandt schließt kurz nach 13 Uhr Raum 614 auf, eines der Verhörzimmer im sechsten Stock. Auf dem Tisch liegen zwei umfangreiche Fragebögen, die soll Horst Geißler jetzt ausfüllen. Brandt gibt Geißler einen Kugelschreiber: »Wenn Sie Fragen haben, ich bin im Nebenzimmer.«

Nach einer Stunde hat Geißler beide Exemplare des PM 8-Formulars durchgearbeitet, das jeder Zuziehende ausfüllen muss, und einen Lebenslauf verfasst. »Keine Auffälligkeiten«, vermerkt Brandt in seinem Bericht: »Der G. zeigte Gewissensprobleme gegenüber der Familie.«[26]

Am Abend klingelt das Telefon bei Erika Geißler. Endlich ein Lebenszeichen von Horst. Er klingt bedrückt, bittet sie um ein paar frische Sachen zum Anziehen. Der Aufenthalt im Rückkehrerheim werde wohl länger dauern. »Wie geht es dir?«, fragt Erika Geißler. »Nicht gut.«

Das Russischbuch solle sie ihm schicken, dann könne er sich wenigstens etwas beschäftigen. Papier und Kugelschreiber wünscht er sich. Und das Nageletui. Erika schreibt alles auf.[27]

Routine

Endlich Feierabend. Die Nacht war ruhig, und Sabine Schultz* wartet an der Rezeption auf das vertraute Knattern des Trabants von Kollegin Birte Lehmann*. Schultz hat das Tätigkeitsbuch aufgeschlagen. Gleich ist Übergabe. Sie schreibt mit ihrer klaren Mädchenschrift in die karierte Kladde: »Samstag, 20. August 1988, 6.40 Uhr. Übergeben: 4 Umschläge Verkaufsstelle, 2 Einschätzungen, 1 Petschaft 2690.«[28]

Als die Kollegin Lehmann die Tür öffnet, dringt der Geruch nach Sommerregen in die Rezeption. Die Betonplatten vor Haus

11 sind noch feucht. Frau Lehmann quittiert rechts unten im Buch und greift nach den Briefumschlägen. Sie enthalten das Geld, das Frau Schultz im Kiosk am Vorabend für Zigaretten und Kaffee eingenommen hat. In zwei weiteren Umschlägen sind Spitzelberichte von Frau Schultz über eine Heiminsassin und ihre Tochter enthalten. Die DDR-Übersiedlerin hatte am Abend bei Frau Schultz Zigaretten gekauft und sich mit ihr unterhalten. Jedes Detail des Gesprächs hat Sabine Schultz für die Stasi notiert und die »Einschätzung« anschließend in einen Umschlag gesteckt.[29]

Die Arbeit an der Rezeption ist von Routine geprägt. Die Frauen verkaufen Getränke und Zigaretten, stecken die Erlöse in braune Umschläge, notieren die ausgegebenen alkoholischen Getränke auf den Bierkarten der Rückkehrer, sortieren die Arbeitszettel der Insassen, rechnen das Arbeits- und Taschengeld ab und schreiben akribisch auf, was im Heim geschieht. Jedes Telefonat und jedes Gespräch der Aufnahmeersuchenden wird mit genauer Zeitangabe vermerkt. Wenn im Foyer vor der Rezeption telefoniert wird, dann spitzen die wachhabenden Frauen die Ohren. Sie setzen gleichgültige Gesichter auf und tun so, als ob sie ihre Abrechnung machen oder etwas im Tätigkeitsbuch notieren. Wenn das Telefonat beendet ist, verfassen sie Berichte über Dauer und Inhalt.

Birte Lehmann nimmt den silbernen Stempel entgegen, das Petschaft. Es sieht aus wie ein länglicher Schlüsselanhänger und hat am Ende eine geprägte Stempelfläche. Dort sind das DDR-Wappen und die Worte »Zentrales Aufnahmeheim des Ministeriums des Innern der DDR« eingeprägt. Ein Petschaft zu verlieren, ist für Behördenmitarbeiter in der DDR das Schlimmste, was ihnen passieren kann. Denn nach Dienstende werden Schreibtische und Türen in den Dienststellen mit dem Petschaft versiegelt. Auch an diesem Abend wird Frau Lehmann zum Dienstschluss das Siegel in das runde Wachsfeld an der Kellertür drücken. Zwischen Tür und Türrahmen ist ein Faden gespannt. Er wird ins Wachs gedrückt. »Schleifen schärfen« heißt das im DDR-Jargon. Wenn die Tür geöffnet wird, zerstört der Faden das Siegelbild mit Hammer und Zirkel im Wachsfeld. Eine primitive und wirkungsvolle Einbruchsicherung und zugleich typisch für den Kontrollwahn der DDR-Behörden.

Der Sprung

Tod im Rückkehrerheim

Seit über einer Stunde gießt es wie aus Kübeln. Aus seinem Fenster im vierten Stock kann Alwin Ziel sehen, wie der Regen auf den Betonboden vor Haus 11 prasselt. Dahinter liegt der nassglänzende Zaun aus gefaltetem graublauen Blech, der ihm immer wieder deutlich macht, dass er ein Gefangener ist. Seine Zelle, das ist das Einzelzimmer, das er seit vorgestern bewohnt. Zwölf Quadratmeter mit Bett, Tisch und zwei Stühlen und einem rosa gekachelten WC mit Waschbecken neben der Tür. Den grauen Tag, das karge Zimmer und den eintönigen Plattenbau, in dem er jetzt leben muss, nimmt Ziel wie durch einen Schleier wahr. Gestern Abend hatte der Arzt ihm eine Tablette gegeben. Faustan, das verschreibt Dr. Wabnitz jedem, der nicht schlafen kann. Ein starkes Mittel, das Ziel sofort in einen ohnmachtsähnlichen Schlaf sinken ließ. Kann er da sicher sein, am nächsten Tag wieder aufzuwachen? Doch alle schlucken die Pillen, weil das Lager anders nicht auszuhalten ist. Auch Alwin Ziel hätte ohne Faustan kein Auge zugemacht. Die Verhöre sind Stunden voller Erniedrigungen, Enttäuschungen, Demütigungen. In den Nächten hämmert monoton die Frage in den Schläfen, warum er zurückgekehrt ist in die verhasste DDR. Der Staat, der ihm alle Wege verstellte, behandelt ihn, den gescheiterten Flüchtling, wie einen Verräter und lässt ihn im Ungewissen, ob er überhaupt zu seiner Familie zurückkehren darf. Alwin Ziel gibt sich einen Ruck und geht zur Tür. Gleich ist es halb fünf, Abendbrotzeit. Wie im Krankenhaus, denkt er.[1]

Während Alwin Ziel zum Speisesaal geht, steigt ein Mann im Treppenhaus nach oben. Horst Geißler, ein schlanker Mann Ende 40, ist erst vorgestern in Röntgental angekommen. Er war in der »Quarantäne« drei Stunden verhört und dann in einem Zweibettzimmer im Haus 11 untergebracht worden. Der Bauingenieur aus Jena ist wie Alwin Ziel hier, weil ihm Straffreiheit versprochen wurde. Sie haben ihm zugesagt, dass er wieder zu seiner Familie zurückkehren kann. Alles würde sein wie vorher, sein Sohn dürfe weiter studieren.

Am Vormittag hatte Major Peter Schmidt den Mann wieder in den sechsten Stock bringen lassen, in eines der Verhörzimmer. Der Stasi-Offizier hatte ihm kühl mitgeteilt, dass Stefan das Studium nicht wiederaufnehmen könne. Die Flucht in den Westen, die Rückkehr in eine DDR, die ihn wie einen Verbrecher festsetzt, das alles erscheint Horst Geißler jetzt sinnlos. Er sitzt in der Falle. Und jetzt schnauft er mit starrem Blick die Treppe hoch, Richtung fünfter Stock. Dort liegt sein Zimmer mit dem Südbalkon.

Als Alwin Ziel den viel zu großen Speisesaal betritt, sitzen die meisten Lagerinsassen schon beim Abendessen. In der Raummitte haben sie mehrere Tische zu einer langen Tafel zusammengestellt. Ziel geht zur Essensausgabe, und die Frau in der hellblauen Kittelschürze schiebt ihm wortlos das Tablett entgegen. Zwei Scheiben Graubrot, zwei Scheiben Jagdwurst, zwei Scheiben Käse. Die zwei Dutzend Aufnahmeersuchenden verlieren sich im Essensraum. Die DDR hat offenbar mit zehnmal so vielen Rückkehrern gerechnet. Die Glastür an der Südseite steht offen, und der Geruch von Regen und feuchten Steinen weht in den Saal. »Bernd Kellermann« sitzt bereits an dem Tisch, den Ziel mit seinem Tablett ansteuert. »Kellermann« schweigt und lauscht dem leisen Gespräch der anderen. Hier am Tisch traut keiner dem anderen. Es gibt Gerüchte über Wanzen in den Zimmern und über Spitzel unter Rückkehrern und Personal. Auch wer zu wenig sagt, macht sich verdächtig. Während »Bernd Kellermann« in sein Wurstbrot beißt und Alwin Ziel das Tablett am Tischende absetzt, steigt Horst Geißler vier Stockwerke höher auf den weißen Campingstuhl und von dort auf die Balkonbrüstung. Der Regen ist schwächer geworden.[2]

War das nicht ein Schrei? Alwin Ziel und die anderen im Speisesaal heben die Köpfe. Irgendetwas ist hinter dem Haus passiert. Jetzt drängen alle auf den Balkon, auch »Bernd Kellermann«. Er spitzt die Ohren. Auf dem nassen Beton des Parkplatzes liegt ein lebloser Körper in einer großen Blutlache, die sich langsam mit dem Regenwasser vermischt. Es ist totenstill, nur das leise Rauschen des Regens ist zu hören. Ziel blickt in die entsetzten Gesichter der zwei Frauen in den Kittelschürzen, die neben dem Toten stehen. Als hätten die Gefangenen sie bei einem Verbrechen ertappt, wendet eine der »Kultur«-Frauen das Gesicht ab. Die andere winkt herrisch mit der Hand. Sie sollen wieder hineingehen. Doch niemand reagiert. »Bernd Kellermann« wird später einen Bericht schreiben: »Am 20.8.1988 gegen 16.30 Uhr wurde ich aufmerksam gemacht, daß jemand auf dem Beton liegt. Die ersten Reaktionen der anderen Aufnahmeersuchenden waren Betroffenheit, Zorn und Empörung.«[3]

Nun kommt Bewegung in die Menschen auf dem Balkon. Eine Frau stürmt in den Speisesaal zurück und droht, die Ständige Vertretung der Bundesrepublik anzurufen. »Mir reicht es!«, schreit sie und stürzt davon.

Doch wo will sie hin? Das einzige Telefon für die Insassen ist im Erdgeschoss. Dort darf niemand ungestört telefonieren.[4]

Zur gleichen Zeit klingelt das Telefon an der Rezeption von Haus 11. Frau Lehmann hat Dienst. Sie notiert im Tätigkeitsbuch, das sie Tag für Tag peinlich genau führt:

»Samstag, 20. August 1988,16.44 Uhr. Anruf vom Offizier vom Dienst, daß sich ein Aufnahmeersuchender hinter Haus 11 runtergestürzt hat. Ich soll feststellen, um wen es sich handelt, gehe hinter Haus 11, sehe, daß es AE Geißler ist. Gebe der Wache eine Decke zum Abdecken.«[5]

Es ist kurz vor 17 Uhr, als der Barkas-Transporter der Schnellen Medizinischen Hilfe das Haupttor in Röntgental passiert. Horst Geißler liegt inzwischen unter einer grauen Militärdecke, die sich allmählich mit dem Blut vollsaugt. Notarzt Peter Reinke und Krankenschwester Christa Hintze untersuchen den Toten. Die Schädeldecke ist beschädigt, Hirnmasse tritt aus, diagnostiziert Reinke sachlich. Christa Hinze sieht in die bleichen Mienen der Menschen, die seit Minuten wie angewurzelt auf dem Balkon stehen. »Die Graugesichtigen« nennt Arzt Peter Reinke die ZAH-Insassen. Er hat ihre verstörten Gesichter schon oft wahrgenommen, wenn die Barkas-Transporter mit DDR-Rückkehrern durch Reinkes Wohnort Bernau fuhren, Richtung Aufnahmeheim.[6]

Auf dem Balkon macht sich einer Luft, der bisher still und starr dort gestanden hat. »Jetzt hat dieser Staat endlich sein wahres Gesicht gezeigt. Dieser Staat ist ein Mörder«, zischt der Mann leise, doch nicht leise genug. Die DDR-Rückkehrer ahnen, dass die Staatssicherheit genau registriert, was getuschelt wird. Ein falsches Wort kann stundenlange Stasi-Verhöre nach sich ziehen oder die Ausweisung aus der DDR, zurück in das alte Leben, vor dem man kapituliert hatte. Wo bin ich hier gelandet, geht es Alwin Ziel durch den Kopf. Was haben sie dem Mann, der jetzt auf dem Beton liegt, im Verhörzimmer gesagt, das ihn zu so einem Schritt getrieben hat? Ein Rückkehrer stellt sich schützend vor den erregten Mann auf dem Balkon: »Hier hat keiner was gehört und keiner was gesagt!«[7]

Doch der Verräter steht mitten unter ihnen und macht ein bestürztes Gesicht. »Bernd Kellermann« starrt auf den Beton. Als Peter Reinke vorsichtig Geißlers Kopf anhebt, kann »Kellermann« kurz das Gesicht des Toten sehen. Es ist geschwollen und leicht violett verfärbt. »Kellermann« sieht die feuchte Blutkruste am Haaransatz. Das ist die Stelle, an der der Schädel aufgeplatzt sein muss. »Kellermann« nimmt sich zusammen. Wachsam sein, heißt es in einem Tschekistenlied. Während er zusieht, wie Horst Geißler auf die Trage gehoben wird, horcht er, was sie um ihn herum sprechen. Der Spitzel bekommt mit, dass einige der Gefangenen eine Protestaktion planen. »Innerhalb der nächsten Stunde verabredeten sich die Aufnahmeersuchenden, schwarze Kleidung anzuziehen und vor das Gebäude zu treten, um ihrer Betroffenheit und Empörung Ausdruck zu verleihen«, berichtet »Kellermann« später seinem Führungsoffizier. »Die Schuld an diesem Selbstmord wurde übereinstimmend auf den Staat geschoben.«[8]

Als der Krankenwagen mit dem Toten in Richtung Bernau davonrollt, malen einige mutige Lagerinsassen mit Kreide ein großes Kreuz auf den Beton neben der Kegelbahn. Hinter das Haus, an die Stelle, wo der Tote lag, lässt die Lagerleitung sie nicht mehr. Zwei Volkspolizisten halten Wache. Einer der Rückkehrer hat eine Kerze dabei, stellt sie auf das Kreuz. Inzwischen regnet es nicht mehr, und so stehen neun DDR-Rückkehrer schweigend um die brennende Kerze herum vor Haus 11, die Blicke auf die Worte gerichtet, die einer mit Kreide auf den Boden geschrieben hat: »Horst aus Jena«.[9] Sollen sie jetzt in einen Hungerstreik treten? Sie alle haben Gerüchte über frühere Selbstmorde im Lager gehört, über Leute, die sich die Adern aufgeschnitten haben oder wie Geißler gesprungen sind. Gerüchte, die abends bei den Treffen in der Küche weitergegeben werden. Was daran wahr ist, kann niemand überprüfen. Doch jetzt haben sie Klarheit. Die bewaffneten Volkspolizisten, die unheimlichen Stasi-Vernehmer im sechsten Stock, die finsteren Frauen in den Kittelschürzen und Blusen, die sie herrisch und stumm mit Handbewegungen herumkommandieren, das alles sind genau kalkulierte Elemente eines heimtückischen Plans, um die Rückkehrer zu brechen. Und Horst Geißler war offenbar nicht der Einzige, der den Druck nicht ausgehalten hat.

Während die Gruppe um die Kerze versammelt ist, wirft der Heizer die Decke mit dem Blut Horst Geißlers in den Kessel des Heizwerkes auf der anderen Straßenseite. Spurenbeseitigung.[10]

»Bernd Kellermann« sitzt am Tisch in seinem Zimmer und notiert die Vornamen der Protestierer – für seinen Bericht, den er heute Nacht schreiben wird. Den Frauen von der »Kultur« gelingt es, die neun mit sanftem Druck zum Gehen zu bewegen. Hinter dem Haus muss geputzt werden. »21 Uhr. Kollegin Lehmann geht hinter Haus 11, um Spuren zu beseitigen«, heißt es im Tätigkeitsbuch der Diensthabenden.[11]

In der Küche im fünften Stock versammeln sich die Lagerinsassen wie an jedem Abend. Horst Geißler ist das Gesprächsthema. Einer berichtet, er habe beobachtet, wie Geißler am frühen Nachmittag lange am Flurfenster im fünften Stock stand. Ein anderer erzählt, der Jenaer sei an ihm vorbeigegangen, habe »stur geradeaus gesehen, wirkte sehr entschlossen«. Einer hat gehört, dass er »große familiäre Probleme gehabt« habe und nur zurückgekehrt sei, »um seinem Sohn keine Schwierigkeiten bei dessen Studium zu bereiten«. Und er sei auffallend ruhig gewesen, habe sich bei Gesprächen passiv verhalten. »Bernd Kellermann« nickt, notiert im Geist die Einschätzungen der anderen.[12]

Kurz nach Mitternacht macht die Frau von der Rezeption ihren Rundgang um das Hochhaus. Im fünften Stock, in der Küche, wo zumeist die Rückkehrer zusammensitzen und diskutieren, brennt immer noch Licht, sonst ist es dunkel und still. Sie sieht sich noch einmal die Stelle an, an der vorhin die Protestierer standen. Dort sind Bierflaschen im Kreis aufgestellt, mit Blumen darin. Und das weiße Kreidekreuz ist noch immer da. Am nächsten Tag wird sie dafür sorgen, dass das alles verschwindet. Die Frau schließt Vorder- und Hintereingang von Haus 11 ab und setzt sich zum Abendbrot in die Rezeption. Nach der Mahlzeit geht sie noch

einmal in den fünften Stock. Jetzt ist alles still. Sie schließt Geißlers Zimmer auf und sammelt seine Habseligkeiten in einem Pla-
stesack.[13]

Die Nachricht

Es ist Samstagabend. Erika Geißler bügelt die Hemden ihres Mannes, als es an der Tür klingelt. Ob sie Horst jetzt schon aus dem
Lager entlassen haben? Sie stellt das Bügeleisen ab, eilt zur Tür.
Zwei Männer stehen dort und blicken sie ernst an. Der größere
der beiden Männer stellt sich als Mitarbeiter der Abteilung Inneres von Jena vor. »Frau Geißler, ich muss Ihnen eine traurige Mit-
teilung machen.«

Sie treten näher, und der zweite Mann beginnt, sich neugierig in
der Wohnung umzusehen. »Ihr Mann«, fährt der Größere zögernd fort und setzt sich in den Wohnzimmersessel, »Ihr Mann
hat sich heute aus dem Fenster gestürzt.«

»Wie kann denn das in so einem gesicherten Heim passieren?«,
stammelt Erika Geißler.

Der breite Thüringer Dialekt des zweiten Besuchers kommt wie
ein Hieb. »Das wissen mir doch nich, mir worn da noch nich
hinne«, dröhnt er.

Der Lange ergänzt mit leiser Stimme: »Er war sofort tot, vor
dem Haus ist ein Betonboden.«[14]

Noch ein paar gedruckste Sätze, dann wenden sich die Männer
zum Gehen. »Wir informieren den ärztlichen Direktor der Be-
triebspoliklinik«, sagt der Mann von der Abteilung Inneres. »Der
soll sich um Sie kümmern.«

Der Kleinere mit dem Dialekt schreibt am nächsten Morgen
einen Bericht über den Besuch:

»Ehefrau vom Sachverhalt informiert. Sie nahm die Information gefaßt auf.«[15]

Stefan Geißler klingelt wenige Tage nach der Todesmeldung an
der Tür seines Elternhauses. Nach der Rückkehr der Mutter aus
dem Westen war er in den Studentensommer nach Polen gefahren,
zum Arbeitseinsatz auf dem Bau in Krakau. Er war am späten
Abend gerade erst im Wohnheim angekommen, als die FDJ-Be-
treuer in die Küche traten. Ein Telegramm sei eingetroffen, es gehe

um seinen Vater, taten sie geheimnisvoll. Jedenfalls müsse er sofort zurück nach Jena.[16]

Jetzt steht Stefan Geißler vor der Wohnung: Ist der Vater wieder da? Hat er im Westen nicht durchgehalten? Die Mutter öffnet und sieht ihn mit erloschenen Augen schweigend an. Beim Hineingehen erfährt er die schreckliche Neuigkeit. Sie grübeln gemeinsam. Der lebenslustige Horst, der Mann, der immer als Hobby-Reiseleiter mit der FDJ in den Urlaub fuhr, der soll vom Balkon gesprungen sein?

Es muss etwas in diesem verfluchten Lager in Zepernick passiert sein. Der Mann vom Rat der Stadt drückt Erika Geißler die Sterbeurkunde in die Hand und gibt ihr die Adresse des Beerdigungsinstituts. Dort fordert sie, Horst noch einmal sehen zu dürfen. »Das ist nicht möglich«, sagt der Bestatter, »der Schädel ist zertrümmert«.

Erika Geißler widerspricht nicht und stimmt wie in Trance der Einäscherung zu.[17]

Auf dem Nordfriedhof erkennen Stefan und Erika Geißler viele Gesichter aus Horsts Betrieb. Auch die Verwandten sind da. Doch wer sind die Männer, die sich im Hintergrund halten, die nicht wie die anderen kondolieren? Die Bestatter setzen die Urne ins Grab. Jetzt ist es zu spät für einen letzten Blick auf den Toten. Ist das in der Urne wirklich der Vater, geht es Stefan durch den Kopf. Die Ansprache ist knapp. Der Redner hatte sich erst geweigert, musste von Erika Geißler überredet werden, wenigstens ein paar Worte zu sagen.[18]

An der Rezeption von Haus 11 trennt eine Hand Blatt 119 aus dem Tätigkeitsbuch heraus. Das, was kurz nach dem Todessprung Horst Geißlers geschah, zwischen 18 und 20 Uhr, soll niemand wissen. Jetzt muss der Vorgang vertuscht werden.

Zweifel

Die Akte 3382 der MfS-Hauptabteilung VII/3 scheint vollständig erhalten zu sein. Sie beinhaltet Papiere der Stasi und der Volkspolizei, die den Weg Horst Geißlers von der Einlieferung ins ZAH bis zu seinem Tod beschreiben.

Oberleutnant Zecher von der Volkspolizei, der Geißler nach dessen »Erstbefragung« von der Stasi übernommen hatte, hatte in seinem auf den 18. August 1988 datierten Bericht festgestellt, dass Geißler gesund sei und »keiner ärztlichen Betreuung« bedürfe.[19]

Doch am 21. August 1988, am Tag nach dem Todessprung, notiert MfS-Major Seidel: »Da G. während der Erstbefragung eine depressive Stimmung zeigte, wurde am 19.08.88 die Vorstellung bei dem Vertragsarzt veranlaßt. Dieser diagnostizierte depressive Zustände allgemeiner Art und bescheinigte die Heimfähigkeit des G., woraufhin die Unterbringung in der Gemeinschaftsunterkunft erfolgte. Psychische Auffälligkeiten wurden bei G. in der Vergangenheit nicht festgestellt.«[20]

Während Volkspolizist Zecher Geißler unmittelbar nach der Erstbefragung als gesund bezeichnet, will Stasi-Mann Seidel bei derselben Erstbefragung eine depressive Stimmung festgestellt haben. Diese Diagnose und die angebliche Überweisung zum Vertragsarzt am 19. August tauchen aber erst in Dokumenten auf, die nach dem Selbstmord verfasst wurden.

Im akribisch geführten Tätigkeitsbuch wird in keiner Zeile ein Besuch Geißlers bei Dr. Wabnitz am 19. August 1988 erwähnt. Jede Bierbestellung, jedes Telefonat Geißlers am 19. August ist im Tätigkeitsbuch vermerkt, aber nicht dieser Arzttermin. Hat die Stasi die Überweisung an den Vertragsarzt wegen angeblicher Depressionen schlicht erfunden, um die Verantwortung wegzuschieben?

Fest steht, dass die Frau von der Rezeption am 19. August um 12.25 Uhr Heimleiter Stegbauer über die Selbstmordgefahr informierte, die ihr der Zahnarzt Dr. Müller gemeldet hatte.[21]

Hatte Stegbauer einfach nicht auf die Warnung Dr. Müllers reagiert? Hatte er nichts getan, um Horst Geißler vom Freitod abzuhalten? Vertragsarzt Wabnitz kann nicht mehr befragt werden, er ist gestorben. Seine Frau Rita, die Sekretärin Stegbauers, will sich an nichts erinnern und lehnt ein Gespräch über die Vorgänge im ZAH ab. Der Stasi-Offizier im besonderen Einsatz Roland Stegbauer ist nicht mehr auffindbar.[22]

Noch eine Ungereimtheit: Am 25. August, also fünf Tage nach dem Freitod, schreibt Kripo-Hauptmann Geisensetter aus Jena, dass die Einweisung von Jena nach Röntgental »die bereits erkennbare Unsicherheit des G. noch weiter verstärkt« habe. Nach dieser Version schlägt Horst Geißler am Tag nach seiner Rückkehr nicht die Strafanzeige wegen Republikflucht, sondern die

Aussicht auf einen acht- bis vierzehntägigen Zwangsaufenthalt im ZAH auf das Gemüt. »Zum Abschluß wurde [...] mehrfach betont, daß gegen ihn kein Ermittlungsverfahren eingeleitet wurde und er nach wie vor mit einer Straffreiheit rechnen kann.« [23]

Das steht in klarem Widerspruch zum Vermerk des Kripo-Hauptmannes Pogoreutz in Röntgental: »Der übergebende Genosse (gemeint ist Geisensetters Mitarbeiter Leutnant Holtz) teilte mit, daß zu G. eine Anzeige aufgenommen wurde.« [24]

Verantwortlich für die Einweisung nach Röntgental ist aber »die Leitungsebene«, also die SED sowie andere »Sicherheitsorgane« (das MfS) – nicht jedoch die Volkspolizei und Hauptmann Geisensetter. Der Schwarze Peter wird zwischen den Behörden hin- und hergeschoben.

Die Staatssicherheit legt eine Sprachregelung fest: »Wir bedauern den Vorfall, Bitte um Verständnis für Befragungen.« [25]

Das ist die Dienstanweisung, die die Rezeptionistin im Kopf hat, als sie am Montagabend die Küche im fünften Stock betritt. Hier sind die Aufnahmeersuchenden immer zu finden, wenn sie nichts zu tun haben. Sie trinken Kaffee oder Bier und rauchen, schlagen mit Gesprächen die Zeit tot. Bevor die Frau dazu kommt, die Rückkehrer über die bevorstehenden Verhöre zu informieren, stürmt es auf sie ein.

»Der Horst ist mit falschen Versprechungen hergelockt worden«, meint einer bitter und nimmt einen Schluck Bier. »Dann ist die Klappe hinter ihm zugefallen.«

»Wir sind alle soweit, zu springen«, sagt eine braunhaarige junge Frau. [26]

Der ältere Mann, der mit Horst Geißler im Zweibettzimmer 5.10 untergebracht war, will das Zimmer heute Nacht nicht mehr betreten. Da könne er nicht mehr hinein, sagt er erschüttert. »Kein Problem«, erwidert die ZAH-Mitarbeiterin. Es sind genug Zimmer im vierten Stock frei. [27]

Einer der Rückkehrer, der mit seiner Frau hier ist, steht im Türrahmen. Er ringt nach Worten, die er wohl am liebsten herausschreien würde. Die Stimme zittert. Er versucht, sich zu beherrschen: »Das waren alles falsche Versprechungen, die uns gemacht wurden. Meine Frau liegt im Bett und weint, das verkraftet sie nicht.« Der Mann macht eine Kopfbewegung in Richtung des Zimmers, in dem das Ehepaar untergebracht ist. »Wenn sich hier keiner um die Probleme meiner Frau kümmert, dann brauchen Sie sich gar nicht mehr um sie zu kümmern.« Er lässt die Worte wirken, doch die ZAH-Mitarbeiterin reagiert nicht.

»Verstehen Sie nicht?«, redet der Rückkehrer sich immer mehr in Rage. »Dann ist alles vorbei, wir haben sowieso nichts mehr zu verlieren.«[28]

Das reicht. Die Frau steht auf, sie kommt hier nicht weiter. »Ich verstehe Ihre Betroffenheit, Sie können das alles morgen mit Ihren Sachbearbeitern besprechen. Bitte halten Sie sich für Gespräche bereit.«

Die Sachbearbeiter, die Verhörspezialisten der Staatssicherheit, haben viel zu tun. Alle Zeugen des Selbstmordes müssen in den sechsten Stock kommen. Dr. Müller soll noch einmal genau den Ablauf des Gesprächs mit Geißler an der Kegelbahn wiedergeben.

»Der G. äußerte mir gegenüber, daß er befürchte, aufgrund der von ihm begangenen Straftat der Nichtrückkehr in die DDR, daß sein Sohn das Studium abbrechen muß, der sich im 1. Studienjahr befinden soll. In diesem Gespräch machte Genannter einen verzweifelten Eindruck auf mich, wobei er andeutete, freiwillig aus dem Leben zu scheiden. Sinngemäß brachte er in diesem Zusammenhang zum Ausdruck, mit dem Sturz aus der 5. Etage des Unterkunftsgebäudes sich aller Sorgen zu entledigen. Aufgrund seines Gesamteindrucks und seiner Äußerungen setzte ich dann in den Mittagsstunden die Diensthabende der Kultur davon in Kenntnis.«[29]

Oberleutnant Mettner von der Staatssicherheit sichtet ihre Notizen der Vernehmer und die Berichte der Spitzel. »Bernd Kellermann« hat alles aufgeschrieben, was die Rückkehrer in der Küche gesagt haben: »Es fielen Ausdrücke wie Verbrecher und Mörderhaufen.«[30]

Frau Mettner schreibt ihren Vorgesetzten auf, was ein aufgebrachter Rückkehrer ihr im sechsten Stock anvertraute: »Er bezeichnete die Angestellten des Heimes als ›Mörder, die mitschuldig am Tod‹ des Genannten seien. Man habe ›einen Menschen in den Tod getrieben‹ und sei ›kalt und herzlos wieder zur Tagesordnung übergegangen‹. Er werde nach dem Verlassen des Heimes auch gegenüber jedermann darüber berichten.«[31]

Kein Zweifel, denkt die Stasi-Frau: Die Stimmung unter den Rückkehrern ist geladen. So können die Heiminsassen nicht wieder zur Ruhe kommen. Alle, die den Selbstmord erlebt haben, könnten Neuzugänge irritieren oder aufwiegeln. Sie jetzt schnell zu entlassen, wäre auch gefährlich, dann könnte der Feind von den Zuständen im Lager erfahren. Doch es gibt dazu kaum eine Alternative. Die Stimmung im ZAH ist explosiv. Nach der Entlassung sind die Rückkehrer auf sich gestellt, ohne Kontakt zu den anderen, mit denen sie sich gegenseitig hochschaukeln könnten. Besser, wenn die Genossen in den MfS-Bezirksverwaltungen die Rückkehrer weiter im Auge behalten – noch genauer als ohnehin vorgesehen.

»Sylvia« ist der Deckname einer Stasi-Zuträgerin, die auf die ZAH-Beschäftigten angesetzt ist. »Sylvia« arbeitet an der Rezeption.[32] Sie berichtet der Staatssicherheit, dass sie ihren Vorgesetzten nach Anzeichen für die Selbstmordabsicht von Horst Geißler gefragt habe – schließlich hatte sie der Heimleitung Dr. Müllers Warnung übermittelt. »Heimleiter informierte mich, daß es Befragungsprotokolle gibt, wo AE Geißler Selbstmordabsichten verneint.«[33]

Der Heimleiter, das ist Roland Stegbauer, der als Offizier im besonderen Einsatz konspirativ für das MfS tätig ist. Die beiden Stasi-Leute bespitzeln sich gegenseitig, ohne zu wissen, dass sie zum selben Geheimdienst gehören. Und alle wollen nur eins: keinerlei Mitverantwortung für den schrecklichen Todessprung aus 15 Meter Höhe.

Die Widersprüche sind offensichtlich, doch eine Krähe hackt der anderen kein Auge aus. Oberstleutnant Oelsner von der Kriminalpolizei schreibt am 29. August 1988 einen Abschlussbericht über die Vorgänge in Röntgental:

»Abschlußmeldung: Geißler stürzte sich in Selbsttötungsabsicht vom Balkon. Motiv: Depressive Zustände allgemeiner Art.«[34] Kripo und Stasi sind sich jetzt einig: Die Sicherheitsorgane, die die Rückkehrer in Röntgental wochenlang festhalten und stundenlang verhören, haben nichts mit dem Tod Horst Geißlers zu tun. Oelsner schließt die Ermittlungsakte Geißler nur neun Tage nach dessen Selbstmord.

Draußen

Eine Woche nach Horst Geißlers Selbstmord darf Alwin Ziel wieder nach Hause zu seiner Familie. Der Neuanfang wird schwierig. An seinen alten Arbeitsplatz an der Fachschule darf er nicht zurückkehren. Die Behörden bieten ihm keine qualifizierte Stelle an, und auch seine Frau Brigitte hat Sorge, dass sie die Arbeit als Apothekerin verlieren könnte. Es gibt Gerüchte, dass sie doch als Straftäterin angeklagt werden könnte, die die Flucht ihres Mannes unterstützt habe. Manchmal, wenn sie auf dem Bahnsteig steht, um zur Arbeit zu fahren, kommt die Angst wieder. Wenn jetzt einer plötzlich hinter sie tritt und sie auf die Gleise stößt, was wird dann aus den Kindern? Martin und Johannes tragen seit der Flucht des Vaters einen Zettel in der Tasche. Wenn den Eltern etwas zustößt, soll Pfarrer Hanfried Zimmermann von der Fennpfuhlkirche sich ihrer annehmen, steht dort. Wer weiß, ob die Ankündigung der Stasi, die Jungen in ein Kinderheim zu stecken, nur eine leere Drohung war.

Langsam kündigt sich der Herbst an. Alwin Ziel wartet am S-Bahnhof Storkower Straße auf den Zug, der ihn zu einer Behörde bringen soll. Die rote Bahn rollt quietschend heran, die Türen öffnen sich. Alwin Ziel bemerkt den Mann erst spät, der aus dem Waggon auf ihn zustürmt. Ohne Gruß fährt der Mann den Wartenden an: »Du Verräter!«, brüllt er.

Ziel erkennt den Gewerkschaftssekretär der Fachschule, die ihn nicht mehr haben will.

»Du hast uns und die DDR verraten!«, schreit der Mann und verschwindet mit hastigen Schritten in der Menge.

»Rückkehrer wie ich«, sagt Alwin Ziel rückblickend, »sind eigentlich nie mehr in der DDR angekommen. Wir sind Fremde geblieben.«[35]

Der lange Weg zurück

Aufnahmeersuchender Nr. 70 im Heim Barby

Am Fenster zieht die endlose graue Mauer aus Betonplatten vorbei. Es ist der 24. Oktober 1976, als der Interzonenzug mit Manfred Stiehl an Bord im Schritttempo durch die Grenzanlagen bei Oebisfelde rumpelt. Merkwürdig, denkt Stiehl und betrachtet das DIN-A-4-Blatt in seinen Händen, das sie ihm gestern beim Rat des Kreises in Schönebeck in die Hände gedrückt haben. Nur ein Stück Papier, und doch hat es die Macht, die Mauer zu öffnen. »Urkunde« steht auf dem festen weißen Karton: »Manfred Stiehl wird gemäß § 10 des Gesetzes vom 20. Februar 1967 ... aus der Staatsbürgerschaft der Deutschen Demokratischen Republik entlassen.« Gezeichnet: Der Minister des Innern, Dickel.[1]

Stiehl blickt aus dem Fenster: Er betrachtet Felder, Wiesen und Wälder, genauso grün wie eben noch auf dem DDR-Gebiet. Er erschrickt über die eigenen Gedanken. Warum soll der Westen eigentlich anders aussehen? Das Land, das hinter der Grenze liegt, haben sie sich in der DDR als Paradies zurechtphantasiert. Jetzt, auf dem Weg in die Freiheit, merkt Manfred Stiehl, wie die Mauer sein Denken deformiert hat, wie die unüberwindliche Grenze den anderen Teil Deutschlands zu einem Traumland hat werden lassen. Der Zug rollt auf Wolfsburg zu, die erste Station im Westen. In wenigen Stunden wird Manfred Stiehl seine Bekannte Gertrud* in Neuss in die Arme schließen. Er wolle sie heiraten, hat er in seinem Ausreiseantrag geschrieben. Das war gelogen. Ein Jahr hat es gedauert, bis die DDR-Behörden ihn ziehen ließen. Doch Stiehl kann sich nicht so recht über die neuerlangte Freiheit freuen. Im Mai hat er eine andere Frau kennengelernt. Er weiß, dass er mit Griseldis, der Studentin aus Calbe südlich von Magdeburg, zusammensein will. Er hat vor ein paar Tagen beim Rat des Kreises nachgefragt, ob er den Übersiedlungsantrag zurücknehmen könne. Nein, hat Abteilungsleiter

Schulze ihm streng erwidert, er müsse sofort in den Westen aufbrechen.

»Die Art und Weise, wie mir Herr Schulze erklärte, ich muß nun fahren, ließ mich resignieren, und ich schickte mich in die unabänderliche Situation«, wird Manfred Stiehl später der Staatssicherheit erklären.[2]

Beim Abschied hat er Griseldis versprochen, sie regelmäßig zu besuchen und nach einem Jahr in die DDR zurückzukehren. Die Neugier auf den bisher unerreichbaren Westen ist groß, die Sehnsucht nach der Geliebten nicht kleiner. Und wenn er beides haben könnte? Erst einmal das Leben in Freiheit genießen und dann ein Neuanfang in der DDR? Kein schlechter Plan, denkt er. Eine gescheiterte Ehe liegt bereits hinter dem 35-jährigen Berufskraftfahrer. Die beiden Töchter leben bei der Ex-Frau, er ist frei. Gertrud, die Frau aus dem Westen, hat er vor gut einem Jahr im Stadtcafé in Schönebeck getroffen. Sie kennen sich aus der Kindheit. 1959 hatte sie die DDR verlassen können und tauchte nun plötzlich wieder in ihrer Heimatstadt auf. Der Gedanke, nach der Scheidung rüberzugehen, hatte ihm gefallen.

Doch dann kam die Liebe zu Griseldis dazwischen. Jetzt hofft er, dass Gertrud ihn verstehen wird. Von Heirat hatten sie nie gesprochen. Doch in seinem Übersiedlungsantrag ist von der geplanten Eheschließung die Rede.

Drüben

Der Zug hält in Köln. Manfred Stiehl nimmt seine Koffer, steigt in ein Taxi. Es ist schon dunkel, als er über die Autobahn nach Neuss fährt. Am linken Fenster zieht leuchtend die Kölner Stadtkulisse vorbei, dann tauchen die gewaltigen Industrieanlagen von Leverkusen auf. Alles ist so hell. Noch ein paar Minuten, dann beginnt sein neues Leben im Westen. Richtig ankommen fühlt sich anders an.

Schon nach wenigen Wochen ist klar, dass sich zwischen der Frau aus Neuss und dem Mann aus Schönebeck keine Liebe entwickelt. Ende November steht Manfred Stiehl am späten Abend an der Pforte des Notaufnahmelagers Gießen. Er braucht eine eigene Wohnung, will von Nordrhein-Westfalen nach Niedersachsen ziehen – näher an die Grenze. Der Pförtner ist späte Kundschaft gewohnt. Routiniert gibt er dem Neuankömmling Bettwäsche, Essensmarken und ein Essbesteck. Manfred Stiehl trottet schwer bepackt zum Haus »Sachsen« hinüber. Er soll eine Nacht in Zimmer 11 verbringen, einem Dreibettzimmer, das er mit zwei Männer teilen muss, die aus DDR-Haft in den Westen abgeschoben worden sind.

Am nächsten Tag schickt man ihn von morgens bis zum Nachmittag mit einem Laufzettel auf dem Gelände herum. Er beantragt Arbeitslosengeld und wird vom Verfassungsschutz über seine Militärzeit bei der NVA ausgefragt. Ob er in kommunistischen Organisationen wie der SED sei, will der schlanke Mann mit der Halbglatze wissen. Stiehl verneint und unterschreibt.

Nach dem Mittagessen kleidet ihn die Caritas neu ein. Er wird zur Aufnahmekommission in den dritten Stock des Verwaltungsgebäudes geführt: Zwei Frauen und vier Männer sitzen hinter einem langen Resopaltisch und erklären ihm mit feierlichen Mienen, dass er jetzt in die Bundesrepublik aufgenommen worden sei.[3]

In Hannover findet er Arbeit als LKW-Fahrer und eine komfortable Wohnung. Manfred Stiehl erinnert sich, wie er in der DDR mit Frau und zwei Töchtern lebte: eine Zweieinhalb-Raum-Altbauwohnung ohne Bad für vier Personen. Fast so viel Platz hat er jetzt allein für sich. Und das Klo war auf dem Hof. Seine Arbeit als Anlagenfahrer im Volkseigenen Betrieb war sinnlose Routine – es gab nichts zu tun für ihn und die 50 Kollegen: »Wir verbrachten die Arbeitszeit mit Kartenspielen, schlafen oder fegten die Räume aus.«[4] Stillstand.

Operative Maßnahmen

Und doch zieht es Manfred Stiehl unwiderstehlich zurück in die DDR. Weihnachten 1976 feiert er mit seiner Freundin Griseldis Verlobung in Calbe an der Saale. Die DDR-Behörden haben ihn zu seinem Erstaunen hereingelassen.

Stiehl ahnt nicht, dass seine Ex-Freundin im Westen sich an die DDR-Staatsführung wendet, kurz nachdem er wieder zurück in Hannover ist.

»Sehr geehrter Herr Staatsrat«, schreibt Gertrud aus Neuss.

»Heute möchte ich Ihnen nur mitteilen, daß ich nur als Mittel zum Zweck verwendet wurde, daß Herr Manfred Stiehl wohnhaft in Schönebeck/Elbe in die BRD durfte. Bei mir war es die große Liebe und ich dachte der Partner fürs Leben. Leider war es nur für ihn ein Spiel. Am Tag vor Hl. Abend löste er die Verlobung. Weihnachten und Neujahr weilte er in Calbe bei seiner Geliebten, mit der er sich nun verlobte. Er wird nun versuchen, sie in die BRD zu kriegen.«[5]

Die Stasi ist alarmiert. Sie beginnt unverzüglich mit der Überwachung von Stiehls Verlobter Griseldis und ihrer Familie, wittert einen Fluchtplan:

»Zur Verhinderung einer Schleusung sind folgende operative Maßnahmen notwendig: Einleitung von operativen Kontrollmaßnahmen in Calbe und Burg, Führung eines Vorbeugungs- und Verhinderungsgespräches.«[6]

Ende Januar taucht Manfred Stiehl plötzlich in Ost-Berlin auf. In der Aufnahmestelle in Pankow fragt der Mann aus dem Westen nach, ob eine Rückkehr in die DDR möglich sei. Auf dem Transitweg von Hannover nach West-Berlin hatte er schon am Bahnhof Friedrichstraße erklärt, er wolle sich über eine Möglichkeit zur Rückkehr erkundigen. Zwei Uniformierte haben ihn in einen Transporter verfrachtet und zur Auskunfts- und Aufnahmestelle nach Pankow gefahren. Die Aufnahmestelle ist mit Stasi-Mitarbeitern durchsetzt, die alles Verdächtige melden. Stiehl begründet seinen Rückkehrwunsch mit der Enttäuschung über das Leben im Westen. »Wie er äußert, sieht er jetzt die BRD mit anderen Augen. Das Gefüge besteht nach seiner Meinung aus Willkür und totaler Freiheit«, meldet der Stasi-Offizier, an den der Rückkehrwillige sich in der Aufnahmestelle wendet.[7]

Doch der Geheimdienstmitarbeiter traut dem Mann aus dem Westen nicht.

Stiehls Rückkehrwunsch müsse ein Trick sein, argwöhnt das MfS: Stiehl habe die »Aussprachen in der Aufnahmestelle Berlin vorgetäuscht, um den Eindruck einer scheinbar reumütigen Rückkehr in die DDR zu motivieren«. In Wirklichkeit plane er, seine Verlobte Griseldis aus der DDR in den Westen zu schleusen. Die Staatssicherheit beginnt eine Operative Personenkontrolle (OPK) gegen Manfred Stiehl und Griseldis. Die Verlobten und ihre Familien werden von nun an mit Hilfe von Spitzeln, durch Abhörmaßnahmen und Postkontrollen ausgespäht.[8]

Am 4. März 1977 sind Manfred und Griseldis in der Parkstraße in Ost-Berlin verabredet. Dort befindet sich die Auskunfts- und Aufnahmestelle, die für Rückkehrer zuständige Behörde. Hier wollen sie gemeinsam die Rückkehr Stiehls in die DDR erreichen, doch an diesem Freitagmorgen ist es wie verhext: Am Ost-West-Übergang in Oebisfelde schikanieren die DDR-Grenzer den Kraftfahrer aus Hannover, lassen ihn stundenlang auf das Transitvisum warten, als wüssten sie von dem Termin in der Parkstraße in Berlin-Pankow. Endlich kann Stiehl los, hält kurz in Börde, um die Aufnahmestelle zu informieren. Er könne erst am Nachmittag erscheinen, spricht er hastig in den Hörer. Der Beamte am Telefon lässt ihn im Unklaren, ob er nachher noch einen Termin bekomme. Mittlerweile ist es Mittag, und Manfred Stiehl weiß nicht, dass Griseldis zu diesem Zeitpunkt die Aufnahmestelle verlässt, nachdem sie dort lange auf ihn gewartet hat.

Stiehl gibt Gas auf der Transitautobahn und erreicht um halb drei den Grenzübergang nach Ost-Berlin. Er gibt die Papiere ab, der Grenzer verschwindet in der Baracke und lässt ihn erneut schmoren, volle drei Stunden lang. Der Termin ist geplatzt. Manfred Stiehl muss zurück in den Westen.

Am Abend greift er in Hannover zum Telefonhörer und wählt die Nummer seines Bruders in Magdeburg. Es ist kurz vor 22 Uhr, als seine Schwägerin abhebt. Er schildert die Schikanen der Grenzer. »Sie lassen dich nicht mehr in die DDR«, vermutet die Schwägerin. Ob man sich am Sonntag zum Frühstück treffen könne, auf dem Rasthof Börde? Und Griseldis solle auch kommen. Seit einigen Wochen ist der Rasthof an der Transitstrecke nach West-Berlin ihr heimlicher Familientreff: Griseldis, die keinen Führerschein hat, reist mit ihren Eltern aus Calbe an, Manfreds Bruder und die Schwägerin kommen aus Magdeburg, und Manfred Stiehl unterbricht seine Fahrt auf der Transitstrecke nach West-Berlin in Börde. Das ist der Staatssicherheit nicht verborgen geblieben. Das MfS belauscht den Ost-West-Telefonverkehr der Familie Stiehl.[9]

Als Manfred Stiehl seinen roten Ford Capri am Sonntagmorgen auf den Parkplatz des Rasthofes lenkt und in die Gaststätte eilt, liegt die Staatssicherheit bereits auf der Lauer. Das MfS fotografiert den Wagen aus einer Deckung heraus, und auch der weiße Trabant des Bruders wird erfasst, als er sich dem Rasthof nähert. In der Gaststätte nimmt unterdessen eine Frau ganz nah an Stiehls Tisch Platz. Die Inoffizielle Stasi-Mitarbeiterin mit dem Decknamen »Marion Zander« sieht genau hin, als Wolfgang Stiehl und seine Frau eintreten: »Die Begrüßung war auffallend leger.«

Manfred ist enttäuscht, als er vom Bruder erfährt, dass Griseldis krank sei und nicht kommen könne. IM »Zander« spitzt die Ohren. Am Nebentisch reden sie über eine geplante Urlaubsreise von Manfred und Griseldis nach Prag.

»Die fahren nach Dresden, dann über die Grenze nach Prag, von Prag hole ich sie dann ab«, schnappt der Spitzel auf: »Wenn die das nicht wollen, kann ich es auch nicht ändern«, glaubt die Stasi-Frau aus Manfred Stiehls Mund vernommen zu haben. Das klingt verdächtig. Der Spitzel meldet der Ermittlungsabteilung VIII, dass Stiehl offenbar die Schleusung seiner Verlobten von Prag nach Österreich plane. Als Stiehl nach dem Familientreffen der Volkspolizei in Börde mitteilt, dass er wegen eines Lichtmaschinen-Defekts nicht weiter auf der Transitstrecke nach West-Berlin fahren könne, sondern nach Marienborn umkehren müsse, wird die Stasi noch misstrauischer.[10]

Jetzt will das MfS die Urlaubsreise der Verlobten verhindern. Griseldis wundert sich, warum sie zur Volkspolizei-Dienststelle in Calbe bestellt wird. Der Beamte fordert die Herausgabe ihres Personalausweises: »Das ist nur zu Ihrer eigenen Sicherheit«, erklärt er der jungen Frau knapp und schnappt nach dem blauen Dokument, legt es in einen braunen Umschlag. Jetzt kann sie nicht mehr weg aus der DDR.

Manfred Stiehl nähert sich voller Vorfreude auf den gemeinsamen Urlaub in Prag wieder einmal den Grenzanlagen in Marienborn. Die Schikanen beim Transit ist er mittlerweile gewohnt, schließlich hat er der DDR den Rücken gekehrt. Sie wollen ihn offenbar spüren lassen, was sie von dem Verräter halten. Er legt seinen Reisepass auf das ratternde Laufband neben der Fahrspur und rollt im Schritttempo vor.

»Fahren Sie mal rechts ran!«, raunzt ihn der Grenzer am Wachhäuschen an. Der Uniformierte winkt den Ford Capri in die Kontrollgarage. Zwei Männer zerlegen wieselflink das Auto, bauen sorgfältig Räder und Bänke aus und wieder ein. Stundenlang muss Stiehl warten, bis ihm der Grenzoffizier den Pass zurückgibt. Er sei auch im Transit nicht in der DDR erwünscht. Stiehl argumentiert mit der gebuchten Reise und mit der Verlobten, die in Prag auf ihn warte.

»Die kommt nicht«, erwidert der Grenzer. Stiehl begreift. Langsam steigt er ein und fährt auf die Autobahn Richtung Hannover. Was wissen die DDR-Behörden über seine Reisepläne? War die Warterei an der Grenze Teil eines Planes, um ihn und Griseldis zu zermürben? Er grübelt lange auf der Rückfahrt. Später, nach seiner Rückkehr in die DDR, wird er gegenüber der Stasi in einem Verhör den Verdacht äußern, der Geheimdienst habe seine Post an Griseldis geöffnet, von der Reise nach Prag erfahren und daraufhin ihren Ausweis einziehen lassen. Der Vernehmer wird das empört zurückweisen:

»Dem Stiehl, Manfred, wurde ... mitgeteilt, daß gemäß unserer Verfassung ein Postgeheimnis gilt, wonach keine Person berechtigt ist, Briefe zu öffnen.« Zu diesem Zeitpunkt wird Stiehls Post in die DDR seit Monaten überwacht. Die Staatssicherheit lässt gegenüber dem Rückkehrer niemals die Maske fallen.[11]

Es ist Herbst geworden. Immer wieder ist Manfred Stiehl zur Grenze gefahren, hat sich in die Aufnahmestelle transportieren lassen, hat seinen Rückkehr- und Heiratswunsch ausdruckslosen Beamtengesichtern ein um das andere Mal vorgetragen. Jetzt darf er kommen. Doch nicht einfach so, als wäre nichts geschehen. Er muss in ein Aufnahmeheim, das in einem Schloss in Barby an der Elbe untergebracht ist. Auf Herz und Nieren wollen sie ihn überprüfen, das könne dauern. Doch Manfred Stiehl ist zu allem bereit, rechnet mit einem mehrwöchigen schikanösen Wiederaufnahmeprozess.

Festnahme

Am Nachmittag des 17. September 1977 gießt es in Strömen. In Marienborn schreibt der Zugführer der Personenkontrolleinheit eine Strafanzeige. Manfred Stiehl hat seinen roten Ford Capri in der Garage hinter dem Grenzkontrollhäuschen abstellen müssen und wartet nun in der Vernehmungsbaracke.

»Stiehl, Manfred, festgenommen am 17.9.1977, 14 Uhr«, tippt der Stasi-Mann in die Maschine. »Obengenanntes Fahndungsobjekt erschien an unserer Grenzübergangsstelle und bat um Aufnahme in die DDR.«[12]

Zwei Stasi-Männer filzen den Wagen. Jedes Gepäckstück muss in ein Röntgengerät geschoben werden. Sie holen Stiehl aus dem Verhörraum, fotografieren ihn wie einen Verbrecher. Taschen ausräumen, alles in einen braunen Umschlag. Dann muss er in einen grauen Barkas-Bus steigen. Ein Zivilist folgt am Steuer des Ford Capri. Eine Stunde geht die Fahrt durch den peitschenden Regen, an Magdeburg vorbei und an Schönebeck. Der Rückkehrer grübelt, wie es wohl im Lager sein wird, wie lange sie ihn dabehalten werden? Stiehl blickt durch die regennassen Scheiben und fragt sich, wann sie ihm wohl erlauben werden, Griseldis zu heiraten. In ein paar Wochen, Monaten, in einem Jahr? Die DDR scheint ihm an diesem Nachmittag so kalt und grau wie nie, als wolle sie ihm die Rückkehr so bitter wie möglich machen. Dann steht das Schloss Barby vor ihm. Das Bild des roten Baus verschwimmt hinter der Frontscheibe, der Scheibenwischer gibt den Blick für Sekunden frei: ein etwas verfallenes Barockschloss direkt am Elbufer, umgeben von einer hohen Mauer mit Sandsteinpfeilern.

Es geht durch das Tor, vorbei an der Wache zu einem grauen Neubauklotz neben dem Schloss. Die »Quarantäne«. Von nun an sei er Nummer 70, erklärt ein Mann in Zivil Manfred Stiehl nach dem Aussteigen. Der Mann ist der Heimleiter, und er will mit »Heimleiter« angesprochen werden. Die Krankenschwester werde nur »Schwester« genannt, es gebe keine Namen, sagt der Leiter. Wieder machen sich Männer über Stiehls Auto her, zerlegen es in seine Einzelteile.

Nach acht Tagen Isolation und den ersten Verhören darf Manfred Stiehl in das Schloss ziehen. Jetzt sieht er das Lagergelände zum ersten Mal. Es ist von einem mannshohen Maschendrahtzaun und einer Mauer umgeben ist. Stiehl erkennt drei Wachtürme, auf deren Spitzen Scheinwerfer montiert sind. Er hat am ersten Tag die Heimordnung unterschreiben müssen, hat versprochen, sich nicht den Außenzäunen zu nähern. Stand in dem Papier, das er nur überflogen hat, dass bei Fluchtversuchen von der Schusswaffe Gebrauch gemacht wird? Es würde ihn nicht wundern. Das Lager

Barby, das wird ihm klar, ist ein Gefängnis, das er nur bei Wohlverhalten verlassen darf.

Sein Zimmer, Raum 101 im ersten Stock, ist fast vier Meter hoch und sparsam möbliert. Es gibt ein Bett und einen Kleiderschrank, einen Stuhl, der als Nachttisch dient, doch keinen Tisch. Hier kann er nur warten, gammeln, die Zeit auf dem Bett liegend verstreichen lassen.

Das gute Dutzend Rückkehrer trifft sich im große Saal mit dem dunklen Parkett. Ein hochherrschaftlicher Raum mit hohen Flügeltüren und bröckelndem Putz, der schon bessere Tage gesehen hat. Halblaut dudelt »Stimme der DDR« ständig aus dem Radiolautsprecher an der Wand, wie in DDR-Altenheimen üblich. Die Rückkehrer sitzen zusammen, spielen Karten, trinken Kaffee und rauchen Zigaretten. Ein Wartesaal, wie aus der Zeit gefallen, in dem die Stunden nicht vergehen wollen.

Dutzende Male wird Stiehl in das Verhörzimmer gerufen. Der Verhörspezialist von der Staatssicherheit stellt immer wieder die gleichen Fragen: Warum will Stiehl in die DDR zurückkehren? Wie genau lief sein Aufenthalt in Gießen ab? Wieso wollte er zuvor überhaupt in den Westen? Der Vernehmer vermutet eine »feindlich-negative Einstellung« Stiehls zur DDR. Die soll der Rückkehrer plötzlich nicht mehr haben? Der Stasi-Mann gräbt immer tiefer, findet heraus, dass Stiehl als 15-Jähriger kritische Flugblätter verteilt hat. Ein Staatsfeind, der plötzlich geläutert sein soll?

Griseldis hat einen Bruder bei der Nationalen Volksarmee, weiß der Befrager. Ist der Mann aus dem Westen auf den Unteroffizier angesetzt, um militärische Geheimnisse auszuspionieren? Der Stasi kommt verdächtig vor, dass Stiehl dem künftigen Schwager eine Westjeans geschickt hat: »Es kann nicht ausgeschlossen werden, daß der Stiehl den Unteroffizier ins Blickfeld feindlicher Dienststellen gebracht hat.«[13]

Ein BND-Agent, der sich nach erfolgreichem Spionageauftrag mit der Verlobten über die ČSSR wieder in den Westen absetzen will? Während sich die Stasi-Vernehmer in immer gewaltigere Verschwörungsszenarien hineinsteigern, vergeht die Zeit langsam, aber stetig. Monat um Monat füllen sie ihre Akten mit Einschätzungen, Informationen und Befragungsprotokollen. Mal muss Stiehl täglich über Stunden zum Verhör, dann lassen sie ihn wieder wochenlang in Ruhe. Manfred Stiehl sagt heute über diese Zermürbungstaktik: »Es war gewollt, den Leuten eine regelrechte Psychose zu verpassen.«

Weihnachten 1977 ist Manfred Stiehl noch immer in Barby. Drei Monate halten sie ihn jetzt schon fest. Der Heimleiter tritt im Aufenthaltsraum neben den kleinen Tannenbaum und blickt mit besorgter Miene auf das Häuflein der Rückkehrer, das die Stasi auch über die Feiertage gefangen hält. Niemand solle sich Gedanken machen, dass es nicht weitergehe, beruhigt der Heimleiter. Alle würden zur gegebenen Zeit in die DDR einreisen dürfen. Wann es endlich soweit ist, sagt er nicht. Dann gibt es Kaffee und Kuchen.

Der Wissensdurst des MfS ist kaum zu stillen. Unter den Rückkehrern hat der Geheimdienst Spitzel platziert. Manfred Stiel weiß, dass nicht allen, mit denen er beim Kaffee zusammensitzt, zu trauen ist. Einer gibt sich als Westdeutscher aus, doch ihm rutschen immer wieder DDR-typische Begriffe heraus. Doch Stiehl kann nicht pausenlos auf der Hut sein. Der Inoffizielle Mitarbeiter »Georg Nordmann« kann Verdächtiges über den Rückkehrer aus Hannover melden:

»Meiner Einschätzung nach ist Manfred sehr arrogant und weiß alles besser. Zeitweilig sagt er auch, daß es hier in der DDR noch an vielem mangelt. Die meiste Ware hier in der DDR wäre dritte Wahl oder gar nichts wert.«[14]

Am Tisch lauscht ein weiterer Spitzel mit, wenn Manfred Stiehl mal wieder nicht vorsichtig genug ist.

»Gäbe es die Verlobte nicht, wäre er niemals in die DDR zurückgekehrt«, meldet IM »Traut«. »Aus seinen Gesprächen konnte ich erkennen, daß er im Großen und Ganzen gegen die DDR und die anderen sozialistischen Staaten eingestellt ist ... Wenn er zurückgeschickt werden sollte, macht das ihm gar nichts. In dem Falle würde seine Verlobte sofort einen Antrag auf Ausreise nach der BRD stellen.«[15]

Nicht nur die Spitzel unter den Rückkehrern haben gute Ohren. Die nett aussehende brünette Krankenschwester ist merkwürdigerweise immer in der Nähe des Tisches, wenn Brisantes besprochen wird. Dann senken die Rückkehrer die Stimmen, doch nicht immer bemerken sie rechtzeitig, wenn die schlanke junge Frau im

Schwesternkittel wieder einmal vorbeihuscht. Handschriftlich notiert die Schwester, was sie von Stiehls Worten aufschnappt:

»Wenn die mich wieder in die BRD abschieben, dann werde ich eben meine Braut aus der DDR ausschleusen.«[16]

Das hat Folgen für Manfred Stiehl. Ohne ihm gegenüber die Spitzelberichte zu erwähnen, bohren die Vernehmer immer wieder nach, ob er auch wirklich in der DDR leben wolle. Doch sie kommen nicht weiter, finden keinen Beleg für einen Ausreisewunsch des Paares aus der DDR. Wieder ziehen sich die Vernehmungen wochenlang hin. Manfred Stiehl hat im Heim ein Trimmrad entdeckt. Eine willkommene Ablenkung vom öden Lagerleben zwischen Schlosssaal, Verhörraum und seinem Zimmer. Täglich strampelt er Kilometer um Kilometer auf dem Rad und tritt doch auf der Stelle.

Freigänger

Im Februar 1978 hat die Stasi noch immer »keine operativen Anhaltspunkte« für eine Spionagetätigkeit Stiehls oder für einen Fluchtplan. Auch die Spitzel, die auf die Eltern von Griseldis angesetzt sind, können nichts Verdächtiges melden. Die Volkspolizei in Schönebeck empfiehlt, Stiehl wieder in die DDR zu lassen.[17] Doch obwohl sie ihn fast ein halbes Jahr lang in die Mangel genommen haben, lassen die Behörden Stiehl noch immer nicht zur Verlobten. Er wird in das Bezirksaufnahmeheim Barby (BZH) eingewiesen, in einen kasernenartigen Bau neben dem Schloss. Stiehl soll nicht glauben, dass der Aufenthalt hier nur noch eine Formalität sei: »Es wurde ihm erklärt, daß seine Einweisung in das BZH Barby nicht mit einer Aufnahme in der DDR verbunden sein muß.«[18]

Wieder Ungewissheit. Doch immerhin darf Stiehl dieses Lager tagsüber verlassen, um im Traktorenwerk zu arbeiten. Sie behandeln ihn wie einen Freigänger nach einer langen Haftstrafe. Sein vorläufiger Ausweis gilt nur für den Weg zur Fabrik. Wenn er nach Schönebeck will, braucht er einen Urlaubsschein vom Leiter des Bezirksheims.[19] Sein Bewegungsradius ist auf die Kleinstadt beschränkt, der Ford Capri bleibt konfisziert. Undenkbar, Griseldis zu besuchen.

Manfred Stiehl verhält sich weiter unauffällig, bis ihn das Bezirksheim endlich am 21. März 1978 freigibt. Der Heimleiter schildert der Staatssicherheit den Rückkehrer als einen Bürger, »der den staatlichen Organen der DDR noch Schwierigkeiten bereiten wird. Der Stiehl weiß genau, was er will und er verfolgt beharrlich das gesteckte Ziel. Als er in die DDR zurückkehrte, verhielt er sich anfangs überheblich und anmaßend, erkannte jedoch schnell, daß er sich anders verhalten muß«. Auf so einen sollten sie weiter achtgeben. Die Stasi verlängert die Operative Personenkontrolle und lässt Stiehl und seine Verlobte weiter überwachen. Spitzel in Manfred Stiehls Umgebung, am Arbeitsplatz und im Wohngebiet, werden in Stellung gebracht. Der Kassierer der Volkssolidarität, einer staatlichen Wohlfahrtsorganisation, fragt bei seinen Gängen von Tür zu Tür, was die Nachbarn in Schönebeck von dem Zugezogenen halten. Wieso kommt dieser Mensch wieder in die DDR? Warum lässt unser Staat so einen wieder einreisen? Der Kassierer registriert Unverständnis bei den SED-Genossen in der Nachbarschaft.[20]

Auch die Mutter von Griseldis ist weiterhin unter Beobachtung. Stiehl gefalle es in der DDR, sagt sie eines Tages zu einer Kollegin, die für das MfS spioniert. »Er hat durch die Behörden der DDR eine ordentliche Arbeit bekommen«, zitiert der Spitzel die Schwiegermutter.[21]

Doch der Neubürger ist aufmüpfig. Im Herbst 1978 hat er geheiratet. Seit der Entlassung aus dem Bezirksheim bittet das Paar vergeblich um ein eigenes Dach über dem Kopf, damit beide endlich bei ihren Eltern ausziehen können. Stiehl beschwert sich, dass die Behörden ihm keine Wohnung zuweisen.

»Sie müssen genauso warten wie alle Bürger«, erklärt ihm die Frau von der staatlichen Wohnraumlenkung pampig. Außerdem sei er erst seit November verheiratet.[22]

Der Spitzel von der Volkssolidarität meldet, dass Stiehl Baumaterial sammele. Offenbar plane das Paar, im Dachgeschoss des elterlichen Hauses einzuziehen, wenn es nicht klappe mit der Neubauwohnung in Schönebeck-Süd. Das MfS ist neugierig auf jeden Schritt, den Manfred Stiehl unternimmt. Er hat seine Arbeit im Traktorenwerk aufgegeben und arbeitet wieder als Kraftfahrer für die Bäckerei-Genossenschaft, wie vor seiner Ausreise in den Westen. Das macht ihn verdächtig. Die Überwachung »ist weiterzuführen und zu intensivieren«, befiehlt die Stasi-Leitung ihren Mitarbeitern. Stiehl habe als Kraftfahrer »nicht zu unterschätzende Möglichkeiten für Straftaten«. Der DDR-Geheimdienst hat Sorge, dass Stiehl »staatsfeindliche Verbindungen« aufbauen und Nachrichten für feindliche Dienste sammeln könnte.[23]

Erst im Frühjahr 1980, zwei Jahre nach seiner Entlassung aus dem Heim in Barby, stellt die Stasi die Operative Personenkontrolle ein. Es grenzt an ein Wunder, dass die jungen Eheleute am Überwachungswahn der Staatssicherheit nicht zerbrochen sind.

Bis heute sind Griseldis und Manfred Stiehl ein Paar.

»Du fängst wieder bei uns an!«

Achim Mentzels Ausflug in den Westen

»Achim, noch mal, los!« Der Mann mit der zierlichen Blondine im Arm platzt vor Vergnügen und reicht mit hochrotem Kopf einen Hunderter zur Bühne hoch. Achim Mentzel lässt den Blick über die erwartungsvollen Paare auf der Tanzfläche schweifen. Dann gibt er den Musikern der Band »Café Schmidt« ein Zeichen. Nach den ersten Klängen beginnt Mentzel leise mit dem Refrain, und aus Dutzenden von Kehlen kommt es zurück:

> *»Der Junge mit der Mundharmonika*
> *Singt von dem, was einst geschah*
> *In silbernen Träumen*
> *Von der Barke mit der gläsernen Fracht*
> *Die in sternenklarer Nacht*
> *Deiner Einsamkeit entflieht.«*

Jedes Mal haben die Tanzpaare Tränen in den Augen, wenn sie sich langsam zum neuesten Schlager von Bernd Clüver wiegen. An manchen Abenden lassen sie Achim das Lied fünfmal singen. Dann wird es wieder spät in dem schummerigen Lokal, und am Morgen muss er zur Schicht in die Schweißerei.

»Soll das jetzt das Leben sein?«, fragt er sich oft nach den Auftritten mit der Amateurband. Hier im Saarland ist er als Musiker nicht sonderlich gefragt. Sein Onkel, der Bierausfahrer, hat ihm die Auftritte mit der Tanzcombo vermittelt. Als er eines Tages seine Kisten in das Café in Wellesweiler schleppte, fragte er die Männer, die dort für ihren Auftritt probten, ob sie Achim nicht als Verstärkung für die Band gebrauchen könnten. Sie nahmen den Sänger und Gitarristen, der früher in der DDR Lieder der Rolling Stones spielte und Profimusiker beim Alfons-Wonneberg-Sextett war, tatsächlich in ihre Band auf.[1]

Abgehauen

Ein paar Monate zuvor, im Juni 1973, durfte das Sextett mit Sänger Achim Mentzel nach West-Berlin reisen. In der »Neuen Welt«, einem Tanzlokal in Neukölln, sollen sie bei einem Reichsbahn-Fest auftreten. Die Reichsbahn der DDR betreibt auch in West-Berlin die S-Bahn, und die Reichsbahner, die zu den Klängen der Ost-Band feiern sollen, werden von der DDR bezahlt, auch wenn sie West-Berliner sind. Als die Instrumente und Verstärker auf der Bühne sind und die Stasi-Leute, die die Band im Westen bespitzeln, die »Neue Welt« verlassen haben, um in West-Berlin einzukaufen, ist Mentzel mit dem Schlagzeuger allein im Saal. Der Drummer holt plötzlich eine Mappe mit seinen Zeugnissen und Ausweisen aus der Basstrommel heraus. Er will den Ausflug in den Westen zur Flucht nutzen. Achim Mentzel überlegt fieberhaft. Wann, wenn nicht jetzt? Seine Frau in Ost-Berlin will sich von ihm trennen. Vor zwei Tagen hatten sie einen furchtbaren Streit. Sie droht, dass er die Kinder nicht mehr sehen dürfe.

»Weißt Du, ich habe so viel Ärger«, sagt Mentzel zum Schlagzeuger. »Ich bleibe auch im Westen.«[2] Hier gibt es keine Musikverbote, überlegt Mentzel. Er hat nicht vergessen, wie die DDR-Funktionäre ihm 1965 untersagt hatten, Rockmusik der Stones und der Beatles zu spielen. Seine Band, das Diana Schau Quartett, durfte nicht mehr mit den Songs auftreten, deren Texte sie sich mühsam beim Radiohören angeeignet hatten. Sie hatten die neuesten Lieder wie »The Last Time« und »Satisfaction« phonetisch abgeschrieben: Ei kenn get no sättisfektschen. Das hatten sie gesungen, und in den Sälen Ost-Berlins war der Teufel los.

Nach dem Rockverbot tingelte Achim Mentzel mit Beatbands und Tanzkapellen als Sänger und Gitarrist durch die DDR.

»Im Hinterkopf hatte ich immer: Achim, du bist so gut«, blickt Achim Mentzel heute zurück. »Was die da drüben im Westen singen, das kannst du auch.«

Nach sechs Monaten im Westen sieht der Musiker sein neues Leben nun viel düsterer. Er ist ins Saarland gezogen, wo sein Onkel ihn unterstützen kann. Die Arbeit als Schweißer im Drei-Schicht-Betrieb ist anstrengend und lässt ihm kaum Zeit für die geliebte Musik. Die Profimusiker haben auf die Stimmungskanone aus dem Osten nicht gerade gewartet. Mentzel findet keine Band, die ihm ein Auskommen ermöglicht. In der DDR ging das, da waren die Tanzsäle voll. Seit ein paar Wochen kommen Briefe aus Ost-Berlin. Seine Frau will ihn wiederhaben. Sie hat mit dem Staatsanwalt in Pankow gesprochen. »Was passiert, wenn er zurückkommt?«

»Er soll erst mal kommen«, hat der ihr gesagt. »Es wird nichts so heiß gegessen, wie es gekocht wird.«[3]

Für Achim Mentzel klingt das nicht nach Bestrafung wegen Republikflucht. Es hört sich nicht so an, als wollten sie ihn ins Gefängnis stecken. Doch das Westgeld, das er im Saarland verdient hat, will er nicht bei den DDR-Behörden abliefern. Er kauft Kleidung für die Familie, schickt Pakete in die DDR und erfüllt sich einen Herzenswunsch: eine Fender-E-Gitarre mit Verstärker.

Ankunft im Schloss

Mit schwerem Gepäck kommt Achim Mentzel am 11. November 1973 am Bahnhof Friedrichstraße an. »Was machen Sie denn hier?«, herrscht ihn ein Uniformierter an, die Maschinenpistole vor dem Bauch.

»Ich komme aus dem Westen zurück, ich will mich zurückmelden. Ich bin vor einem halben Jahr abgehauen.« »Dann kommen Sie mal mit.« Der Grenzbeamte spricht in sein Funkgerät: »Zwei Mann, kommen.«

Die Grenzsoldaten schleppen die Koffer und Kisten über den Bahnsteig. Sie verfrachten Mentzel mitsamt dem Gepäck in einen Polizeitransporter. Er ist offenbar festgenommen und wird in die Keibelstraße am Alexanderplatz gebracht. Im Polizeipräsidium führen ihn zwei Polizisten in den Zellentrakt. In der Zelle wird er belehrt: Tagsüber sei das Sitzen auf der Pritsche verboten. Dann schließen sie ihn ein, lassen ihn zwei Nächte lang schmoren. Am Morgen des dritten Tages wird er ohne Erklärungen wieder in einen Barkas-Transporter gesteckt. Die Polizisten schweigen, während der Wagen nach Norden rollt, die Schönhauser Allee entlang. Achim Mentzel schöpft nach Tagen der Verzweiflung Hoffnung, und genau das ist offenbar der Zweck der Aktion. Der Barkas fährt nach Pankow. Dort wohnt Mentzel, in der Hallandstraße. Lassen sie ihn endlich frei? Der Wagen rollt weiter, hinaus aus Berlin, auf die Autobahn. Über den Berliner Ring geht es nach Westen und schließlich in Richtung Magdeburg. Die Polizisten sind einen großen Umweg gefahren, offenbar nur, um ihn zu demütigen.[4]

Nach einigen Stunden erreichen sie das Schloss Barby. Durch das Schlosstor rumpelt der Barkas zur Wache. »Sie befinden sich im Aufnahmeheim des Ministeriums des Innern«, begrüßt ein Offizier den Rückkehrer. Erst einmal durchsucht die Wachmannschaft akribisch Mentzels Gepäck. Der neue Verstärker wird in alle Einzelteile zerlegt und fein säuberlich vor seinen Augen wieder zusammengebaut. Das Futter der Verstärker-Kiste wird herausgetrennt. »Sie müssen doch Geld mitgebracht haben! Sie haben doch Geld dabei!«

Sie befummeln jeden Schlips, den Mentzel im Gepäck hat. Dort könnten Geldscheine oder Kassiber feindlicher Geheimdienste versteckt sein.

Achim Mentzel wird in ein hohes Zimmer geführt. Drei Eisenbetten wie bei der Armee, drei schmale Holzschränke, ein Tisch mit drei Stühlen. Hier muss er die nächsten Tage oder Wochen mit zwei Mitbewohnern leben. Der eine ist Rentner und kehrt enttäuscht aus dem Westen zurück. Seine Kinder hätten ihn in Westdeutschland aufgenommen, die Rente kassiert und ihm ein kleines Zimmer in ihrem Haus zugewiesen. Er fühlte sich wie entmündigt. Sie schlossen Zimmer ab, die er nicht betreten sollte, und schimpften, wenn er ohne Erlaubnis eine Tasse aus dem Schrank nehmen wollte. Da sei der Staat hinter der Mauer das kleinere Übel, hier habe er wenigstens Freunde, klagt der Mann verbittert. Der zweite Zimmergenosse spricht nicht viel. Er ist aus dem Westen und will seine Freundin in der DDR heiraten.

Zum Frühstück versammelt sich eine kleine Gruppe von 20 Rückkehrern und »Zuziehern« im zugigen Ballsaal des Schlosses. Es sind vor allem Rentnerinnen, die aus dem Westen zurückgekehrt sind, weil das Heimweh stärker war als der Drang nach Freiheit. Mentzel merkt rasch, dass kaum jemand bei den Gesprächen am Tisch mehr von sich preisgibt, als unbedingt nötig. Die Angst, von den DDR-Behörden zurückgeschickt zu werden, lässt viele verstummen oder in Allgemeinplätze flüchten. Sie reden über das Essen, das Wetter, so gut wie nie über ihre Geschichten. Jeder am Tisch könnte ein Spitzel sein. Und so sitzt die merkwürdige Gemeinschaft unter der prächtig bemalten Stuckdecke, von der die Farbe großflächig abgeblättert ist, und lauscht meist schweigend dem Radiogedudel, das aus dem Lautsprecher kommt.

Zum Glück gibt es das Regal mit den »Blaulicht«-Krimis. Achim Mentzel verschlingt die dünnen Bände, um die Zeit totzuschlagen. Als der Heimleiter eines Tages nach dem Frühstück fragt, ob einer der Rückkehrer sich als Hilfsheizer betätigen wolle, reißt Mentzel den Arm hoch. Lieber allein im Heizhaus als mit den anderen in diesem Wartesaal der DDR herumzulungern.

Das Heizhaus ist etwa 150 Meter vom Schloss entfernt. Achim Mentzel darf seine Gitarre mitnehmen und übt die Lieder ein, die er im Radio aufschnappt. Er muss alle paar Stunden eine Lore mit Kohlen über den Heizrost rollen und ins Feuer entleeren. Durch das Schloss pfeift der Wind, und sie brauchen Unmengen Kohle, um die großen Räume einigermaßen warm zu bekommen. Er hat Zeit für seine Musik und entgeht so für Stunden der Schwermut, die bleiern über dem Aufenthaltsraum liegt, in dem die anderen ihre Zeit totschlagen.

»Mentzel zum Verhör!«, schnarrt der Lautsprecher. Fast täglich, so erinnert sich der Musiker, muss er damals ins Vernehmerzimmer. Jedes Mal wird ein Themenkomplex nach einem Fragebogen akribisch abgearbeitet, der dann Tage später erneut zur Sprache kommt. Die Vernehmer wollen offensichtlich herausfinden, ob die Rückkehrer sich in Widersprüche verwickeln, ob ihre Geschichten wahr oder nur ausgedacht sind. Wieder und wieder muss Mentzel seine Auftritte mit der Band »Café Schmidt« im Saarland beschreiben. Er verheddert sich, verwechselt die Vornamen zweier Bandmitglieder.

Der Vernehmer hebt die Stimme: »Sie haben uns belogen!« Mentzel zuckt zusammen. »Sie waren im Westen auf der Agentenschule! Sie haben Ihre Legende nicht richtig gelernt!«

Woher wollen die Stasi-Männer die Vornamen von Amateurmusikern im Westen so genau kennen? Sie müssen Leute im Saarland haben, die seine Angaben überprüfen. Mentzel stammelt, sagt dann die richtigen Vornamen. Der Vernehmer atmet durch. Fast hatte er Mentzel als Agenten imperialistischer Geheimdienste enttarnt, der zu Sabotagezwecken in die DDR eingeschleust werden soll. Wachsamkeit ist gefordert.

Durch das Fenster kann der Rückkehrer beobachten, wie sich mehrere Stasi-Männer am Wohnwagen eines Holländers zu schaffen machen, der mit seinem Mercedes und dem Anhänger in die DDR übersiedeln will. Die Männer schrauben Außen- und Innenwände auseinander, bis nur noch das Gerippe des Wohnwagens steht. Einer der Männer zerrt ein Paket aus dem Zwischenraum zwischen Außen- und Innenraum und zeigt es aufgeregt seinen Kollegen. Stunden später rollt der Holländer mit dem wieder zusammengebauten Gespann und einer Eskorte davon.

»Sie haben irgendetwas gefunden«, geht das Gerücht im Schloss. Der Holländer wird offenbar Richtung Westen abgeschoben. Keiner der Rückkehrer kann sicher sein, dass ihm das nicht auch passiert, wenn er den kleinsten Fehler macht.

Sechs Wochen sind seit Mentzels Rückkehr vergangen. Die Verhöre sind seltener geworden. Die halbe Bibliothek hat Mentzel ausgelesen. Krimis wie »Lebend oder tot« oder »Die Falle« haben ihm die Zeit, die er nicht im Heizhaus verbringen konnte, erträglich gemacht. Noch immer weiß er nicht, wann er hier herauskommt.

Es ist Weihnachten. Ein kleines dürres Tannenbäumchen ist der einzige Schmuck im Saal. Der große schlanke Mann, der jetzt vor die Lagerinsassen tritt, ist der Heimleiter. Auf dem Tisch steht Dresdner Stollen, und der Heimleiter beginnt eine Rede: »Einige von Ihnen wollen zurück in die Heimat, andere wollen in der DDR, im Sozialismus, leben. Sie alle haben sich für einen besseren Weg im Leben entschieden.«[5]

Das neue Jahr beginnt, und noch immer sitzt Achim Mentzel in Barby fest. Zu Silvester hält der Heimleiter wieder eine kurze Ansprache und spendiert zur Feier des Tages Brause und Selters. Alkohol ist im Aufnahmeheim streng verboten. Als im Januar plötzlich Achims Bandleiter Alfons Wonneberg und der Sänger Lutz Jahoda vor ihm im Aufenthaltsraum stehen, weiß Mentzel, dass nun alles gut wird. Jahoda ist eine Berühmtheit in der DDR. Er moderiert die Fernsehsendung »Mit Lutz und Liebe«.

»Achim, du fängst wieder bei uns an«, strahlt Wonneberg. Hat die DDR Mentzel die Flucht verziehen? Er kann wieder Musik machen. Nicht mit Amateuren wie im Westen, sondern mit Profis, die auf großen Bühnen und im Fernsehen auftreten.

Doch die Staatssicherheit lässt ihn nicht sofort frei. Nach neun Wochen in Barby muss Achim Mentzel sich in einer flachen Baracke in der Rennbahnstraße in Berlin-Weißensee melden. Der Sachbearbeiter erklärt ihm, dass er die nächsten Nächte im Bezirksheim verbringen müsse. Tagsüber darf er raus, zu Frau und Kindern.

Um 22 Uhr hat er sich im Heim zu melden. Die Behörden testen seine Zuverlässigkeit. Erst nach zwei Wochen darf er eine Nacht zu Hause verbringen, dann muss er erneut ins Heim. Schließlich bekommt Achim Mentzel den Entlassungsschein und darf wieder in seine Pankower Wohnung ziehen.

Die Anklage

Es ist fast alles wie früher: Achim ist bei seiner Familie, und er kann mit der Band auf Tour gehen. Doch Bandleader Wonneberg lässt den Rückkehrer spüren, dass er ihm gefälligst dankbar sein soll für die Wiederaufnahme in das Sextett. Achim, ich will ein Bier, Achim, hol mir mal eine Bockwurst. Herumschubsen lässt Mentzel sich nicht gern. Er verlässt gemeinsam mit Nina Hagen das Alfons-Wonneberg-Sextett. Beide schließen sich der Spaßkapelle »Fritzens Dampferband« an und singen alberne Stimmungslieder mit Titeln wie »Hatschi Waldera«.

Dann liegt plötzlich ein Brief vom Amtsgericht Pankow im Briefkasten. Achim Mentzel wird der Republikflucht angeklagt. Die Verhandlung ist kurz und gespenstisch: Nur Mentzel, der Staatsanwalt, der Richter und der Leiter des Rückkehrerheims in Pankow sind im Verhandlungssaal. Das Urteil ist schnell gesprochen: zehn Monate Gefängnis, aber auf Bewährung für zwei Jahre. Eine Drohung, die ihm Bewegungsfreiheit lässt, aber dafür sorgt, dass er nicht mehr aufbegehrt.

Achim Mentzel hatte bisher geglaubt, dass die DDR-Behörden über jeden froh sind, der freiwillig wieder hinter die Mauer zurückkehrt. Er hatte gehofft, dass sie ihm wie so vielen Musikern als Dank für seine Treue zur DDR einen Reisepass geben würden, damit er mit der Band auch ins Ausland auf Tournee gehen kann.

Doch jetzt merkt er, dass der Staat nachtragend ist. Wer den Sozialismus verraten hat, muss bestraft werden. Achim Mentzel darf fast ein Jahrzehnt nicht reisen, nicht einmal in die sozialistischen Bruderländer, in denen seine Band auftritt.

Erst 1983 erlaubt die DDR ihm eine 14-tägige Tourneereise in die ČSSR. Der Sänger Dean Reed, der »rote Elvis«, will ihn als zweite Stimme dabeihaben. Der Amerikaner Reed, der freiwillig in der DDR lebt und ein romantischer Anhänger des Sozialismus ist, genießt einen Sonderstatus in Ostdeutschland. Reed verbürgt sich bei den Behörden für Achim Mentzel, und der darf mit nach Prag.[6]

Der Westen bleibt für Mentzel tabu. Erst als seine Mutter, die als Rentnerin nach West-Berlin gezogen ist, an Krebs erkrankt, lässt die DDR ihn ein einziges Mal wieder nach drüben fahren. In der DDR kann Mentzel Karriere machen. 1979 beginnt er nach der Zeit mit »Fritzens Dampferband« eine Solokarriere. Er tingelt durch Ostdeutschland und bringt seine erste Langspielplatte »Stimmung, Jux und Mentzel« heraus. 1988 ist er auf dem Höhepunkt seiner DDR-Laufbahn als Stimmungssänger: Er moderiert eine Folge der Fernsehshow »Ein Kessel Buntes« und kommt so gut an, dass das Fernsehen ihm eine eigene Sendung gibt. »Achims Hitparade« übersteht sogar die Wende. Im MDR-Fernsehen wird weiter geschunkelt mit Achim Mentzel, dem Mann, dem die DDR-Funktionäre einst die Songs der Rolling Stones austreiben wollten.

Grenzgängerinnen

Mutter und Tochter wird die Einreise verweigert

Ganz langsam nähert sie sich auf Zehenspitzen dem Wohnzimmerfenster. Sabine hört ihr Herz schlagen, bleibt immer wieder stehen, wenn ihr Tritt die Dielen knarren lässt.

»Ihr dürft nicht ans Fenster gehen!«, hat die Tante ihr eingeschärft. Annemarie, ihre Mutter, steht seitlich neben der Gardine und späht immer wieder mit ernstem Blick durch den Stoff nach draußen. Wie ein Detektiv, der bei einer Observation nicht bemerkt werden will, weicht sie hinter die seitliche Übergardine zurück, wenn sie einen kurzen Blick riskiert hat. Die Sommersonne lässt die Gardine leuchten. Das zieht die elfjährige Sabine magisch an. Annemarie nickt ihr aufmunternd zu. Das Mädchen hält kurz die Luft an und trippelt durch das Zimmer neben die Mutter. Sie darf den Gardinenstoff nicht berühren, die Bewegung könnte draußen bemerkt werden. Ganz langsam streckt sie den Kopf hinter der Übergardine vor und kneift die Augen zusammen, um schärfer sehen zu können.

Vor drei Wochen, Anfang Juli 1980, platzte Annemarie der Kragen. Da war sie in Zittau auf dem Polizeirevier und bat um die Genehmigung für eine Reise nach Kassel zur Beerdigung ihrer Mutter. Sie dürfe nicht in den Westen, erklärte ihr ein Uniformierter wieder einmal.

»Sie brachte zum Ausdruck«, notierte der wachhabende Hauptmann, »daß diese Entscheidung ein unmenschlicher Akt sei, daß mit so einer Entscheidung sich die DDR keine Freunde wirbt und das Vertrauen zu den staatlichen Organen nicht gefördert wird«.[1]

Schon als Annemaries Mutter an Krebs erkrankt war, hatten sich die Dienststellen nicht erweichen lassen. Als die Mutter dann im Sterben lag, zeigten die Volkspolizisten ebenfalls keine menschliche Regung und verweigerten ihr die Reise. Jetzt hatte sich ihre

Chefin im Kindergarten für Annemaries Rückkehr von der Beerdigung verbürgt. Aber auch das half nichts.

»Sie kriegen auch noch Ihre Strafe!«, rief Annemarie im Gehen und knallte die Tür der Wache zu. Dann ging sie nach Hause und stellte wieder einen Ausreiseantrag.

Sabine atmet ganz flach, damit die Gardine vor ihrem Mund sich nicht bewegt. Der Grenzstreifen sieht wie eine Wüste aus. Hinter einem Zaun erkennt sie eine Mauer. Dann folgt ein breiter Streifen kahler Boden, den der geteerte Kolonnenweg begrenzt. Als sich ein Motorradgespann mit zwei Grenzsoldaten nähert, zieht die Mutter sie behutsam an der Schulter zurück. Sie warten atemlos, bis das Knattern verklungen ist. Dann beugen sie sich wieder vorsichtig vor. Nachts seien oft Schüsse zu hören, hatte die Tante berichtet. Und immer wieder Hundegebell. Im Todesstreifen patrouillieren Wachhunde, die bei jedem Flüchtling anschlagen.

Jenseits des Kolonnenweges ist ein breiter heller Erdstreifen zu erkennen. Wer da durch will, wird bestimmt gefangen oder erschossen, denkt Sabine. Und wie soll jemand die hohe weiße Mauer überwinden, die hinter dem Todesstreifen steht? Da drüben, da ist Neukölln, Westberlin. Die Laubenpieperhäuschen sind viel bunter als in der grauen DDR. Da wollen sie hin, hat ihr die Mutter erklärt.

Der Besuch bei der Tante kommt Sabine wie das Eindringen in eine verbotene Zone vor. Nur mit einem Passierschein dürfen sich Mutter und Tochter dem Heidekampweg in Berlin-Treptow nähern. Die Cousine der Mutter wohnt dicht an der Mauer, mit Blick auf die Grenze, deren Ausmaße sich DDR-Bürger kaum vorstellen können, die nicht im Grenzgebiet wohnen. In einem Staat, der seine Bürger einmauert, möchte die Mutter nicht mehr leben. Doch ihren Ausreiseantrag will die SED-Führung im sächsischen Zittau, wo sie leben, nicht bearbeiten. »Wir können gar nichts entscheiden«, jammert der Sachbearbeiter vom Rat des Kreises jedes Mal, wenn Annemarie bei ihm vorspricht: »Für Sie sind die Dienststellen in Berlin zuständig.«

Also Berlin! Jetzt will Annemarie es wissen. Sie schiebt Sabine durch die Wohnungstür und läuft zum S-Bahnhof Baumschulenweg. Die Kindergärtnerin aus Zittau und ihre Tochter steigen am Alexanderplatz aus der Bahn und marschieren entschlossen auf das Staatsratsgebäude zu. Dort hinter der Fassade des alten Stadtschlosses herrscht Staats- und Parteichef Erich Honecker. Sie muss mit dem Kind im Foyer warten, bis eine Frau in einem grauen Kostüm kommt. Nein, die Mitarbeiter könnten hier gar nichts machen, für Annemaries Ausreiseantrag sei der Rat des Kreises Zittau zuständig, wimmelt die Frau sie ab.

Annemarie ist empört: »So lügt einer nach dem anderen«, ruft sie in die Halle hinein, dass es durch das Treppenhaus hallt. Sie erschrickt über ihren Mut, der Macht so nahe gekommen zu sein, und geht mit Sabine hastig zum Ausgang. Niemand hält sie auf.

Im Dezember 1955 war Annemarie Kretschmer ihrem Verlobten in die DDR gefolgt. Der Schwiegervater konnte als Handwerker in Kassel nicht Fuß fassen und baute sich in Sachsen erfolgreich einen Maler- und Maurerbetrieb auf. Annemarie heiratete und bekam einen Sohn. Sie hielt den Kontakt zu ihren Eltern im Westen aufrecht. Ende Juli 1961 gebar sie eine Tochter. Die Familie in Kassel drängte die junge Mutter: »Packt die Koffer zusammen, da braut sich was zusammen!« Doch wie sollte Annemarie mit einem Neugeborenen flüchten? Am 13. August stand die Mauer, die sie von der Familie im Westen endgültig abschnitt. Nach der Geburt von Sabine, dem dritten Kind, und nach der Scheidung 1970 reifte in ihr der Wunsch, zu den Eltern nach Kassel zurückzukehren. Doch alle Versuche, bei den Behörden die Ausreise in den Westen genehmigt zu bekommen, scheiterten.

Sabine läuft in Ost-Berlin hinter der Mutter her, folgt ihr die Friedrichstraße hoch. Am Beginn der Chausseestraße werden Annemaries Schritte langsamer. Die beiden schleichen fast, nähern sich einer großen Ansammlung von Polizisten, die alle die Kreuzung von Chausseestraße und Hannoverscher Straße zu beobachten scheinen. Wenn Passanten sich nähern, folgen ihnen die Blicke der Uniformierten.

»Ihren Ausweis!«, schnarrt ein Volkspolizist, der plötzlich vor ihnen aufgetaucht ist und nun die Hand militärisch an die Mütze legt. Annemarie gibt ihm das Dokument. Werden sie jetzt verhaftet?

Der Polizist blickt lange in den Ausweis der Frau, die wie angewurzelt vor ihm steht. »Wie heißen Sie?«

»Annemarie Kretschmer.«

»Wo wohnen Sie?«

Sie nennt Adresse und Postleitzahl.

Name der Tochter? Geburtsdatum? Geburtsort?

Ein sinnloses Frage- und Antwortspiel, als wolle der Mann im blassgrünen Uniformhemd die Mutter überführen, einen falschen Ausweis zu besitzen. Er gibt schließlich die Papiere zurück, salutiert wortlos. Sabine sieht die schwarzrotgoldene Fahne vor dem weißen Haus an der Ecke zur Hannoverschen Straße. Hammer und Zirkel fehlen. Das also ist die Ständige Vertretung der Bundesrepublik Deutschland, von der die Mutter gesprochen hat. Kurz harren sie unschlüssig an der Ecke aus. Sabine fasst Annemaries Hand, wie früher, als sie klein war. Der Polizist, der sie kontrolliert hat, entfernt sich langsam und spricht in sein Funkgerät. Dutzende Polizisten starren sie vom gegenüberliegenden Bordstein an. Dann zieht die Mutter Sabine mit einem Ruck nach links. Drei Treppenstufen hoch, und sie sind drin in der Botschaft.

»Sehen Sie«, sagt der blonde Mann in dem gut sitzenden Anzug und weist auf zwei Papierstapel links und rechts neben sich auf dem Schreibtisch. »Das ist allein heute hereingekommen. Lauter Anträge von Ausreisewilligen.«

Der Beamte schüttelt bedauernd den Kopf: »Von uns bekommen Sie keinen Bescheid. Sie müssen warten, bis der Rat des Bezirkes sich meldet.« Enttäuscht ziehen die beiden wieder ab.

Die Reise nach Berlin hat nichts gebracht. Im Kindergarten in Seifhennersdorf bei Zittau, in dem Annemarie arbeitet, tauchen ein paar Tage später zwei Männer von der Staatssicherheit auf. Sie solle doch an die Kinder denken, beginnt ein Anzugträger das Gespräch: »Brauchen Sie neue Gardinen, Teppiche, eine Couch?«

»Ich will weiter nichts als ausreisen.«

Die Männer erheben sich und schicken sie zurück in ihre Kindergartengruppe.

Wieder läuft sie zum Rat des Bezirkes. »Sie brauchen nicht mehr zu kommen«, sagt ihr rundlicher Sachbearbeiter, dem sie seit Jahren auf die Nerven geht. »Sie bekommen noch in diesem Jahr die Ausreise.«

Jahrelang haben sie Annemarie hingehalten. Seit 1975 versucht sie, die Ausreisegenehmigung zu erhalten. Die Staatssicherheit überwacht sie mit Hilfe von mehreren Spitzeln in ihrer unmittelbaren Umgebung und versucht, sie vom Übersiedlungswunsch abzubringen.[2] Einmal hatte sie den Antrag wieder zurückgezogen. Der Bürgermeister von Seifhennersdorf hatte ihr versprochen, sie könne jederzeit zu den Eltern in den Westen reisen, wenn sie nicht mehr auf der Ausreise bestehe. Eine glatte Lüge: Als der Vater 1977 einen Herzinfarkt erleidet, darf sie nicht zu ihm. Der Abschnittsbevollmächtigte der Volkspolizei verweigert ihr die Fahrt nach Kassel, »da nicht garantiert werden kann, daß die K. auf diesem Wege dann nicht die DDR für immer verlässt«.[3] Das MfS lehnt die Fahrt zum sterbenskranken Vater ab, weil das Attest des Stadtkrankenhauses Kassel angeblich nicht amtsärztlich bestätigt sei. Die DDR-Behörden lassen Annemarie spüren, dass sie ihrer Willkür ausgeliefert ist, dass die Zusagen der SED-Funktionäre wertlos sind.

Jetzt ist die Ausreise plötzlich zum Greifen nahe. Ob sie vor oder nach Weihnachten 1980 in den Westen wolle, wurde sie beim letzten Termin gefragt, als ob das Verlassen der DDR auf einmal das Normalste der Welt wäre. Als ob es die ständigen nutzlosen Bittgänge zum Rat des Bezirkes nie gegeben hätte. Annemarie kann kaum glauben, dass sie jetzt sogar wählen kann. Sie möchte Weihnachten mit den Kindern in Zittau verbringen und nach den Feiertagen in den Westen. Doch jetzt wollen die beiden Großen nicht mehr mit. Der Sohn ist in der Armee, hat geheiratet, und seine Frau hat ein Kind bekommen. Und die ältere Tochter hat gerade einen jungen Mann kennengelernt, der ihr Lebenspartner werden soll.

Am 30. Dezember 1980 sitzen Sabine und ihre Mutter mit einem mulmigen Gefühl im Zug nach Kassel. Sabines Bruder ist bei der NVA, bei Soldaten ist Westverwandtschaft nicht gern gesehen. Ob sie ihn jemals wieder besuchen können?

Der Zug hält im vergitterten Grenzbahnhof Gerstungen. Vor dem Fenster sehen sie Soldaten mit Schäferhunden, die jeden Waggon abschreiten, nach Flüchtlingen absuchen. Über sich hören sie plötzlich Schritte. Die Grenzer gehen mit schweren Stiefeln über die Dächer der Waggons. Wie paranoid muss dieser Staat sein? Dann durchkämmen die Greifer von der Passkontrolleinheit die Abteile, prüfen akribisch die Pässe der Reisenden.

Als es endlich weitergeht und der Interzonenzug die Grenzanlagen passiert, stellt sich bei Annemarie dennoch keine Erleichterung ein. »Schon in Bebra wollte ich zurück«, sagt sie rückblickend. Die Sehnsucht nach den zurückgebliebenen Kindern ist größer als die Angst vor dem Mauerstaat.

In Kassel angekommen, ziehen sie bei Annemaries Vater ein. Der Witwer hat mittlerweile einen zweiten Herzinfarkt hinter sich. Eine Bekannte pflegt ihn, ist ständig da. Für Annemarie und Sabine ist kaum genug Platz im Haus.

Annemarie kommt im Westen nicht gut zurecht. Mit 43 Jahren will kein Kindergarten sie mehr anstellen. Sie möchte eine Umschulung machen. Das Arbeitsamt lehnt das ab: zu alt für einen Neuanfang. Man lässt sie lieber vom Arbeitslosengeld leben. Sabine ist erstaunt, wie leicht ihr die Schule fällt. Die Mitschüler in Kassel sind mindestens ein halbes Jahr zurück. Nur in Englisch muss sie aufholen. Doch sie ist die Neue und findet kaum Anschluß. Niemand interessiert sich in Kassel für das komische Land, aus dem sie kommt. Sie vermisst ihre Handballmannschaft. Eine eingeschworene Gemeinschaft, in der sie beliebt war. Sabine ist fast erleichtert, als die Mutter ihr nach wenigen Wochen gesteht, dass sie großes Heimweh habe. Sie hat sich schon beim Rat in Zittau erkundigt. Kein Problem, hat der Sachbearbeiter gesagt, sie müssten sich nur in den Zug setzen und zurückkehren. Sabine zählt die Tage, bis es endlich losgeht.

Sie kommen nicht bis nach Zittau. Schon nach wenigen Minuten Fahrtzeit, am Grenzbahnhof Gerstungen, ist Schluss: »Aussteigen, Sie haben keine gültigen Reisedokumente!«, schnauzt der DDR-Grenzsoldat. Der Uniformierte führt sie aus dem Zug zu einer Tür am Grenzkontrollgebäude. Sie müssen die Treppe hinuntersteigen. Der Grenzer führt sie durch ein Labyrinth von Gängen, bis sie, schwerbepackt mit ihren Koffern, wieder eine Treppe hinauf müssen. Hinter der Tür öffnet sich der Blick in das alte Bahnhofsgebäude. Sie müssen im verlassenen Warteraum Platz nehmen. Durch das Fenster können sie die Grenzanlagen sehen: ein grauer Wachturm, von dem aus zwei Grenzer mit Ferngläsern die Umgebung beobachten, davor mehrere Zäune und verschlossene Gittertore.

»Warten Sie hier«, befiehlt der Offizier und schließt die Tür.

Die Grenzer lassen Mutter und Tochter stundenlang schmoren. Zum Glück haben sie ihren Reiseproviant dabei. Die Stunden vergehen nur zäh, als krieche die Zeit in diesem toten Bahnhof langsamer voran als dort draußen. Ab und zu fahren die Interzonenzüge hinter den Zäunen vorbei, von Ost nach West und zurück. Acht Stunden harren sie aus. Endlich öffnet der Grenzer die Tür: »Kommen Sie mit.«

Sie müssen ihr Gepäck in den Kofferraum eines Lada packen und im Fonds einsteigen. Vorne sitzen zwei Männer in Zivil, die sich kurz umdrehen, die Zugestiegenen grußlos anblicken. »Wir bringen Sie zur Überprüfung nach Röntgental«, sagt der Beifahrer und wendet sich rasch wieder ab.

Röntgental? Annemarie wagt nicht nachzufragen. Es wird schon dunkel, als der Lada durch Eisenach fährt. Die Stadt liegt wie im Dämmerschlaf, funzelig vom gelben Licht der wenigen Straßenlaternen beleuchtet. Schweigend geht es auf die Autobahn nach Berlin. Die Männer fordern sie an einer Raststätte auf auszusteigen. Ob sie ein Getränk wollen? Während die Stasi-Männer ihre Buletten verzehren, nippen Annemarie und Sabine an je einer heißen Zitrone. An den Tischen um sie herum scheinen die Reisenden nicht zu merken, welch merkwürdige Versammlung sich hier eingefunden hat. Die beiden Männer essen und plaudern belangloses Zeug, während Mutter und Tochter stumm und steif auf ihren Stühlen sitzen, als wären sie festgeschnallt.

Es ist fast Mitternacht, als der Lada die Wache in Röntgental passiert und vor einem alten eingezäunten Haus parkt. Eine Frau führt die völlig übermüdete Sabine weg, in eine weit entfernte Baracke, in der das Mädchen ein Zimmer mit frisch gemachten Betten bezieht. Sabine hat nicht einmal ein Nachthemd dabei, muss in Unterwäsche ins Bett kriechen. Die Mutter komme gleich nach, sagt die Frau mit beruhigender Stimme und löscht das Licht. Es ist totenstill in dem Flachbau, der wie Sabines Schule nach Desinfektionsmittel riecht. Draußen bellen Hunde. Wir sind die einzigen Bekloppten, die zurückwollen, denkt die Elfjährige und zieht die Decke hoch.

Im Isolationshaus sitzt Annemarie unterdessen einem schlanken großen Mann im grauen Anzug gegenüber, der ihr immer wieder die gleichen Fragen stellt, bis sie vor Müdigkeit fast vom Stuhl fällt. Warum sie in den Westen ausreisen wollte und nun plötzlich zurück in die DDR will? Der Vernehmer sucht offenbar nach Widersprüchen in ihren Antworten. Sie habe doch so hartnäckig um die Ausreise gekämpft. Und auf einmal ist die DDR doch erträglicher als der Westen? Der Vernehmer lehnt sich mit einem höhnischen Lächeln zurück. Erst tief in der Nacht lässt er Annemarie zu ihrer Tochter.

Die Musik weckt beide nach viel zu kurzem Schlaf. Über der Tür hängt ein altmodischer runder Lautsprecher. Als sie die Tür öffnen, erblicken sie ein reges Treiben auf dem Flur. Hier sind ja doch noch andere! Ein gutes Dutzend Rückkehrer wie sie, die jetzt alle in das zweistöckige Haus strömen, in dem sich der Speiseraum befindet. Annemarie hat kaum Zeit, sich mit den anderen bekannt zu machen. Sie muss sich nach dem Frühstück in einem Zimmer im Gang gegenüber dem Speisesaal melden. Sie klopft, tritt nach Aufforderung durch eine Männerstimme ein. Ihr Vernehmer sitzt an einem hellbraunen Schreibtisch und blickt sie spöttisch an. Der Mann ist knapp 40, hat kurz geschnittene dunkle Haare, die glatt gescheitelt sind.

»Sie wissen wohl nicht, was Sie wollen«, beginnt er das Gespräch und verzieht den Mund zu einem säuerlichen Lächeln. Er spannt einen Bogen mit Durchschlagpapier ein und stellt Fragen. Wenn sie antwortet, unterbricht er sie nach ein paar Sätzen und tippt das Gesagte in die Maschine. »Warum wollten Sie erst in den Westen und jetzt auf einmal zurück? Welche Mitarbeiter westlicher Geheimdienste haben Sie kontaktiert?«

Immer wieder bekommt Annemarie Kretschmer in den nächsten Tagen dieselben Fragen zu hören. Und immer wieder zynische Kommentare zu ihren Antworten: »Sie sind also nicht davor zurückgeschreckt, Ihre Kinder mit in die Ungewissheit der BRD zu nehmen.«[4]

Der Vernehmer misstraut Annemarie, glaubt nicht, dass sie wirklich wieder in der DDR leben will. Er schreibt einen Bericht für die Staatssicherheit:

»In ihren Eingaben zur Ausreise in die BRD berief sich die Antragstellerin auf die Schlußakte von Helsinki. Ihr Motiv zur Rückkehr in die DDR steht demzufolge im krassen Widerspruch zu ihren unternommenen Aktivitäten, welche sie zur Ausreise in die BRD unternahm.«[5]

Einmal wirft ihr der Stasi-Offizier vor, sie habe Kontakt zum WDR-Journalisten Friedrich Nowottny aufgenommen. Sie kennt den Mann nicht, schüttelt den Kopf. Der Vernehmer insistiert immer wieder, als hätte er sie bei einer dicken Lüge erwischt.

Sabine sitzt stundenlang vor ihrer Unterkunft, der Baracke Nummer 6, in der Sonne und zeichnet. In einer der Baracken ist ein kleiner Laden, dort kauft sie sich Zeichenblöcke bei einer Verkäuferin, die sich Frau Sommer nennt. Sabine zeichnet Pferde, Ponys, alles aus der Erinnerung. Sie radiert, übt die Konturen und Schatten, bis sie zufrieden ist. In ihrer Baracke wohnt ein Mann, der ihr das Schachspielen beibringt. Am Schachbrett schlagen die beiden die Stunden tot, bis die Mutter wieder vom Verhör zurückkehrt. Manchmal, wenn die Mutter beim Vernehmer ist, ist niemand da, der sich um Sabine kümmert. Dann sitzt sie auf ihrem Bett im Zimmer und singt.

»Du singst aber schön!«, ertönt plötzlich eine Frauenstimme aus dem Lautsprecher über der Tür. Sabine verstummt. Von diesem Moment an wird sie nie wieder in Röntgental singen. Auch über Sabine schreiben die Stasi-Mitarbeiter Berichte: »Das Auftreten der Tochter ist höflich gegenüber allen Erwachsenen.«[6]

Es ist Sommer, und die Mutter pflegt in den freien Stunden die Blumenbeete neben der Baracke. Der Rasen ist ihre Liegewiese. Fast wie in einem Ferienlager sitzen die Rückkehrer auf Liegestühlen oder liegen auf Decken und bräunen sich. Es sind nur Erwachsene im Lager, nicht ein einziges Mädchen, mit dem Sabine spielen könnte. Ein armseliges Klettergerüst ist das einzige Spielzeug, das das Lager zu bieten hat. Es ist oft von den Erwachsenen besetzt. Sie klettern hoch und versuchen, über den Zaun nach draußen zu blicken. Doch es ist nichts zu erkennen, das pilzförmige Klettergerüst ist nicht hoch genug. Ab und zu hören sie einen Trabant auf der Straße hinter dem Zaun vorüberknattern. In der Ferne rumpelt die S-Bahn Richtung Bernau. Sonst ist es still rund um das Aufnahmeheim.

Sabine und Annemarie dürfen sich dem Haus, in dem die erste Vernehmung stattfand, nicht mehr nähern. Die »Quarantäne« liegt wie ein Dornröschenschloss hinter einem Zaun. Ihr Auslauf sind ein paar Schritte rund um die drei Baracken bis zum Haus, in dem sich die Verhörzimmer und der Speisesaal befinden. Niemand wagt es, die unsichtbaren Linien auf dem Gelände zu überschreiten. Sabine hat der Mutter von der Stimme aus dem Lautsprecher berichtet. Jetzt knien sie auf dem Boden, blicken unter die Betten, steigen auf Stühle und tasten die Wände ab. Sie kriechen unter den Tisch, rücken den Schrank von der Wand ab. Auch in den Lampen entdecken sie keine Mikrofone. Die Macht, die sie im Bann hält, bleibt unsichtbar.

Abends werden in der vorderen Baracke Filme gezeigt. Propaganda über die Errungenschaften des Sozialismus. Sabine langweilt sich zu Tode, lehnt sich an die Mutter, die stumm auf die Leinwand blickt und ebenfalls wartet, bis die Pflichtveranstaltung zu Ende ist. Alles im Heim ist genau geregelt. Die Mahlzeiten finden immer zur gleichen Zeit statt. Samstagnachmittags Punkt 15.30 Uhr gibt es Kaffee und Kuchen, und abends darf zu festen Zeiten ferngesehen werden – natürlich nur DDR-Sendungen.

So geht es über Wochen, bis Sabine und ihre Mutter eines Tages um 8 Uhr morgens vom Frühstück zurückkehren und auf der Treppe einem Mann begegnen, den Sabine noch nie gesehen hat, der die Mutter aber zu kennen scheint. »Schönen guten Morgen!«, schnarrt der dunkelhaarige große Aktentaschenträger in einem Ton, der Sabine gar nicht freundlich vorkommt.

Die Mutter erwidert den Gruß mit einem knappen Nicken und will vorbeigehen, da bleibt der Mann stehen und ruft ihr nach: »Annemarie, packen Sie ihre Sachen zusammen.«

Er verzieht den Mund wie jemand, der sich das Lachen verbeißt, und verschwindet in seinem Büro, dem Vernehmerzimmer.

Endlich ist es soweit! Sechs Wochen haben sie die Mutter durch die Mangel gedreht. Jetzt stürzen die beiden in die Baracke und stopfen ihre Sachen hastig in die Koffer. Sie müssen sich in einem kleinen Raum im Erdgeschoss des Vernehmungsgebäudes melden. Eine Mitarbeiterin der »Kulturabteilung« öffnet die Tür und bittet sie hinein. Die Frau verschwindet, und der Vernehmer betritt den Raum. Er blickt Annemarie und Sabine kurz und prüfend an. Sabine glaubt, Verachtung in seinem Blick zu spüren. »Sie können die Staatsbürgerschaft der DDR nicht wiedererlangen«, sagt der Mann.

Sabine versteht kein Wort, blickt die Mutter fragend an. Die steht vor dem Vernehmer und zeigt ein regloses ernstes Gesicht. »Es geht zurück in die andere Richtung, nach Westen«, fährt der Mann fort und sieht nun Sabine an, die sich auf die Lippe beißt und versucht, keine Reaktion zu zeigen.

Wie sich herausstellt, hat die Volkspolizei in Zittau schon vor Wochen dem Aufnahmeheim mitgeteilt, dass eine Rückkehr von

Annemarie Kretschmer von den Genossen nicht gewünscht werde. »Frau K. hatte ihre Übersiedlung nach der BRD und ihre Entlassung aus der Staatsbürgerschaft der DDR unter unsachlicher Darstellung der Verhältnisse in der DDR und der Verherrlichung der Lebensweise in der BRD erzwungen.«[7] Das haben die Spitzel in Seifhennersdorf vor Annemaries Übersiedlung in den Westen offenbar berichtet. So eine wollen sie dort nicht haben. Die Polizei-Vernehmer in Röntgental reagieren verdutzt. Sie haben keine Hinweise auf feindselige Aussagen der Rückkehrerin, fragen noch einmal in Zittau nach. Die dortigen Stasi-Mitarbeiter unterstützen die Ablehnung:

»Auf Grund der verfestigten politisch-negativen Verhaltensweise der K. zur Durchsetzung ihres rechtswidrigen Übersiedlungsersuchens erfolgt durch mich die Ablehnung zur Aufnahme in die DDR. Gezeichnet: Jungnickel, Bezirksverwaltung Dresden.«[8]

Die Vernehmungen in Röntgental gehen noch zwei Wochen lang weiter, ohne dass Annemarie erfährt, dass längst der Stab über sie gebrochen ist. Sie hat es gewagt, den Staatsrat der DDR mit ihrem Ausreisewunsch zu belästigen. Sie hat sogar den Feind in der westdeutschen Vertretung kontaktiert und das zunächst in den Verhören im ZAH verschwiegen. Die Gefahr, dass sie nach ihrer Rückkehr erneut einen Ausreiseantrag stellen könnte, der dann umfassende »Zurückdrängungsmaßnahmen« der Stasi erfordern würde, sehen auch die Vernehmer in Röntgental. Also muss die Frau mit ihrer Tochter zurück in den Westen.

Wieder verstauen Annemarie und Sabine ihr Gepäck im Kofferraum eines Lada. Erneut sind es zwei auffällig unauffällige Stasi-Männer in Lederjacken, die vorne im Auto Platz nehmen. Die Fahrt geht zum Bahnhof Bernau. Auf dem Gleis steht ein Zug mit geöffneten Türen. Sollen sie einsteigen? Die Männer entfernen sich, lassen sie im Ungewissen. Sie stehen mit ihren Koffern vor dem Zug, während die Männer sie aus der Entfernung beobachten und Zigaretten rauchen. Die Minuten vergehen.

Plötzlich stürmen die Männer auf sie zu, schnappen sich die Koffer und hieven sie in den Waggon. »Da können Sie einsteigen!«, ruft einer der Lederjackenträger und grinst hämisch. Die Stasi-Männer schlagen rasch die Türen zu, nachdem Mutter und Tochter den Waggon bestiegen haben. Der Zug ruckt an, noch bevor Annemarie und Sabine ihren Platz im Abteil erreicht haben. Es ist der 30. April 1981, der Nachmittag vor dem Maifeiertag.

»Das machen die immer so«, sagt der Bundesgrenzschutzbeamte in Helmstedt, als Annemarie und Sabine am frühen Abend ohne einen Pfennig Geld vor ihm stehen: »Die DDR-Behörden schicken Leute immer am Wochenende oder vor Feiertagen rüber, wenn unsere Ämter schon geschlossen haben. Reine Schikane.«

Noch während Annemaries und Sabines Aufenthalt im ZAH hatte die Staatssicherheit eine Einreisesperre gegen die beiden verhängt. Ihre älteste Tochter und den Sohn soll Annemarie Kretschmer nicht so schnell wiedersehen. Die Stasi nimmt ihr die Kontaktaufnahme zur westdeutschen Vertretung in Ost-Berlin übel. Dafür soll die gesamte Familie büßen. Vor jedem Familienfest in der DDR wird Annemarie Kretschmer die Willkür und die Macht der DDR-Behörden zu spüren bekommen. Zwei Jahre lang darf sie nicht mehr zu ihren Kindern reisen. Sie und Sabine richten sich ihr Leben in Kassel ein, so gut es geht. Doch Sabine findet sich weiterhin nur schwer zurecht.

Als sie endlich wieder reisen darf, kommt Annemarie die Fahrt nach Osten fast unwirklich vor. Kurz vor der Grenze verstummen die Gespräche in den Abteilen, wird es totenstill im Zug. »Da habe ich mich mehr gegruselt als in den sechs Wochen in Röntgental«, erinnert sie sich heute. Und trotzdem ist die Sehnsucht nach den Kindern größer als die Angst vor dem Staatsapparat. Die DDR-Behörden ändern ihre Taktik: Mal darf nur Annemarie, mal darf nur Sabine zur Familie nach Seifhennersdorf. Offenbar sollen die beiden vor keiner Geburtstagsfeier sicher sein, ob sie diesmal nach drüben fahren können. So halten es Volkspolizei und Staatssicherheit bis zum Ende der DDR.

Erst nach der Wende werden die Kretschmers die Gründe erfahren, warum sie nicht in die DDR zurückkehren durften: Aus den Stasi-Akten geht hervor, dass Annemarie Kretschmers Rückkehr abgelehnt wurde, weil sie »gegen die sozialistische Staats- und Gesellschaftsordnung in der DDR eingestellt« sei. Ihr wurde »politisch-negatives Verhalten« vorgeworfen.[9] Das bestand lediglich darin, dass sie den Mut hatte, die bundesdeutsche Vertretung aufzusuchen. Furchtlose Bürger waren wohl das Letzte, was der SED-Staat gebrauchen konnte.

Frauke und Edith

Eine West-Ost-Freundschaft im Aufnahmeheim

Sie liegt wach, horcht in die Dunkelheit hinein. Die andere atmet ruhig, dann plötzlich japst die Fremde auf, fängt an zu schluchzen. Die Frau im anderen Bett versucht, sich zusammenzunehmen, presst die Lippen aufeinander, bis nur noch ein Wimmern zu hören ist, das langsam leiser wird. Frauke Naumann wagt nicht, die andere anzusprechen. Sie hat sich auch nicht getraut, ein Gespräch anzufangen, als das Licht noch brannte. Jetzt kämpft sie selbst mit den Tränen, bis es auch aus ihr herausbricht. Die Frau im Nebenbett liegt abgewandt und schweigt, während Frauke von einem Weinkrampf geschüttelt wird. Seit zwölf Stunden sind Edith Schmidt aus Hennigsdorf und Frauke Naumann aus Goslar Gefangene in der »Quarantänestation« des Zentralen Aufnahmeheims Röntgental.

Am Vormittag des 3. März 1986 klopft Frauke Naumann, schwer bepackt mit einem Koffer und einer Reisetasche, an das Blechtor an der Schönerlinder Straße. Ihr Verlobter Kai hat sie mit der S-Bahn hierher begleitet. Eine kleine Luke im Tor geht auf: »Was wollen Sie, was gibt's?«, schnauzt ein Uniformierter. Sie reicht ihren bundesdeutschen Pass durch die Klappe.

»Ich bin angemeldet, ich bin Übersiedler«, sagt sie.

Das Gesicht des Volkspolizisten verschwindet. Es dauert Minuten, bis sich das Tor öffnet. Die beiden jungen Menschen halten sich fest an den Händen und gehen hinein. Plötzlich ist ein zweiter Polizist da, drängt sich vor Kai und stößt den Studenten mit dem Körper zurück, so dass er Fraukes Hand loslassen muss. Der Uniformierte, der ihren Pass genommen hat, packt sie blitzschnell am Oberarm, zieht sie in das Wachgebäude hinein. Das Tor schlägt zu, und Frauke Naumann ist von ihrem künftigen Mann getrennt, ohne dass Zeit für ein einziges Wort war.

»Ich gehe jetzt nicht!«, ruft ihr Verlobter von draußen. »Ich möchte wissen, wann ich sie wiedersehe, ich möchte wissen, ob ich Kontakt zu ihr haben kann.« Der Vopo zieht hinter Frauke Naumann die Tür zu. Sie muss in einem Verhörraum warten, vor sich den Schreibtisch eines Vernehmers und das obligatorische Honecker-Bild. Nach endlosen Minuten kommt ein Zivilist mit einer Aktenmappe unter dem Arm grußlos herein. Er setzt sich, schlägt die Mappe auf, nimmt ihren Pass hoch, vertieft sich wieder in die Papiere. »Sie wollen jetzt übersiedeln in die DDR, Sie wollen Staatsbürger der DDR werden«, spricht der Mann leise in seine Akte hinein, ohne Frauke Naumann eines Blickes zu würdigen.

Die 21-jährige Kaufmannsgehilfin aus Goslar fängt an, ihre Geschichte zu erzählen. Sie liebt Kai, einen jungen Mann aus Mecklenburg, seit Jahren, hat ihn immer wieder in der DDR besucht. Kai hält die DDR für den besseren deutschen Staat. Sein Elternhaus hat ihn stark geprägt. Der Vater ist Parteifunktionär, in der SED-Kreisleitung zuständig für die Wohngebietsparteiorganisation. Kai hat einen der begehrten Studienplätze für Tiermedizin bekommen, weil er sich für drei Jahre zur Armee gemeldet hat. Er wird in der DDR ein privilegiertes Leben führen können. Für die Liebe zu Frauke in den Westen zu gehen, kommt für ihn nicht in Frage. Aber Frauke kann sich ein Leben in der DDR vorstellen. Sie hat nach der mittleren Reife erfolglos über 100 Bewerbungen um einen Ausbildungsplatz geschrieben und konnte schließlich dank der Förderung durch das Land Niedersachsen eine kaufmännische Ausbildung abschließen. Sie war Mitglied der linken Jugendorganisation »Die Falken« und fühlt sich als Sozialistin.

Am 17. Mai soll endlich Hochzeit sein. Das Standesamt Güstrow hat den Termin bestätigt, und die Einladungen sind schon gedruckt. Sie hat 50 Karten in ihrem Koffer dabei. Der Vernehmer hebt lächelnd den Kopf und sieht sie amüsiert an. Er hat ein blasses Gesicht, das jetzt um die Augen viele Fältchen zeigt, und einen schmalen, fest verschlossenen Mund, als müsse er sich das Lachen verkneifen.

»Sie glauben doch nicht im Ernst, dass Sie am 17. Mai schon heiraten können? Das können Sie vergessen. Da werden Sie noch immer hier im Zentralen Aufnahmeheim sein!«

Der 17. Mai ist in zehn Wochen. Mindestens drei Wochen müsse sie ins Heim, hatte ihr ein Stasi-Offizier in Schwerin gesagt. Die Aussicht auf zweieinhalb Monate ist ein schwerer Schlag. Es wird nicht die letzte unangenehme Überraschung sein.[1]

Sie heult nur noch, auch bei der ersten Vernehmung in dem kleinen umzäunten Haus mit den vergitterten Fenstern, das angeblich eine Quarantänestation ist.

Sie weint, als der Arzt sie zwingt, sich völlig nackt auszuziehen. »Sie müssen verstehen, dass wir Sie auf Ihre Arbeitsfähigkeit hin untersuchen.« Eine Frau in Zivil tastet ihren nackten Körper ab und beginnt, ihre Kleider gründlich zu durchsuchen. Jeder Rocksaum wird kontrolliert. Die Frau durchwühlt Koffer und Reisetasche und nimmt alles an sich, was Frauke Naumann mitgebracht hat, um sich die Zeit im Lager zu verkürzen: Bücher, Zeitschriften, Strickzeug. Auch der Schmuck und ihr Geld werden einkassiert.

Sie weint auch beim zweiten Verhör, als ein neuer Vernehmer ihr die Fingerabdrücke abnimmt. »Wir lassen uns keinen Kuckuck ins Nest legen«, sagt er und packt grob ihre Hände.

In dem Zimmer, in dem Frauke Naumann die Nacht verbringen soll, sitzt eine völlig aufgelöste Frau auf dem Bett. Die andere Pritsche ist für sie. Auf dem Tisch stehen zwei Teller mit belegten Broten. Frauke setzt sich, und auch die Fremde kommt an den Tisch. Beide sind ausgehungert nach einem langen, zermürbenden Tag, doch sie bringen die Brote nur langsam hinunter. Sie sprechen kein Wort miteinander, bis eine Frau plötzlich die Tür aufreißt und Frauke Naumann wieder zum Verhör abholt. Frauke heult immer noch, als der blasse Stasi-Mann, der offenbar nie müde wird, sie spät in der Nacht endlich ins Bett schickt.

Die Frau im anderen Bett hat wohl auch Verhöre und demütigende Untersuchungen hinter sich. Oder gehört sie zu denen und spielt ihre Verzweiflung nur? Frauke versucht einzuschlafen, mit dem Gesicht zur Wand, damit die Fremde ihr nicht ins Gesicht starren kann. Sie weiß noch nicht, dass die andere ähnliche Gedanken hat und grübelt, was die junge Frau in den Westklamotten hier wohl zu suchen hat. Ist die Westfrau vielleicht eine Aufpasserin von der Stasi, die sie, Edith, über ihre Geschichte aushorchen soll?

Die Rückkehrerin

Für Edith Schmidt ist es bereits die zweite Nacht in der »Quarantäne«. Sie liegt grübelnd im Bett. Sie ist wieder eine Gefangene, wie vor zwei Jahren. Da schlug die Stasi zum ersten Mal zu.

An einem Samstag im Sommer 1984 fährt ein Lada mit zwei Männern vor der HO-Gaststätte in Hennigsdorf vor. Es ist 8 Uhr morgens, zu früh für Gäste, und die Frau, die am Wochenende im Lokal aushilft, ist allein im Schankraum. Sie stellt saubere Gläser ins Regal und bereitet alles für den Ansturm der Gäste vor.

»Sind Sie Frau Schmidt?«, fragt einer der Männer.

»Kommen Sie mit!« Sie zieht schweigend die Kittelschürze aus und lässt sich zum Wagen führen. Vor einigen Wochen hat sie den Ausreiseantrag gestellt und wartet seitdem jeden Tag auf eine Reaktion des Staates. Edith Schmidt ist 40 Jahre alt, geschieden von einem Mann, mit dem sie zwei Söhne hat. Der Große ist schon fast erwachsen, der Jüngere lebt beim Vater. Sie hat vor zwei Jahren einen Mann aus dem Westen kennengelernt. Fred war von der Firma Krupp in das Stahlwerk Hennigsdorf geschickt worden. Dort arbeitet sie in der Abteilung Wärmeerzeugung. Die Westmänner kommen ihr selbstbewusster vor als die Ostler. Ein Briefkontakt entstand und schließlich der Wunsch, im Westen zu heiraten.

Auf der Fahrt herrscht Schweigen. Der Lada bringt Edith Schmidt in das Stasi-Untersuchungsgefängnis nach Potsdam. Zwei uniformierte Frauen nehmen sie in Empfang, zwingen sie, sich nackt auszuziehen. Sie tasten die Kleider ab und legen sie ohne den Gürtel zurück auf einen Stuhl: »Anziehen!«

Dann wird Schmidt in einen Verhörraum geführt. Die Vernehmer wechseln sich ab, die Fragerei dauert bis zum Abend. »Warum wollen Sie in den Westen? Sind die Männer im Westen besser als die bei uns?« Immer wieder die gleichen Fragen, immer wieder der gleiche Vorwurf der Undankbarkeit gegenüber der DDR, der sie so viel zu verdanken habe.

Edith Schmidt muss in einer Zelle mit Glasbausteinen vor dem Fenster übernachten und wird am Sonntagmorgen ohne Frühstück vor das Gefängnistor geschoben. Trotz dieses Einschüchterungsversuchs zieht sie den Ausreiseantrag nicht zurück.

Edith Schmidt kennt die Methoden: Ihr älterer Bruder Peter und seine Frau haben Anfang 1984 die Ausreise beantragt. Das

Ehepaar kommt ins Gefängnis. Erst Ende 1985, nach eineinhalb Jahren Haft, kann die Bundesrepublik sie freikaufen.

Edith heiratet ihren Fred trotzdem, wenn auch in der DDR.

Im Januar 1986, vier Monate nach der Hochzeit, darf Edith endlich in den Westen. Jetzt soll ihr neues Leben in Ostfriesland beginnen. Ihr Bruder Peter und die Schwägerin sind nicht weit, leben mittlerweile in Bremen. Doch Fred will nicht, dass sie den Bruder besucht. Der Mann aus Friesland zieht sich immer mehr zurück. Schon nach ein paar Wochen hält Edith es nicht mehr aus. Sie schmiedet einen Plan.

Sie überredet Fred, mit ihr nach West-Berlin zu reisen. Er könne doch die Stadt besichtigen, und sie könne ihre Kinder treffen. Fred stimmt zu. Das Ehepaar steigt in einer Pension am Anhalter Bahnhof ab. Sie wolle nur kurz über die Grenze, sagt sie, zum Bahnhof Friedrichstraße. Auf der Ostseite würden die Söhne, inzwischen 14 und 18 Jahre alt, auf die Mutter warten, erklärt Edith ihrem Mann. Doch sie hat gar kein Wiedersehen am Bahnhof geplant. Edith zeigt ihren westdeutschen Pass vor und passiert die Grenzanlagen. Dann steigt sie in die S-Bahn nach Oranienburg. Dort ist sie mit einem Anwalt verabredet. Was kann eine ehemalige DDR-Bürgerin machen, die zurück will? Der Anwalt rät ihr, sich beim Rat des Bezirkes zu melden, Abteilung Inneres. Dort erfährt sie, dass sie durchaus zurückkehren kann: »Sie müssen aber das Aufnahmeheim durchlaufen. Das dauert höchstens zwei bis drei Tage.«[2]

Lagerleben

Jetzt liegt die Rückkehrerin die zweite Nacht weinend in einem abgeschlossenen Raum und weiß noch immer nicht, wie lange sie diesmal gefangen bleibt. Im anderen Bett heult die junge Frau, die in die DDR übersiedeln will. Ein Tag und eine Nacht haben gereicht, um aus der hoffnungsvollen 21-Jährigen, die freiwillig in die DDR gekommen ist, eine verängstigte junge Frau zu machen, die wehrlos auf die nächste Demütigung wartet. Um 6.30 Uhr dreht sich der Schlüssel im Schloss. Die Frau vom Vortag stellt grußlos das Frühstück auf den Tisch und sieht Frauke ernst an: »Sie werden nachher zum Gespräch abgeholt, und dann kommen Sie auch zu den anderen.«

»Gibt es hier noch andere?«, wundert sich Frauke. »Wer ist denn so verrückt und tut sich das an?«[3]

Am Vormittag trotten Frauke und ihre Zimmergenossin mit einem Bollerwagen voll Bettwäsche und Gepäck hinter einer Frau in einer Kittelschürze her. Völlig übermüdet laufen sie auf eine weiß gestrichene Baracke zu. Die Frau in der Schürze hält an, dreht sich um: »Wenn Sie jetzt zu den anderen kommen, denken Sie dran: Sie haben keine Nachnamen, Sie sagen niemandem, woher Sie kommen und wohin Sie gehen. Nichts. Und Sie reden mit niemandem über irgendetwas!«

Als Frauke und Edith in den Flachbau treten, laufen ihnen tobende Kinder entgegen. Sie kommen an einer Gemeinschaftsküche vorbei, in der Männer und Frauen sitzen und die Neuen erwartungsvoll anstarren. Ein Glück, hier sind andere Menschen, die auch in die DDR ziehen wollen, denkt Frauke. Im Flur sind Leinen gespannt, auf denen frisch gewaschene Wäsche hängt. Die Kittelfrau zeigt auf eine Tür: »Hier sind Sie jetzt erst einmal untergebracht!« Dann geht sie.

Die beiden Frauen beziehen ein Doppelzimmer. Die andere stellt sich jetzt vor: Edith aus der Nähe von Ost-Berlin. Mehr traut sie sich nicht zu verraten.

»Kommen Sie mit!«, sagt jetzt die Frau, die morgens das Frühstück gebracht hatte. Sie steht, ohne dass Frauke und Edith ihr Eintreten bemerkt hätten, plötzlich hinter ihnen im Zimmer. Frauke folgt, ohne nachzufragen. Das hat sie sich schnell abgewöhnt. Gehorchen, nicht fragen, was als Nächstes kommt.

Erneut erkundigt sich der Vernehmer nach den Gründen für Fraukes Übersiedlung. Sie muss alle Menschen mit genauer Anschrift nennen, die sie im Westen und im Osten kennt. Immer wieder wird sie in den nächsten Wochen danach gefragt. Vielleicht verheddert sie sich, enttarnt sich als Spionin, die ihre Legende nicht gut genug gelernt hat? Doch Frauke Naumann wirkt auf Hauptmann Brandt von der Kriminalpolizei glaubwürdig:

»Die Aufnahmeersuchende hinterläßt einen sauberen und gepflegten Eindruck. Ihr Auftreten ist ruhig und zurückhaltend, jedoch sehr kontaktfreudig ... Nach ihren Angaben stammt sie aus einem relativ fortschrittlichen Elternhaus ... Am Wahrheitsgehalt ihrer Angaben traten keine Zweifel auf.«[4]

»Ach guck mal, die Neuen sind da!«, ruft ein junger Mann fröhlich aus der Küche heraus, als Frauke auf dem Weg zurück in ihr Zimmer ist. Sie tritt näher zu der Runde, die sich mit Rommé die Zeit vertreibt. »Wir haben schon gesehen, in der Villa Ankunft war immer Licht an. Da haben wir uns gedacht, dass Neue eingetroffen sind«, sagt der Mann, der sich als Daniel vorstellt, ein Lehrer, der im Westen nicht Beamter werden dürfe und deshalb in der DDR leben wolle.

»Warum sind hier alle so fröhlich?«, wundert sich Frauke. Die Kartenspieler in der Küche erklären ihr die Rituale des Aufnahmeheims: Namen und Biografien sind tabu, um 6.30 Uhr wird man mit Schlagermusik geweckt, bis 7 Uhr muss man zum Frühstück erscheinen. Die Verhöre werden »Gespräche« genannt, und die Frauen, die einen zur Vernehmung abholen, nennen sich »Kulturmitarbeiterinnen«. Das Verkündungsritual, wer wann zum »Gespräch« muss, nennt sich »Tagesbekanntgabe«. Alle Mahlzeiten haben feste Zeiten, ansonsten herrscht Langeweile. Die können sie vertreiben, indem sie sich zum Arbeitseinsatz melden. Das Hochhaus, die neue Unterkunft, wird gerade fertiggestellt, und da können sie sich beim Putzen nützlich machen.

So geht es tatsächlich jeden Tag. »Sie, mitkommen!«, sagt die Frau von der »Kultur« herrisch und zeigt auf einen der Frühstückenden.

Dann fährt die Frau fort mit der »Bekanntgabe«: »Heute Nachmittag gibt es einen freiwilligen Urania-Diavortrag über die Maler der DDR.« Frauke Naumann merkt, dass es besser ist, zu den öden Kulturveranstaltungen im Klubraum zu erscheinen.

Die Verhöre ziehen sich endlos in die Länge. Erst tippt der Vernehmer im Zwei-Finger-System eine Frage in die Maschine, um sie dann vorzulesen.

»Was tun Sie, wenn Sie in die Kaufhalle gehen und sehen, es gibt keinen holländischen Gouda?«

Nachdem Naumann die absurde Frage so gut es geht beantwortet hat, tippt der Mann weiter. »Was machen Sie, wenn sich Ihr Verlobter in eine andere Frau verliebt und sich von Ihnen trennen will?«

Was will der von mir hören? fragt sie sich, immer auf der Hut und immer mit dem mulmigen Gefühl, dass eine falsche Antwort die Abschiebung in den Westen bedeuten kann.

Nach den Verhören ist Frauke erschöpft und niedergeschlagen. Den anderen geht es auch so. Dann sitzen sie in der Küche zusammen und tauschen ihre Erfahrungen aus: »Hast Du auch den, der Club raucht?«

Die Heiminsassen unterscheiden die Vernehmer nach den Zigarettenmarken. Gerüchte schwirren durch den Raum: Es sollen Leute hier sechs Monate festgehalten worden sein. Allen haben die Vernehmer gesagt, es könne bis zu drei Wochen dauern. Die Ungewissheit, wie lange jeder Einzelne bleiben muss, ist kaum auszuhalten. Sie fragen die Vernehmer immer wieder: »Wie geht es weiter? Was kommt als Nächstes? Wann komme ich hier raus?«

»Das werden Sie schon sehen«, lautet die immer gleiche vage Antwort.

Nachmittags, zwischen Kaffeetrinken und Abendbrot, ist es am langweiligsten. »Komm, wir spielen Nachnamen erraten«, schlägt Frauke ihrer Zimmergenossin Edith vor. Natürlich dürfen sie nicht die richtigen Namen nennen. In den Zimmern sind vermutlich Abhöranlagen versteckt. Die beiden Frauen einigen sich schließlich auf Phantasienamen: Frauke wird zu Frau Kiesewetter, Edith nennt sich Frau Pinneberg.

Für Freitagabend wird ihnen im Klubraum ein »geselliges Beisammensein« verordnet: Jeder darf eine halbe Flasche Wein oder zwei Bier trinken. Die Frauen von der »Kultur« stellen einen Plattenspieler auf den Tisch und legen einen Stapel Schallplatten hin. Dann setzen sie sich auf Stühle an der Wand und beobachten die Szene, wie alte Gouvernanten. Frauke und Edith haben schnell eine Lieblingsplatte: »Ich will nicht wissen, wie Du heißt«, ein Schlager von Andy Borg. Das passt doch. Sie grölen die Schnulze mit und hüpfen mit den Kindern durch den Klubraum. Die »Kultur«-Frauen sehen teilnahmslos zu, die Männer trinken ihr Bier und amüsieren sich.[5]

Der Auftrag

Die DDR-Behörden wollen Frauke Naumann nicht einfach in die DDR aufnehmen. Sie erwarten eine Gegenleistung für das Privileg, dass sie im ersten sozialistischen deutschen Staat leben darf.

Ein Onkel von Frauke Naumann, der jüngste Bruder ihres Vaters, ist im Jahr zuvor nach einem Verwandtenbesuch im Ruhrgebiet drüben geblieben. Für die DDR ist er ein Straftäter, ein Republikflüchtling, der versucht, Frau und Tochter nachzuholen:

»Auf Grund der bisher vorliegenden Erkenntnisse wird vorgeschlagen, überprüfen zu lassen, inwieweit die N. zur Rückführung ihres Onkels bzw. zur Zurückdrängung der Antragstellungen auf Übersiedlung in die BRD durch dessen Ehefrau und Tochter genutzt werden kann.«[6]

Fraukes Tante hat einen Antrag auf Familienzusammenführung gestellt, auch die Cousine hat einen Ausreiseantrag formuliert. Die DDR-Behörden haben sofort auf diesen »Verrat« reagiert: Die Tante musste ihre Stelle als Erzieherin aufgeben und ist nun arbeitslos.

Die Staatssicherheit organisiert ein Treffen zwischen Frauke Naumann und ihrer Cousine im Aufnahmeheim Röntgental. Frauke Naumann weiß, dass die Stasi ihre Heirat verhindern und sie zurückschicken kann, wenn sie ihren Auftrag nicht erfüllt. Im Besucherraum des Wachgebäudes treffen die jungen Frauen aufeinander.[7]

Sie haben sich zuletzt als Kinder bei Familienbesuchen in der DDR gesehen. Jetzt sitzen sich die Frauen an einem quadratischen Sprelakart-Tisch gegenüber. Die Cousine kommt gleich zur Sache: »Sollst Du mich überzeugen, dass ich meinen Ausreiseantrag zurückziehe?« Frauke schüttelt energisch den Kopf. Nein, sie wolle nur versuchen, die Verwandte vor unüberlegten Schritten zu bewahren, die sie später bereuen würde, lügt Frauke. Hauptmann Matschke vom MfS notiert zufrieden:

»Von der Naumann wurde dargelegt, ... daß sich ehemalige DDR-Bürger in der BRD/Berlin (West) auf Grund der fehlenden zwischenmenschlichen Beziehungen, die auf den ständig herrschenden Existenzkampf der Einzelnen untereinander zurückzuführen sind, ständig allein und verlassen fühlen.«[8]

Als Beleg für die Unzufriedenheit mit dem Leben im Westen erwähnt Frauke die zahlreichen Rückkehrer und Zuzieher, die wie sie in Röntgental auf die Aufnahme in die DDR hoffen. »Das geht einfach so?«, fragt die Cousine erstaunt. Ob das Heim einem Gefängnis gleichkomme, und was das für Bürger seien, die zurückkehren wollen?

Im Stasi-Bericht steht: »Die Naumann informierte, daß sich Bürger der DDR im Heim aufhalten, die in ihrer Verzweiflung über die vorgefundenen Bedingungen in der BRD alles in Kauf nehmen, wenn sie nur in die DDR zurückkommen dürfen.«[9]

Ob es mit der Kriminalität und der Drogenabhängigkeit in der BRD wirklich so schlimm sei, zweifelt die Cousine. Frauke nickt, das Problem kenne sie sogar aus dem eigenen Bekanntenkreis. Aber die größere Freiheit? Die Bundesbürger könnten doch in alle möglichen Länder fahren, wirft die Cousine ein.

Zum Reisen nach Frankreich und Spanien bräuchten sie unheimlich viel Geld, das sei unerschwinglich für einen Arbeitslosen, erwidert Frauke. Und Hoffnung auf Arbeit, auf einen Job als Kellnerin, brauche die Cousine sich keine zu machen. Ihre Mutter, die Erzieherin, sei im Westen sowieso chancenlos auf dem Arbeitsmarkt. Die meisten von Fraukes Freunden seien arbeitslos oder müßten unterhalb ihrer Qualifizierung arbeiten.

Frauke malt den Westen in den schwärzesten Farben. »In der BRD ist alles Kampf, in der DDR ist das Leben!«, sagt sie angeblich der Cousine, so notiert es Hauptmann Matschke in seinem Bericht. Als Frauke das Protokoll unterschreiben soll, protestiert sie: »Das habe ich so nie gesagt.«

»Das ist gut so für Sie«, entgegnet der MfS-Vernehmer. Sie quittiert das Protokoll.[10]

Frauke Naumann hat alles getan, was die Stasi von ihr erwartet. Sie selbst schreibt auch einen Bericht über das Treffen und die Reaktion ihrer Cousine: »Auf Grund des Gespräches habe ich den Eindruck, daß sie ihre Ausreise noch einmal überdenkt.«[11] So eine kann der DDR-Geheimdienst gebrauchen. »Die Naumann bietet gute objektive und subjektive Voraussetzungen zur operativen Nutzung für die Öffentlichkeitsarbeit«, notiert der Stasi-Vernehmer.[12]

»Sind Sie bereit, mit weiteren ausreisewilligen Bürgern zu sprechen?«, fragt er sie eines Tages unvermittelt während des Verhörs.

»Klar, warum sollte ich nicht mit denen reden?«

»Sie sollen denen mal ein bisschen was erzählen, wie das Leben in der BRD ist.«[13]

Der Stasi-Mann schiebt ein leeres Blatt über den Tisch und diktiert:

»Hiermit erkläre ich mich bereit, meine beruflichen bzw. gesellschaftlichen Erfahrungen aus der BRD an DDR-Bürger, die einen Ausreiseantrag gestellt haben, zu übermitteln, um sie von der Antragstellung abzubringen bzw. sie zum Nachdenken anzuregen.«[14] Doch die Staatssicherheit verzichtet darauf, die Übersiedlerin für ihre Zwecke einzuspannen.

Frauke Naumann hat ihrer Cousine überzeugend die Nachteile des Lebens in der Bundesrepublik dargelegt. Die sympathische junge Frau ist glaubwürdig und eloquent. Sie wäre ein Glücksfall für die »Zurückdrängungsmaßnahmen«, für die vom DDR-Fernsehen und der Stasi geplanten Sendungen über das angebliche Elend im Westen, die Ausreisewillige abschrecken sollen. Außerdem hat Frauke Naumann einen guten Grund zu kooperieren: Sie will mit ihrer großen Liebe, dem angehenden Tierarzt Kai aus dem Dorf bei Güstrow, zusammen sein, und die Stasi kann nach Belieben darüber entscheiden, ob die Liebesgeschichte glücklich oder tragisch endet.

Was hält die Stasi davon ab, Frauke Naumann im Fernsehen zu präsentieren, als lebendigen Beweis für die unmenschlichen Lebensumstände im Westen?

Die Übersiedlerin hat einen Bruder, der für den DDR-Geheimdienst noch interessanter ist als sie. Die DDR-Auslandsspionage (HVA) beobachtet den promovierten Physiker, der bei einem Chemieunternehmen in Essen arbeitet. Die Firma stellt Silikone her. Die Abteilung XIII der HVA ist für Wirtschafts- und Technologiespionage zuständig. Die Abteilung 3 der Spionageeinheit ist auf Rüstungsbeschaffung spezialisiert. Offenbar plant der Geheimdienst, das Wissen des Physikers abzuschöpfen. Der Mann in Essen und seine Ehefrau stehen »im operativen Interesse der erfassenden Diensteinheit«. Das Ehepaar scheint etwas zu wissen, was unter die strengen Embargobestimmungen des Westens fällt und für die Militärs im Osten interessant ist. Doch die Akten der Stasi-Unterlagenbehörde geben keine nähere Auskunft über die Geheimdienstaktion. Die entsprechenden Stellen sind geschwärzt.[15]

Im Lager in Röntgental fühlt Frauke Naumann sich ständig beobachtet. Ob die Lautsprecherboxen in den Zimmern, aus denen morgens um halb sieben Musik dröhnt, mit Abhörmikrofonen bestückt sind? Und warum ist die junge Frau so plötzlich verschwunden, mit der sie fast schon Freundschaft geschlossen hatte?

Gabi will angeblich wie sie in die DDR ziehen, der Liebe wegen. Frauke erzählt ihr viel, doch eines Morgens fehlt Gabi beim Frühstück. Diejenigen, die das Lager verlassen, werden nach dem Frühstück beiseite genommen und verschwinden dann. Bei Gabi war es anders. War sie auf Frauke angesetzt?

Nach wochenlangen Verhören und nach dem, was einige Spitzel im Aufnahmeheim über Frauke berichtet haben, sind sich Polizei und Staatssicherheit einig, dass von einer DDR-Neubürgerin Frauke Naumann keine Gefahr für den Sozialismus ausgeht. Die Kriminalpolizei schreibt einen Abschlussbericht:

»Aus der bisherigen persönlichen und gesellschaftlichen Entwicklung der Aufnahmeersuchenden sowie ihrer bei Besuchen erworbenen Kenntnisse über das Leben in der DDR kann geschlußfolgert werden, daß sie sich relativ problemlos in die gesellschaftlichen Verhältnisse unseres Staates einleben wird.«[16]

Abschied

Sechs Wochen im Lager sind vergangen. Mittlerweile ist Frauke Naumann aus der Baracke in ein Einzelzimmer im siebensgeschossigen Neubau gezogen. Nach dem Frühstück tritt die »Kultur«-Frau, die heute für die Tagesbekanntgabe zuständig ist, hinter Frauke und tippt ihr auf die Schulter.

»Kommen Sie mit«, sagt sie ganz leise. Frauke folgt ihr schweigend in ihr Zimmer.

»Packen Sie Ihre Sachen.«

»Wohin gehe ich denn?«

»Das werden Sie schon früh genug erfahren.«

Die Frau lehnt im Türrahmen und sieht unbewegt zu, wie Frauke Naumann hastig den Kleiderschrank leert und Koffer und Reisetasche vollstopft.

»Wir gehen jetzt gemeinsam über den Flur, Sie steigen bitte in den Fahrstuhl. Sie drehen sich nicht mehr um, Sie sprechen mit niemandem und gucken nicht mehr rechts und links.«

Und dann läuft Frauke mit dem schweren Gepäck im fünften Stock den Gang Richtung Aufzug entlang.

»Alles Gute«, ruft einer aus der Gemeinschaftsküche. »Mach's gut!«, kommt es aus einer anderen Tür. Frauke starrt wie ein

Zombie geradeaus. Hinter ihr läuft die »Kultur«-Frau wie eine Gefängniswärterin, die eine Verurteilte abführt.

Wie am Anfang ihrer Odyssee durch das Aufnahmeheim landet Naumann in einem kleinen Warteraum. Ein untersetzter Mann in Zivil kommt herein, offenbar der Heimleiter. Wieder kein Gruß, keine Regung.

»Sie werden jetzt in das Bezirksaufnahmeheim Pritzier im Bezirk Schwerin überführt«, verkündet der Heimleiter. »Dort bleiben Sie so lange, bis wir Sie mit Wohnraum und Arbeit versorgt haben.«

Frauke Naumann will nicht in das Heim nach Pritzier, sie will zu ihrem Verlobten nach Berlin. Außerdem haben sich ihre Schwiegereltern gegenüber den Behörden bereit erklärt, sie sofort aufzunehmen.

»Das werden wir nicht erlauben, dass Sie nach Berlin gehen.«

»Kann ich ihn wenigstens im Studentenwohnheim anrufen und Kai sagen, dass ich rauskomme? »Nein, Sie fahren jetzt geradewegs nach Pritzier.«

Der Barkas-Transporter bringt Frauke zum S-Bahnhof. Die ZAH-Mitarbeiter haben ihr in einem Umschlag abgezähltes Geld mitgegeben und einen Zettel mit den Bahnverbindungen. Sie könnte in die S-Bahn steigen und Kai im Wohnheim in die Arme fallen. Doch das traut sie sich nicht mehr nach den Wochen in Röntgental. Sie nimmt gehorsam die S-Bahn nach Berlin-Lichtenberg, steigt in den Zug nach Schwerin. Frauke Naumann braucht keine Bewacher mehr. Sie folgt den Anweisungen, als ob sie an unsichtbaren Fäden gezogen würde.[17]

Der Schnitt

Jetzt ist auch Frauke weg. Fast drei Monate wird Edith Schmidt jetzt schon in Röntgental festgehalten. Immer wieder quälen die Vernehmer sie mit den gleichen Fragen.

»Haben Sie erwartet, dass drüben alles besser ist? Was haben Sie jetzt davon, dass sie die Heimat im Stich gelassen haben? Haben Sie mal an Ihre Kinder gedacht? Jaja, erst die Kinder hier auslernen lassen und dann rübermachen.«

Seit zwei Monaten wohnt Schmidt im fünften Stock des Neubaus. Wie lange geht das noch? Monate, Jahre? Sie ist mit den

Nerven fertig. »Wir wurden mürbe gemacht«, sagt sie heute. »Die trieben einen langsam in die Verzweiflung.«

Immer wieder tritt Edith Schmidt auf den Balkon im fünften Stock, blickt verzweifelt in die Tiefe. Es ist der Freitag vor Pfingsten. Am Wochenende, das weiß sie, wird niemand aus dem ZAH entlassen. Sie verliert die Hoffnung, die Feiertage zu Hause verbringen zu können.[18]

Am 15. Mai 1986 bittet sie einen der Männer in der Gemeinschaftsküche im fünften Stock, ihr eine Rasierklinge zu leihen. Sie habe keine Schere und müsse einen Saum an einem Rock auftrennen und wieder festnähen. Dann geht sie in ihr Zimmer.

Unter den Rückkehrern in der Küche ist ein Spitzel der Staatssicherheit. Er schreibt auch an diesem Tag einen Bericht für seinen Führungsoffizier:

»Am 15.5.86 kam E. gegen 22.30 Uhr sehr stark am Arm blutend in die Küche. K. ging mit ihr aus der Küche und stellte fest, daß sie sich die Pulsadern aufgeschnitten hat. Daraufhin ging ich mit K. in ihr Zimmer und versorgte sie. Wir haben den lochförmigen Schnitt gereinigt und notdürftig mit einem Kopfkissen verbunden. Anschließend haben wir E. ins Bett bringen wollen, aber sie bat um Kaffee. So sind wir in die Küche gegangen und haben sie dann ca. gegen 0.30 Uhr ins Bett gebracht. Ich sagte, daß ich die Nacht an ihrem Bett verbringe und auf sie aufpasse. Als sie auf Toilette ging und nach einer Weile nicht wiederkam, bin ich ihr gefolgt. Sie war dabei, sich nach dem ersten Versuch mit einer Rasierklinge diesmal mit einer Nagelschere die Adern erneut zu öffnen. Ich habe ihr die Gegenstände entwendet und sie zu Bett gebracht, worauf sie einschlief. Morgens um 5.30 Uhr verließ ich ihr Zimmer, da K. mich ablöste. Er entwendete ihr noch eine Nagelfeile. Gegen 7.00 Uhr kam E. vom Duschen in die Küche. Ihr Verband war erneut stark verblutet, so daß ich vermute, daß sie sich die Adern erneut öffnete. Ich löste den Verband und machte die nicht mehr blutende Wunde mit einem Pflaster zu.«[19]

Edith muss zum Lagerarzt Dr. Wabnitz. Der verordnet Faustan. Eine Beruhigungstablette zum Abend, eine zur Nacht. Das müsse reichen. Der Arzt rechnet nicht mit einem weiteren Selbstmordversuch: »Die Obengenannte erklärte, daß es sich bei ihrem Suizidversuch um eine einmalige Angelegenheit gehandelt habe.«[20]

Dann wird Edith in den Verhörtrakt im sechsten Stock gebracht. Auf dem Tisch liegt ein leeres Blatt. »Schreiben Sie«, sagt der Vernehmer und diktiert:

»Ich erkläre, daß ich keinerlei Anforderungen an das ZAH stelle und stellen werde. Ich hatte einen guten umsorgten Aufenthalt im ZAH gehabt. Daß ich gestern versucht habe, Hand an mich zu legen, hatte Gründe, die im persönlichen und familiären Bereich liegen. Weder die Staatsorgane noch das ZAH haben dafür eine Ursache gesetzt.«

Sie unterschreibt, und der Mann von der Staatssicherheit ist zufrieden. Niemand kann ihm jetzt am Zeug flicken.

Es ist spätabends, als es am 19. Mai an Horst Hortigs Wohnungstür klingelt. Der Kesselbauer aus Hennigsdorf hat seine Kollegin Edith mehrfach in Röntgental besuchen wollen. Seine Zuneigung hatte auch nicht nachgelassen, als sie den Mann aus dem Western geheiratet hatte und nach Ostfriesland verschwunden war. Immer wieder war Hortig nach Röntgental gefahren, immer wieder hatten die ZAH-Mitarbeiter den Mann mit dem Blumenstrauß am Blechtor der Wache abgewiesen.

Horst Hortig steht auf und öffnet die Tür.

»Jetzt bleibe ich hier«, sagt Edith und umarmt den verdutzten Mann. Die Ehe der beiden hält bis heute, seit über 20 Jahren.[21]

DDR-Alltag

In Schwerin nimmt ein kleines Begrüßungskomitee Frauke Naumann in Empfang. Neben den Schwiegereltern stehen Männer vom Rat des Bezirkes und vom MfS auf dem Bahnsteig. Nein, sie müsse nicht ins Heim, das sei mit der Bezirksleitung abgesprochen, beruhigt Kais Vater und nickt in Richtung der Funktionäre.

Frauke Naumann bezieht ein winziges Zimmer im Haus der Schwiegereltern mitten auf dem platten Land. Niemand bei den örtlichen Behörden hat sich um eine Wohnung für das junge Paar gekümmert. Nur am Wochenende kann sie ihren Verlobten im Haus seiner Eltern sehen oder zu ihm ins Wohnheim nach Berlin fahren. Dort haust Kai mit zwei Kommilitonen in einem Zimmer. Wenn sie allein sein wollen, müssen sie die anderen aus dem Zimmer bitten. Auch Kais Bett bietet kaum Platz für zwei. So haben sie sich ihr Zusammenleben nicht vorgestellt.

Die stundenlangen Bahnfahrten, um einander sehen zu können, sind nicht die einzige Schikane, der das junge Paar ausgesetzt ist. Frauke ist immer noch staatenlos. Sie hat keinen DDR-Ausweis und kann ohne Dokumente nicht einmal einen Motorradausflug zu einem Campingplatz unternehmen.

Sie muss sich regelmäßig bei der Volkspolizei melden, fragt immer wieder nach Wohnung und Arbeit. »Ihnen wird eine Arbeit zugewiesen«, lautet die Antwort.

Wieder wochenlange Ungewissheit. Endlich können Kai und Frauke heiraten, und alles wird ein bisschen leichter. Jetzt gibt es auch Arbeit für die junge Frau als Bürokraft in einem Betrieb für Landwirtschaftstechnik. Doch sie darf den Fernschreiber nicht bedienen. Zu groß sei die Spionagegefahr. Sie darf die Post nicht verteilen und das Chefsekretariat nicht betreten.

Die Kollegen gehen der Neuen aus dem Weg. Die tickt doch nicht richtig, wenn sie so einen Schritt macht. Wie kommt die denn hierher? Die hat ja nur West-Sachen an. Dem Betriebsdirektor fällt auf, dass Frauke Naumann auf der Arbeit keinen Anschluss findet. Er will die Frau aus dem Westen integrieren und hievt sie auf Positionen, von denen sie keine Ahnung hat, da sie nicht in der DDR aufgewachsen ist: »Die Kollegin Naumann ist gewählt worden als Vorsitzende der Frauenkommission!«

Vor versammelter Belegschaft wird Frauke vom Direktor feierlich in die Gewerkschaft, den FDGB, aufgenommen. Die anderen müssen sie für eine elende Streberin halten.

»Hast du D-Mark, kannst du Geld tauschen?«, fragt eine Kollegin. Frauke Naumann schüttelt den Kopf.

»Hör auf, du kommst doch an D-Mark ran!«

Frauke platzt der Kragen: »Weißt du was, wenn du meinst, du kannst mit der D-Mark besser leben, dann hau doch ab!«

Fünf Minuten später sitzt sie beim Direktor, die Kollegin hat sie verpfiffen. Sie solle das gefälligst unterlassen, Leute zur Flucht aufstacheln, sagt der Vorgesetzte. »Ja, Kollegin Naumann, das werden Sie eines Tages auch begriffen haben, dass man so was nicht sagt.«

Nach einem Jahr hat sie genug. In der Landwirtschaftlichen Produktionsgenossenschaft (LPG) Tierproduktion ist eine Stelle in der Pferdezucht frei. Frauke wird Facharbeiter für Pferdezucht und atmet auf. Im Stall hat sie Ruhe vor misstrauischen und neidischen Kolleginnen.

Doch ein Mann, der sich »Rainer« nennt, lässt sie bis zum Ende der DDR nicht in Ruhe. »Rainer« ist Mitarbeiter der Schweriner Bezirksverwaltung des MfS und will Frauke Naumann jeden Monat sehen. Er lädt sie in ein Restaurant ein oder kommt zu ihr nach Hause. Manchmal bringt er Pralinen oder Blumen mit. »Rainer« parkt seinen Wartburg bei ihr um die Ecke. Frauke muss dafür sorgen, dass sie allein zu Hause ist. Doch die Besuche bleiben im Dorf nicht unbemerkt. Die Nachbarn tuscheln: Ist der heimliche Besucher ihr Liebhaber?

»Rainer« will alles wissen: Wie es auf der Arbeit läuft, ob sie vielleicht Westbesuch haben möchte. Ihre Freunde aus Goslar, die zu ihr in die DDR fahren wollen, muss sie »Rainer« melden. Irgendwann rückt er mit der Sprache raus:

»Wenn das nächste Mal Besuch aus der BRD kommt, klingele ich, und Sie stellen mich als guten Freund vor.«

Frauke gerät in Panik. Westkontakte für die Stasi anbahnen, das will sie nicht. Sie bricht die Kontakte nach Westen fast vollständig ab, damit ihre Freunde nicht in die Fänge des Geheimdienstes geraten. Und während sie in Mecklenburg immer mehr vereinsamt, zerbricht ihre Ehe.

Soll sie zurückkehren? In Mecklenburg-Vorpommern hält Naumann nichts. Doch ihre Sturheit siegt. »Jetzt bist du da durchgegangen und hast das alles getan für Kai oder um hierherzukommen«, sagt sie zu sich selbst. »Jetzt wirst du wegen dieses Mannes nicht alles hinschmeißen und wieder gehen. Du hast so lange gekämpft, jetzt bleibst du hier und versuchst es weiter.« Sie hat Angst, einen Ausreiseantrag zu stellen, glaubt, nicht mehr die Kraft zu haben, noch einmal die Schikanen der Übersiedlung auszuhalten.[22]

Frauke Naumann fügt sich, findet eine eigene kleine Wohnung, schließt Freundschaften und hat noch zwei lange Jahre in der DDR vor sich. Dann kommt die Wende. Ab Oktober 1989 gibt es keine Besuche mehr von »Rainer«, dem Blumenkavalier von der Staatssicherheit.

»Nicht nur Heimweh«

Stasi-Propaganda mit Rückkehrern

Seit die DDR-Regierung 1975 mit der Unterschrift unter die KSZE-Schlussakte von Helsinki ihren Bürgern die freie Wahl des Wohnortes garantiert hat, ist der SED-Staat in ernsthaften Schwierigkeiten. Staatsführung und Staatssicherheit entwickeln ein ausgeklügeltes System bürokratischer Hürden, um Ausreiseanträge aus formalen Gründen ablehnen zu können. Schikanen wie Entlassungen sollen die Antragsteller entmutigen und zur Aufgabe zwingen. Das MfS hat die Aufgabe, Ausreisewünsche schon im Keim zu ersticken. Denn die DDR-Staatsführung weiß genau, dass nicht nur die Tausenden, die Ausreiseanträge stellen, sondern womöglich Millionen Bürger in den Westen wollen. Die DDR-Führung lässt nichts unversucht, um die Ausreisewünsche zu unterdrücken.

»Zurückdrängung von Ausreiseersuchen«, erklärt Gernot Krüger*, »das war das A und O beim MfS.« Der Mann hat Angst. Krügers Hände zittern, als er uns Platz nehmen lässt. Leicht war er nicht zu finden. Seit ein paar Jahren arbeitet der frühere Stasi-Major für einen Lohnsteuerhilfeverein, sitzt tagein tagaus in einem kleinen Büro in der Einkaufspassage einer ostdeutschen Trabantenstadt. Nach der Wende war er abgetaucht, hatte sich auf ein Seegrundstück südwestlich von Berlin zurückgezogen und gehofft, nicht mehr von der Vergangenheit eingeholt zu werden. Bei unserem ersten Anruf hatte seine Frau erschrocken den Hörer auf die Gabel geknallt. Als wir ihm dann in einem Brief ein Treffen vorschlugen, rief Krüger überraschend zurück. Er hatte wohl Sorge, wir würden ihn zu Hause unangemeldet besuchen. Einem Treffen an seinem Arbeitsplatz stimmte er zu, sein Chef und die Mitarbeiter wüssten über seine Vergangenheit Bescheid – seine Nachbarn am See offenbar nicht.

Und so sitzen wir in einem zweigeschossigen Verkaufspavillon einem Mann von Mitte 50 gegenüber, mit kurzen grauen Haaren und einer Nickelbrille. Bislang kannten wir ihn nur von einem alten Foto. Das Bild in der Kaderkarteikarte zeigt einen jungen Mann mit großer Metallbrille, glatt gekämmtem dunklen Haar, sauber gescheitelt. Ende der 1970er Jahre muss das Foto entstanden sein. Das grotesk gesprenkelte Hemd passt so gar nicht zur einfarbigen Krawatte und dem dunkelgrauen Jackett. Der Blick klar und doch scheu, irgendwie ängstlich.

30 Jahre später blicken wir in dieselben graublauen Augen, die uns unsicher taxieren. »Öffentlichkeitsarbeit und Geheimdienst«, sagt Gernot Krüger, »das ist eigentlich schon ein Widerspruch.« Doch genau das war seine Arbeit bis 1989. »Gegenstand und Ziel sowie Inhalte, Mittel und Methoden der Öffentlichkeitsarbeit des MfS« lautet der Titel einer Gemeinschaftsdissertation von acht MfS-Offizieren. Dafür bekam Krüger von der Juristischen Hochschule der Staatssicherheit den Doktortitel, »magna cum laude«.

Die Zentrale Auswertungs- und Informationsgruppe, Abteilung ZAIG 6 der Staatssicherheit, war für Propaganda und Desinformation zuständig. Sein letzter Coup, erinnert sich Krüger, war eine Geschichte, die seine Stasi-Abteilung im Frühjahr 1989 in der Zeitung *Junge Welt* veröffentlichte. Ein Reichsbahnschaffner aus der DDR berichtete dort, dass er im Interzonenzug mit einem Getränk betäubt und in den Westen verschleppt worden sei. Für die Stasi war das ein Beleg für die Untergrundarbeit westlicher Geheimdienste in der DDR. Nur leider flog die Story schon nach ein paar Tagen auf: Die Westmedien meldeten, dass der Schaffner sich die Geschichte ausgedacht habe, um straffrei in die DDR zurückkehren zu können. Er hatte sich zuvor in den Westen abgesetzt und dann kalte Füße bekommen, weil ihm der Neuanfang dort offenbar nicht glückte.[1]

Für solche Stasi-Storys, die der Geheimdienst in der DDR-Presse lancierte, war Krüger der richtige Mann. Er schrieb unter dem Decknamen »Gerd Kernau« Zeitungsartikel im *Neuen Deutschland*. Das hatte er gelernt: Krüger studierte in Leipzig in den 1970er Jahren Journalismus, da war er schon Unteroffizier der Staatssicherheit. Als Operativer Mitarbeiter der Abteilung Agitation erhielt er 600 Mark Lohn monatlich. Er heiratete, seine Frau bekam zwei Söhne, und Krüger wurde Offizier für Sonderaufgaben. Die Stasi beförderte ihn zum Hauptmann und holte ihn in die

Stasi-Zentrale, in das Haus 4 des MfS in der Ost-Berliner Rusche-straße. Der sechsgeschossige Plattenbau liegt gleich hinter Erich Mielkes Bürotrakt. Hier war nun Krügers neues Reich – das Film-studio Agitation.

Ihm unterstanden zwei Kameraleute, ein Cutter mit einem 16-Millimeter-Schnittplatz und zwei Sachbearbeiter – Hand-werkszeug und Personal, um Filme herstellen zu können, deren Inhalte nicht der Wahrheit entsprachen, aber den Interessen der SED und der Stasi.[2]

Anfang 1985 wird Gernot Krüger zum Chef gerufen. Sein Be-reichsleiter, Oberst Karl Fischer, hat eine delikate Aufgabe für den Stasi-Journalisten.

»Kommen Sie«, sagt Fischer und zieht die Jacke über. »Wir besuchen einen guten Freund beim Fernsehen.«

Eine halbe Stunde später rollt Krügers cremefarbener Wartburg auf das Gelände des DDR-Fernsehens in Adlershof. Die Stasi-Männer fahren auf das Mosaik an der Fassade des Redaktionsge-bäudes zu. »Der Friede siegt«, steht dort. Links davon flattert eine weiße Friedenstaube, neben der ein Kosmonaut, ein Mann und eine Frau die Hände zum Himmel recken. Die beiden Offiziere steigen aus dem Wartburg aus, betreten den schlichten Bürobau, der die Redaktion der Nachrichtensendung *Aktuelle Kamera* be-herbergt.

Auf der Fahrt nach Adlershof hat Fischer seinen Mitarbeiter instruiert. Der »gute Freund« ist Ulrich Makosch, Moderator der Auslandssendung »Objektiv« und stellvertretender Chefredak-teur der Nachrichtensendung. Ein linientreuer SED-Genosse, der seit den 1950er Jahren von der Auslandsspionage der Staatssi-cherheit erfasst ist.[3] Der untersetzte Mittfünfziger mit dem schloh-weißen Haarkranz begrüßt die Stasi-Offiziere höflich, aber distan-ziert. Der Inoffizielle Mitarbeiter »Primus«, so nennt die Stasi ihn bei verdeckten Operationen, lässt an seinem offiziellen Arbeits-platz die Maske nicht fallen. Erst als er die gepolsterte Bürotür hinter sich geschlossen hat, taut Makosch auf.

Gernot Krüger fühlt sich geehrt. Der große Makosch, bekannt vom Bildschirm, will mit ihm einen Film machen.[4]

»Ich finde es ärgerlich«, beginnt der Fernsehmann und setzt sich auf seinen Schreibtischstuhl, »dass wir beim Thema Republikflucht und Ausreise immer mit dem Rücken an der Wand stehen.« Stasi-Oberst Fischer nickt Krüger aufmunternd zu.

»Ich würde mich freuen, Genosse Krüger, wenn wir etwas gegen die Westpropaganda unternehmen könnten, dass alle angeblich nach drüben wollen«, fährt Makosch fort. Einen Film mit Rückkehrern, die die Flucht in den Westen bereuen, den müssten sie drehen! »Diese Leute können aus erster Hand über das wahre Gesicht des Kapitalismus berichten.« Makosch blickt die Offiziere triumphierend an.

Es ist ihm ernst, denkt Krüger, als er die warme, gewinnende Stimme des Moderators hört. Keine leichte Aufgabe, Leute zu finden, die vor die Kamera gehen.

Fischer beugt sich in seinem Sessel vor: »Die Genossen von der Hauptabteilung VII suchen in Röntgental gezielt Aufnahmeersuchende aus, die bei der Zurückdrängung von Ausreiseanträgen eingesetzt werden sollen.«

Die drei Männer sind sich schnell einig: Gernot Krüger soll bei den Bezirksverwaltungen der Staatssicherheit nach geeigneten Interviewpartnern fragen. Er soll die von der Abteilung VII ausgesuchten Rückkehrer in Röntgental testen, ob sie für ein Interview taugen.

Eine aufregende Sache, richtiger Fernsehjournalismus, freut sich Krüger. Mal etwas anderes als die trockenen Artikel im *Neuen Deutschland*. Bisher hat er nur Schulungsfilme für die Stasi gemacht. Gerade arbeitet sein Team am Film »Grünheide« über den Staatsfeind Robert Havemann. Und jetzt soll er sich als Mitarbeiter der »Aktuellen Kamera« ausgeben und Gesprächspartner für den mächtigen Fernsehmann aussuchen. Einen Titel für den Film hat er schon: »Nicht nur Heimweh. Interviews mit Enttäuschten«. Krüger ist zufrieden.[5]

Doch schon im Mai 1985, wenige Wochen nach dem Gespräch in Adlershof, kommt der erste Rückschlag. Die Stasi in den Bezirken tut sich schwer, Teilnehmer für das Filmprojekt zu finden. Krüger führt Buch über die laufenden Projekte seiner Abteilung. Er meldet seinem Vorgesetzten Oberst Fischer: »Ausschließlich fünf Bezirksverwaltungen reichten ihre Meldung über öffentlich auswertbare Vorgänge zur Problematik termingerecht ein. Davon allein die BV Dresden mit der Vorlage von fünf eventuell verwertbaren Beispielen, alle anderen erteilten Fehlmeldung.«[6]

Also nichts Brauchbares aus neun Bezirken. Krüger weiß, dass die offiziellen Zahlen über angebliche Rückkehrer viel zu hoch sind. Höchstens ein paar Hundert sind es pro Jahr, und viele davon sind Gestrandete, die im Westen keine Chance auf dem Arbeitsmarkt haben. Viele würden nur herumstammeln, wenn sie vor einer Kamera säßen. Oder sie würden eine ganz persönliche Geschichte erzählen, die nicht taugt, den Kapitalismus als menschenfeindliches System zu demaskieren. Krüger muss also nehmen, wen er bekommen kann.

Die MfS-Genossen in Dresden erweisen sich als die fleißigsten Beschaffer von möglichen Interviewpartnern. Im Juli melden sie Gernot Krüger einen Mann, der mit Frau und Tochter in Dresden im Bezirksheim auf die Wiedereingliederung in die DDR wartet. Harald Schäfer* und seine Familie haben mehrere Wochen in den Baracken von Röntgental hinter sich. Dort hat Familie Schäfer sich schriftlich verpflichtet, mit den DDR-Behörden zu kooperieren: »Während des Aufnahmeverfahrens erklärte sich die Familie schriftlich bereit, öffentlichkeitswirksam bei der Zurückdrängung von Antragstellern mitzuwirken.«[7] Das hat die zuständige Abteilung VII Krüger gemeldet. Mit sanftem Druck, denkt der Stasi-Journalist, kann er den Mann sicher zu einer Aussage für das Fernsehen bewegen.

Als Krüger die graue Gründerzeitvilla in der Basteistraße in Dresden betritt, trifft er auf einen niedergeschlagenen Harald Schäfer. Seit einer Woche lebt die Familie im Bezirksheim für Rückkehrer in zwei Zimmern und hofft darauf, in die alte Wohnung und an die alten Arbeitsplätze zurückkehren zu dürfen. Schäfer ist seiner Frau zuliebe zurückgekommen, die im Westen an schweren Depressionen litt. Er hat seine Tochter Bettina überredet mitzukommen, die Ältere ist in Süddeutschland geblieben. Jetzt sitzt der Mann bei seiner tief verletzten Familie und weiß nicht, was aus ihr wird. Um den Rückkehrer noch mehr zu demütigen, lässt die Dresdner SED-Bürokratie den Ingenieur als einfachen Arbeiter in der nahen Zigarettenfabrik schuften.

Gernot Krüger merkt schnell, dass der intelligente Ingenieur mitspielen wird. Schäfer scheint zu begreifen, dass der Mann vom Fernsehen ihm helfen wird, hier rauszukommen, wenn er die richtigen Antworten gibt.

Es wird Winter, bis Gernot Krüger seine Interviewpartner beisammen hat. »Wir haben die aussortiert, die nicht wollten, die nur aus privaten Gründen in die DDR kamen oder die nicht glaubwürdig waren«, erzählt Krüger. Vier Frauen und Ingenieur Schäfer sind schließlich bereit, sich von Ulrich Makosch befragen zu lassen. Krüger hat alles bis ins Detail geplant. Im Januar 1986 steuert er mit Makosch und einem Kamerateam der Staatssicherheit eine Wohnung in Dresden an, die die örtliche Stasi für die Gespräche bereitstellt. Eine sogenannte konspirative Wohnung, zwei Zimmer in einem anonymen Plattenbau. Offiziell lebt dort ein alleinstehender Journalist, der beruflich viel unterwegs ist und selten zu Hause. Die Nachbarn kennen ihn kaum. Sie sollen nicht wissen, dass der Mann hauptamtlicher Inoffizieller Mitarbeiter der Stasi ist. Seine Wohnung dient vor allem heimlichen Treffen von MfS-Offizieren mit ihren Spitzeln.

Stasi-Journalist Krüger ist zufrieden, nachdem er die aufgeräumte Wohnung inspiziert hat, in der das Interview mit Harald Schäfer stattfinden soll. Privat soll das Ambiente wirken, in dem die Staatssicherheit reumütige Rückkehrer befragt. Ein Kunstledersofa mit streng gefalteten Kissen, ein Couchtisch mit Spitzendeckchen und darauf drei Nelken in einer schlanken Vase. Die Filmleute von der Stasi merken nicht, dass die Wohnung mit der fast leeren Schrankwand seltsam unbewohnt wirkt. Zu steril, zu ordentlich.

Zwei Stasi-Männer führen Schäfer herein, fast wie einen Gefangenen. Makosch kommt ihm jovial entgegen, schüttelt die Hand, stellt sich und das Team vor. Mit seiner gewinnenden Art und der sanften Stimme versucht er, den unsicher im Wohnzimmer herumblickenden Mann zu beruhigen. Schäfer setzt sich vor das Tischmikrofon. Gernot Krüger hat Makosch die Umstände der Rückkehr der Schäfers aufgeschrieben, und der Moderator bemüht sich jetzt, Kontakt zu dem verstockt wirkenden Mann aufzubauen: Wie geht es der Familie? Ist Arbeit in Sicht? Natürlich, das dauert, bis alles wieder in Ordnung kommt.

Makosch gibt sich besorgt, nickt verständnisvoll, während Schäfer nach Worten ringt. Ahnt der Rückkehrer, mit wem er es zu tun hat? Zumindest muss er wissen, dass das hier eine Prüfung ist. Makosch braucht eine Geschichte über die Herzlosigkeit der westlichen Gesellschaft. Krüger bewundert den Fernsehmann, wie der sein Gegenüber beruhigt, dann wieder mit Scherzen aus der Reserve zu locken versucht.

Als die Arriflex leise schnarrend läuft, tastet sich Schäfer mühsam an die richtigen Worte heran. Er erzählt von verzweifelter Arbeitssuche im Westen. Bei 30 Firmen habe er sich beworben, das müsse man sich mal vorstellen. Und immer vergeblich:»Mit Mitte 40 ist man aus dem besten Alter in der BRD heraus«, berichtet er. »Arbeit findet nicht der, der arbeiten will, Arbeit findet, wer welche bekommt.« Das wollen sie hören. Während Schäfer spricht, blickt Makosch ihm freundlich in die Augen, und Krüger nickt ihm aufmunternd zu.

Der Moderator weiß, dass Schäfer sich anstrengen muss, um diese Geschichte zu erzählen. Denn das ist nicht die Wahrheit. Er hatte Arbeit im Westen, und die Familie ist nicht zurückgekehrt, weil es im Kapitalismus nicht auszuhalten war.

Nach einer halben Stunde Interview packt das Stasi-Team zufrieden die Ausrüstung ein. Harald Schäfer sitzt zusammengesackt auf dem Sofa und sieht teilnahmslos zu. Er hätte eine ganz andere Geschichte zu erzählen, doch die würde ihm nur schaden.

Der Antrag

1980 haben Harald und Renate Schäfer genug von der DDR. Noch immer ist die Versorgungslage schlecht. Tochter Birgit ist dauernd krank. Schon fünfmal ist sie am Dünndarm operiert worden. Damit sie Vitamine bekommt, muss ihr ein Arzt ein Rezept ausstellen, mit dem sie in der Kaufhalle Bananen kaufen kann. Sogenannte Bückware. Und die Jüngere, Bettina, verträgt die Braunkohlenluft nicht. Sie hat Asthma, hustet jede Nacht.

Am politischen Horizont sind wieder einmal düstere Wolken aufgezogen. Zwischen den beiden deutschen Staaten herrscht Eiszeit, seit die Sowjetunion in Afghanistan einmarschiert ist. Bundeskanzler Helmut Schmidt verschiebt Anfang des Jahres seine Reise in die DDR. Im Sommer sagt er endgültig das geplante Treffen mit Honecker am Werbellinsee ab. In Polen streiken die Werftarbeiter, und die DDR lässt keine Zweifel an ihrer bedingungslosen Treue zur Sowjetunion. Erst nach der Wende wird übrigens bekannt, dass Honecker nicht davor zurückgeschreckt wäre, mit der NVA in Polen einzumarschieren und den Aufstand niederzuschlagen.

Beruflich tritt Harald Schäfer auf der Stelle. Er ist Konstrukteur in einem Volkseigenen Betrieb, der Verkleinerungsmaschinen aus Kunststoff herstellt, Plastikschredder und Mühlen. Die Arbeit erscheint ihm zunehmend sinnlos. Es fehlt an Devisen für Investitionen. Seine Maschinen werden nie gebaut. Die Firma produziert weiter die veralteten Anlagen aus den 1960er Jahren, und Schäfers Konstruktionszeichnungen landen im Papierkorb. Stillstand. Die Schäfers reichen im August 1980 für sich und die erwachsenen Töchter einen Antrag auf Übersiedlung in die Bundesrepublik ein. Die 20-jährige Tochter Birgit ist verlobt – auch ihr künftiger Mann stellt einen Ausreiseantrag.

Fast vier Jahre halten die DDR-Behörden die Familie hin. Harald kündigt seine Arbeit, arbeitet als Altrohstoffaufkäufer beim Volkseigenen Kombinat Sekundär-Rohstofferfassung (SERO). Die Staatssicherheit notiert: »Zur Durchsetzung ihres Ersuchens traten sie demonstrativ aus allen gesellschaftlichen Organisationen aus. Der S. und seine Tochter nahmen eine nicht der Qualifikation entsprechende Tätigkeit auf.«[8]

Doch die Schikanen sind erträglich, und Schäfers hoffen weiter auf ihre baldige Übersiedlung. Im März 1984 geschieht das Wunder. Sie alle dürfen raus, auch der Schwiegersohn.

»Wie aus einem Müllsack ausgeschüttet«, erzählt Renate Schäfer, seien sie im überfüllten Notaufnahmelager Gießen angekommen, mit hastig gepackten Koffern. Nur schnell raus aus der Enge des alten Kasernengebäudes! Die ältere Tochter findet mit ihrem Verlobten schnell Arbeit und Wohnung in einer süddeutschen Großstadt. Auch die Eltern können nach ein paar Tagen im Lager in die Nähe der Tochter ziehen. Bettina findet einen Job bei einer Bank, doch Harald bewirbt sich vergeblich bei verschiedenen Firmen. Mit seinem von der DDR-Industrie geprägten Wissen ist der Konstrukteur im Westen nicht gefragt. Doch er gibt die Hoffnung nicht auf, spricht unermüdlich in Firmen vor.

Renate läuft erschüttert durch die Innenstadt. Sie streift durch Drogeriemärkte, in denen Hunderte von Shampoos und Duschgels zur Auswahl stehen, kann die Vielfalt an Pflanzen in den Blumenläden kaum fassen. Das ist das Paradies, denkt sie, wenn sie den Einkaufswagen durch den Supermarkt schiebt, der nichts mit der schäbigen Kaufhalle zuhause gemein hat. Und doch nagt etwas in ihr, das immer stärker wird. Manchmal sitzt sie am Küchentisch und kann nicht aufstehen. Eine eiserne Faust scheint ihr Herz zu umklammern. Einkaufen, das Abendessen kochen? Unmöglich. Etwas drückt sie auf den Stuhl, nimmt ihr alle Kraft.

Es ist Sommer, als Harald nach dem Einkaufen seine Frau reglos auf dem Sofa findet. Sie hat sich erbrochen, die Schlaftabletten haben zum Glück ihre tödliche Wirkung nicht entfalten können. Immer wieder hatte Renate zuvor geklagt, dass sie in der fremden Stadt nicht heimisch werde. Sie fühle sich entwurzelt, wie aus der Heimat ausgeschlossen. Die Nachricht, dass die DDR ein Einreiseverbot gegen die Schäfers verhängt hat, war wohl zu viel. Harald schreibt an den Rat des Kreises Dresden, bittet schweren Herzens um Rückkehr. Doch die SED-Funktionäre reagieren nicht auf den Brief des »Verräters«.

Im Spätherbst findet Harald Schäfer endlich Arbeit als Konstrukteur. Doch kann das seine Frau noch umstimmen? Renate reagiert äußerst verhalten auf die freudige Nachricht. Seit Wochen findet sie kaum noch die Kraft, irgendetwas zu tun. Sie bittet Harald schließlich um ein großes Opfer: Er, der lieber im Westen bleiben will, soll Erich Honecker um Wiederaufnahme der Familie in die DDR bitten, in ihrem Namen.

Mit einem unguten Gefühl spannt Harald Schäfer Anfang 1985 den Bogen in die Maschine. Renate liegt auf dem Sofa und diktiert:

»Sehr geehrter Herr Vorsitzender des Staatsrates der DDR!

Wir bereuen sehr, daß wir den Ausreiseantrag gestellt haben. Wir erkannten schon nach Passieren der Grenze, daß uns die Einstellung und Lebensweise der Menschen in der BRD sehr fremd sind und nicht zusagen ... Bitte geben Sie im humanistischen Sinne irregeleiteten und reuevollen Menschen eine Chance, ihr Leben wieder ohne Existenzangst und Zukunftsangst im sozialistischen Vaterland fortsetzen zu können. Im Auftrag der Familie: Renate Schäfer.«[9]

Doch Honecker schweigt. Das Rückkehrgesuch wird an die zuständige Stasi-Dienststelle in Dresden weitergereicht. Der Leiter, Generalmajor Böhm, ist misstrauisch. Was, wenn der Bundesnachrichtendienst in Gießen die Familie umgedreht hat? Eine ganze Geheimdienstsippe, die in der DDR ein Agentennetz aufbauen will, um den Sozialismus zu unterminieren? Nicht auszudenken, was das für ein Überwachungsaufwand wäre! Böhm meldet nach Berlin, dass er die Rückkehr der Schäfers ablehnt. Doch er stößt auf taube Ohren. Die Zentrale hat andere Pläne. Die Familie aus Sachsen ist für eine Propagandaaktion vorgesehen, die Staatspartei und Stasi im März 1985 starten.

»Über 20 000 wollen zurück«

Am Morgen des 5. März 1985 eilt ein Bote über die langen Flure des grauen Bürogebäudes am Werderschen Markt. In der früheren Reichsbank, dem ersten Großbau der NS-Zeit, sitzt das Zentralkomitee der SED, das Machtzentrum der DDR. In Hunderten von Büros hocken die Sekretäre und Referenten des gigantischen Parteiapparates und ordnen Akten, verfassen Vorlagen. Der Bote verteilt Kopien eines Schreibens von Erich Honecker in die Postfächer der Mitglieder des Zentralkomitees. Der Generalsekretär hat eine wichtige Neuigkeit für seinen Führungszirkel: Am nächsten Tag, schreibt Honecker, werde das *Neue Deutschland* eine Liste von 113 ehemaligen DDR-Bürgern veröffentlichen, die in den Sozialismus zurückkehren wollen. In welchem anderen Land der Welt würde es so etwas geben? Ein Partei- und Staatschef kündigt den Spitzen des Machtapparates, den Ministern, Generälen und SED-Bezirkssekretären einen Zeitungsartikel an, der am nächsten Tag auf der Seite drei der größten Zeitung stehen wird. Das muss eine große Sache sein.

Monatelang hat Erich Mielkes Staatssicherheit Fälle von Rückkehrwilligen zusammengetragen. Nichts ist nach außen gedrungen. Jetzt ist es soweit: Die DDR schlägt zurück, will der Propaganda des Westens endlich etwas entgegensetzen. Die BRD-Medien berichten ohne Unterlass über Hunderttausende von DDR-Bürgern, die angeblich rauswollen. Nun sollen im *Neuen Deutschland* die zu Wort kommen, die den Westen kennengelernt haben und trotzdem lieber in der DDR, hinter der Mauer leben wollen. Die SED-Führung hofft verzweifelt, dass die Antragsflut der Ausreisewilligen durch die Veröffentlichung etwas zurückgeht, dass Zweifel am goldenen Westen aufkommen.

Die SED-Führung um Honecker ahnt nicht, dass nur fünf Tage später in Moskau eine Entscheidung von viel größerer Tragweite fallen wird. Statt des Hardliners Viktor Grischin wird der reformfreudige Michail Gorbatschow zum Generalsekretär der Kommunistischen Partei der Sowjetunion (KPdSU) und somit zum mächtigsten Mann im Land gewählt. Der 54-Jährige soll die Sowjetunion ins nächste Jahrtausend führen. Dieser Machtwechsel ist der Anfang vom Ende der UdSSR und der DDR.

Doch dieses Beben ist in Ost-Berlin noch nicht zu spüren, als am Mittwoch, dem 6. März 1985, im *Neuen Deutschland* die Namen und Wohnorte von 80 Familien stehen, die das Leben im Westen kennengelernt haben und dennoch auf die Freiheit verzichten wollen. 113 Menschen, die angeblich nur eine winzige Gruppe einer viel größeren Bewegung sind: »Über 20 000 Ehemalige wollen zurück« titelt das *ND* prahlerisch. So viele Menschen hätten sich hilfesuchend an die DDR-Organe gewandt, um zurückkehren zu dürfen. Das Außenministerium sei beauftragt, die Anträge zu prüfen.

Unter der Überschrift stehen fettgedruckt die Motive der angeblich Rückkehrwilligen:

»Wir sind von den Verhältnissen in der BRD enttäuscht – Wir möchten zurück aufgrund der wachsenden Arbeitslosigkeit – Ich hatte falsche Vorstellungen vom Leben in der BRD – Ich bin enttäuscht über die soziale Unsicherheit in der BRD.«

Von Baumann bis Zielinski reicht die Liste der Namen, und mittendrin steht Familie Schäfer mit ihrem Wunsch. »Sie möchten in die DDR zurück, weil sie von den realen Lebensbedingungen in der BRD enttäuscht sind und um ihre Existenz und soziale Sicherstellung aufgrund der wachsenden Arbeitslosigkeit bangen. Für sie bedeutet das Leben in der BRD, einen unmenschlichen Lebenskampf zu führen.«

Unmenschlicher Lebenskampf, das ist kein Ausdruck, den Harald Schäfer in seinen Briefen benutzt hat. Aber er stimmt so ungefähr mit dem überein, was der Familienvater in unterwürfigen Worten dem Staatsrat geschrieben hat: »Bitte geben Sie irregeleiteten und reumütigen Menschen eine Chance.« Von Renates psychischen Problemen kein Wort.

Rückkehr

Ende März 1985 findet Harald Schäfer im Briefkasten ein Schreiben aus der DDR: »Ihr Wunsch um Aufnahme in die DDR wurde durch uns geprüft und zur weiteren Bearbeitung an die dafür zuständigen staatlichen Organe der DDR weitergeleitet. Bitte finden Sie sich in Vorbereitung einer Aufnahme in der DDR in der Auskunfts- und Aufnahmestelle 1100 Berlin, Parkstraße 41 ein.«[10]

»Ihr seid verrückt«, schreit Birgit, »vollkommen verrückt!« Sie wird mit ihrem Verlobten nicht in die DDR zurückziehen, und auch Bettina zögert. »Tu es der Mutter zuliebe«, fleht der Vater immer wieder, und schließlich gibt Bettina nach. Birgit könne sie ja jederzeit besuchen, und vielleicht dürften die Schäfers auch mal raus. Das Schreiben der DDR-Behörden klingt nicht unfreundlich. Schließlich muss der SED-Staat froh über jeden sein, der zurückkommt, denken die Schäfers. Sie sondieren im April in Berlin zunächst in der Pankower Aufnahmestelle die Lage und packen dann Anfang Juli die Koffer.

Hinter Rudolphstein beginnt das Niemandsland zwischen den deutschen Staaten. Über der Autobahn hängt das blaue Schild, das die Reisenden in drei Spuren dirigiert. Rechts die Lastwagen, in der Mitte der Transitverkehr nach West-Berlin, links die Spur zur »Einreise DDR«. Harald lenkt den Fiat Mirafiori auf den Grenzübergang Hirschberg zu. Die Kontrolle ist kurz, als wären sie angekündigt. Das Schreiben aus Pankow erspart ihnen offenbar die unangenehme Durchsuchung des Fahrzeugs.

Es geht vorbei an Gera und Leipzig, über den Berliner Ring um die Stadt herum zur Anlaufstelle in Berlin-Pankow und dann zum Aufnahmeheim in Röntgental. Familie Schäfer muss auf dem letzten Stück einem grauen Lada folgen. Als sich das Blechtor des Zentralen Aufnahmeheims schließt, winkt ein Uniformierter den Wagen in eine Garage. Harald Schäfer muss die Nummernschilder abschrauben und die Reisedokumente der Familienmitglieder abgeben. Jetzt können wir nicht mehr zurück, geht es ihm durch den Kopf. Jetzt sind wir keine Bundesbürger mehr. Was Bettina wohl fühlt? Sie steht wie versteinert neben dem Wagen. Vor ein paar Wochen waren sie zu dritt in Paris. Drei wundervolle Tage. So etwas werden sie nie mehr erleben.

Jetzt gehen Schäfers mit ihren Koffern auf drei eingeschossige Baracken zu. Die weiß gestrichenen Holzbauten haben Flachdächer und sehen aus wie ein Ferienlager. Doch es ist seltsam still. Eine Frau schließt die zweite Baracke auf, führt sie durch einen Gang. Ein Zimmer für drei Personen! Hier sollen sie leben. Hoffentlich nicht zu lange. Ein paar Tage lässt es sich aushalten, dann geht es bestimmt zurück nach Hause in die alte Wohnung und zu den Freunden. Um bloß keine Schwierigkeiten zu bekommen, verhalten Renate und Harald sich mustergültig. Renate bietet sich an, wenn irgendwo geputzt werden soll, sie nimmt an den langweiligen Schulungsabenden teil. Mitarbeiter der Staatssicherheit beobachten jeden ihrer Schritte: »Vormittags bereitwillig gearbeitet, zum Diavortrag erschienen, interessant gefragt, an Kaffeetafel mit Mann teilgenommen, sich unterhalten und beim Kegeln zugeschaut, abends bis 22 Uhr noch draußen gesessen.«[11] So steht es auf einer linierten Karte, auf der Mitarbeiter des DDR-Geheimdienstes Tag für Tag das Verhalten der Rückkehrer bewerten.

In Dresden sitzt Oberstleutnant Flader von der örtlichen Stasi-Dienststelle an seiner Schreibmaschine. Seine Diensteinheit, tippt er, lehne die Rückkehr der Flüchtlingsfamilie in ihre Heimatstadt ab. Generalmajor Böhm von der Bezirksverwaltung des MfS stimmt zu: Schäfer darf auf keinen Fall an seinen alten Arbeitsplatz als Konstrukteur zurück. In Schäfers Betrieb trifft sich das Parteiaktiv der SED. Die Empörung über Familie Schäfer ist groß. Die Genossen diskutieren erregt: »Erst verraten sie uns, um dann wieder um Aufnahme zu betteln!« Sie wollen sich gegenseitig an Linientreue überbieten. Die SED-Mitglieder aus dem Betrieb in der alten Heimatstadt bei Dresden heben die Hände, auch die Genossen im früheren Wohngebiet sprechen sich gegen die Schäfers aus. Wenn sie schon zurückkommen, sollen sie woanders wohnen.

Eine Woche lang hat die Stasi Familie Schäfer in Röntgental durch die Mangel gedreht, täglich verhört. Die Hauptabteilung VII/3 empfiehlt, die reumütige Familie wieder aufzunehmen. Doch wo sollen sie hin? Erst einmal raus aus Röntgental, in das Bezirksaufnahmeheim in Dresden. Einen Monat wird es dauern, bis der SED-Staat der Familie eine Wohnung zuweist. Sie müssen in einen Nachbarort ziehen, 30 Kilometer von der alten Heimat entfernt.

Nachdem Vater Harald sich beim Interview mit Ulrich Makosch kooperativ gezeigt hat, bekommt er eine Arbeit als Konstrukteur. Er soll statt Plastikmühlen jetzt LPG-Ställe konstruieren.

Wieder sind sie unter Fremden, wie schon im Westen. Im Landtechnischen Anlagenbau beäugen die Kollegen den Neuen misstrauisch. Wieso kehrt der zurück aus dem Westen, wo doch dort alles besser ist? Soll er sie aushorchen? Ist der grauhaarige Ingenieur ein Spitzel der Staatssicherheit, der Unfrieden in den Betrieb bringen soll? Wenn Harald Schäfer mittags mit seinem Tablett einen Tisch ansteuert, an dem die Kollegen aus seiner Abteilung hocken, kommt es vor, dass sie aufstehen und sich demonstrativ wegsetzen.

»Mir ist aufgefallen«, berichtet Stasi-Spitzel »Ina Berger«, »daß er relativ wenig Kontakte im Betrieb hat bzw. unterhält.«

»Ina Berger« sitzt am Nebentisch, wenn Harald Schäfer schweigend sein Mittagessen kaut. Sie berichtet der MfS-Dienststelle Dresden, was die Leute im Betrieb so reden, meldet staatsfeindliche oder zersetzende Äußerungen. Sie beschreibt die Isolation von Harald Schäfer: »Das wird z. B. sichtbar beim Mittagessen, wo er meist gesprächslos dasitzt und in die Unterhaltungen der mit ihm am Tisch Sitzenden sich wenig einbezieht.« [12]

Immer häufiger kommt Harald nach der Arbeit betrunken nach Hause.

Abnahme

Die Mühlen mahlen langsam bei der Staatssicherheit. Es ist Ende 1986, als Gernot Krüger und Ulrich Makosch ihren Film »Nicht nur Heimweh« präsentieren. Ein Jahr ist seit den Dreharbeiten mit den Rückkehrern vergangen. Krüger hat mit dem Fernsehmann Interviews in Dresden, Neubrandenburg, Rostock und Schwerin aufgenommen. Die Rückkehrer-Kampagne im *Neuen Deutschland* ist weitgehend wirkungslos verpufft. Der Feind, das Westfernsehen, hat einige der Rückkehrergeschichten als falsch entlarven können. Keine guten Voraussetzungen für eine erfolgreiche Abnahme, die Filmvorführung findet vor hohen MfS-Offizieren statt. Der Stasi-Journalist und der Moderator haben Szenen aus dem Westfernsehen über Rückkehrwillige an den Filmanfang montiert. Das soll die Glaubwürdigkeit ihres eigenen Films erhöhen. Sie haben geschickt die Szenen ausgewählt, in denen DDR-Bürger im bundesdeutschen Aufnahmelager Gießen über Arbeitslosigkeit und mangelnde Perspektiven im Westen Auskunft geben. Dann folgen die zusammengekürzten Interviews mit Edith S. aus Dresden, Hannelore O. aus Rostock, Waltraud S. aus Güstrow und Harald Schäfer, dem Ingenieur aus Sachsen. Die Rückkehrer berichten von der hohen Arbeitslosigkeit in der Bundesrepublik, beschreiben die Kälte der Menschen, die fehlende Solidarität. Harald Schäfer darf sogar kritische Worte über den Neuanfang in der DDR sagen. Niemand solle sich die Rückkehr leicht vorstellen, erklärt der Ingenieur mit schwerfälligen Worten. Man könne nicht da wieder anfangen, wo man aufgehört habe, sagt er. Die Menschen, mit denen man vor der Flucht befreundet war, seien womöglich nicht mehr da oder hätten sich abgewandt.

Während der Schlussmoderation setzt Ulrich Makosch ein besorgtes Gesicht auf:

»Meinen Gesprächspartnern fiel es, Sie werden es gemerkt haben, nicht leicht, über ihren Irrtum, über ihren Irrweg zu berichten. Sie waren dennoch dazu bereit, um anderen ähnliche Erfahrungen zu ersparen. Ich danke ihnen.«

Wie enttäuscht ist Makosch, als die Stasi entscheidet, den Film nicht im Fernsehen zu zeigen. Er hat doch alles richtig gemacht, hat die Menschen zum Sprechen gebracht und sich um die größtmögliche Glaubwürdigkeit des Films bemüht. Nein, sagen auch die Fernsehgewaltigen, das Risiko könne man nicht eingehen. Was, wenn einer die Rückkehrer auf der Straße erkennt und von ihnen erfährt, dass alles ganz anders war, dass der Stasi-Film nur die halbe Wahrheit sagt? Gernot Krüger hat dennoch gut zu tun: Er klebt den Abspann des Filmstudios Agitation an die Schlussmoderation. »Nicht nur Heimweh« wird zum internen Schulungsfilm für Stasi-Offiziere. Dann lässt Krüger die Interviews auf Tonkassetten überspielen und schneidet mit zwei Kassettenrekordern eine Hörfassung zusammen. Die überleitenden Texte spricht er selber. Ende 1986, nach fast zwei Jahren Arbeit, kann er Oberst Fischer Vollzug melden. 20 Filmkopien wurden für die Stasi-Bezirksverwaltungen angefertigt, 300 Tonkassetten stehen für die Schulung bereit. »›Heimweh‹ planmäßig realisiert«, notiert Krüger am 15. Dezember 1986.[13]

Operation »Besinnung«

Das MfS hat seit der Rückkehr der Familie Schäfer ein feines Netz von Spitzeln gesponnen, die die Rückkehrer genau beobachten. Die Operative Personenkontrolle hat den Decknamen »Besinnung«. Generalmajor Böhm diktiert einen Maßnahmenplan: Über zwei Jahre lang wird das Telefon der Familie Schäfer überwacht. Kein Westkontakt soll der Stasi entgehen, keine staatsfeindliche Äußerung. In Harald Schäfers Betrieb sorgt IM »Ina Berger« für kontinuierliche Beobachtung. Sie meldet, dass über Renate Schäfer Gerüchte kursieren: »Mir ist bekannt, daß es im Betrieb unter Kollegen Meinungen zur Ehefrau des S., die im IFA-Karosserie-werk arbeiten soll, gibt. Sie würde in ihrem Betrieb relativ viel schwatzen, so daß man den Eindruck hätte, als wenn sie die Kollegen teilweise provozieren und aushorchen wollte.«[14]

Renate Schäfer, eine Spionin der imperialistischen Geheim-dienste? Böhm ordnet an, dass eine geeignete Quelle im Wohnge-biet der Schäfers abzuschöpfen sei. Am Arbeitsplatz der Tochter steht IM »Herrmann« bereit, um alles Verdächtige zu melden.

Endlich ist auch in der Nachbarschaft der Schäfers ein zuverläs-siger Zuträger gefunden. Er macht sich mit bedeutenden Informa-tionen wichtig: »Im Wohngebiet wird die Familie S. schlecht be-leumundet, sie gilt als verrufen.«[15]

So geht das zweieinhalb Jahre. Eine Rundum-Überwachung, die erst am 22. Juni 1988 endet. Die Stasi findet nichts Verdächti-ges über die Rückkehrer-Familie heraus. Die Spitzel ermitteln, dass Harald Schäfer mit einer Mitgliedschaft in der Blockpartei LDPD liebäugelt. Den Eintritt verhindert die Stasi. Ihre Mitarbei-ter führen zwei Jahre lang eine »M-Kontrolle« gegen die Schäfers durch, filzen also alle Briefe und Pakete von der Familie und an die Familie – ohne Ergebnis. Doch die Staatssicherheit erreicht, dass die Schäfers völlig zermürbt sind.

Ausreise der Tochter

Bettina Schäfer pendelt jeden Tag nach Dresden, dort hat sie Ar-beit als Sachbearbeiterin in der Denkmalpflege gefunden. Die Ba-rockstadt an der Elbe liegt wie im Dornröschenschlaf. »Tal der

Ahnungslosen« heißt die Gegend in Sachsen, deren Bewohner das Westfernsehen nicht empfangen können. Niemand versteht, dass Bettina ihrer Mutter zuliebe zurückgekommen ist. Alle scheinen wegzuwollen aus der DDR. Ständig wird getuschelt: Wieder ist einer drüben geblieben, wieder hat jemand vom Urlaub in Ungarn aus die Flucht in den Westen gewagt. »Dresden wird leer«, denkt Bettina.

Die Stunden im Büro, fern von den Eltern, tun der 20-Jährigen gut. Sie sieht, wie der Vater in ein immer tieferes Loch fällt. Sie und Harald Schäfer haben das alles nur der Mutter zuliebe gemacht. Die sollte doch froh sein, dass sie endlich ihren Willen hat. Und was macht Renate? Sie schluckt Antidepressiva und jammert ständig herum.

Vor ein paar Wochen hatte die Mutter einen regelrechten Nervenzusammenbruch. Sie hat geschrien, sich heulend am Boden gewälzt. Die Polizei hat ihnen verboten, zu Bärbels Hochzeit in den Westen zu fahren. Nach langer Bettelei hat Renate die Beamten erweichen können: Sie und Harald dürfen fahren, Bettina muss in der DDR bleiben. Ein Schlag in die Magengrube. Lange wird die junge Frau das nicht mehr mitmachen.

Im August 1989 hat Bettina Schäfer genug von der DDR und von ihrer Mutter, der sie die gemeinsame Rückkehr in die DDR nicht verzeihen kann. »Ich fahre mal nach Prag«, erklärt sie lapidar ihren Eltern und schlägt sich dort zur bundesdeutschen Botschaft durch. Die Zustände dort sind entsetzlich: wieder ein Lager, überfüllt mit über 3000 Menschen, die im Freien auf dem blanken Boden und in Zelten übernachten. Die Camping-Toiletten laufen über und stinken bestialisch.

Nach Wochen des Wartens tritt am 30. September ein Mann auf den Balkon des Botschaftsgebäudes: »Liebe Landsleute, wir sind heute zu Ihnen gekommen, um Ihnen mitzuteilen, dass heute Ihre Ausreise ...« Weiter kommt Hans-Dietrich Genscher nicht, der westdeutsche Außenminister. Bettina ist mittendrin im tosenden Jubel. Endlich frei.

Kurz darauf steht Bettina im voll besetzten Zug nach Westen, drückt das Gesicht an die Scheibe. Der Interzonenzug fährt durch den Hauptbahnhof von Dresden, viel zu schnell. Am Fenster jagen die Gesichter von Hunderten von Menschen vorbei, die sich die Lunge aus dem Leib schreien. Einige versuchen, die Polizeikette auf dem Bahnsteig zu durchbrechen, um auf den Zug zu springen. Die Volkspolizei knüppelt brutal auf die Demonstranten ein. Wie es den Eltern wohl geht, überlegt Bettina. Sie haben jetzt beide Töchter verloren.

Zum Glück fällt ein paar Wochen später die Mauer. Doch Familie Schäfer kommt nicht zur Ruhe. Jetzt wird abgerechnet. »Mutti, wie konntest Du mir das nur antun?«, fragt Bettina. »Mir und dem Vati.«

Harald Schäfer wird nach der Wende arbeitslos. Viehställe braucht sein Volkseigener Betrieb jetzt nicht mehr, die Treuhandanstalt wickelt die Firma ab. Der Job als Pförtner ist eine Demütigung, die Harald nicht lange aushält. Er fährt in den Westen zu den Töchtern, um als Ingenieur neu anzufangen. Doch das westliche Arbeitspensum und die Fortbildungen schafft er mit über 50 nicht mehr. Eine Weile pendelt er zwischen Sachsen und Württemberg, nach ein paar Monaten bleibt er bei seinen Töchtern in Süddeutschland. Renate Schäfer wohnt jetzt allein in Hoyerswerda auf einem Dreiseithof, den sie von ihrer Großmutter geerbt hat. »Ich habe viel geweint nach der Wende«, sagt sie in die Stille hinein. »Die Elbe ist zur Hälfte mit meinen Tränen gefüllt.«[16]

Im Büro des Lohnsteuervereins ist das Gespräch mit dem Filmemacher von der Staatssicherheit zu Ende. »Warum soll ich ein schlechtes Gewissen haben?«, fragt Gernot Krüger und hebt trotzig den Kopf. »Das war doch eine tolle journalistische Aufgabe.«[17]

Verdeckter Einsatz
Als Inoffizieller Mitarbeiter an mehreren Fronten

»Ich möchte in die DDR übersiedeln«, sagt Dieter Berle* mit trockener Kehle. Der Satz, den er so oft geübt hat, klingt in diesem Moment unsicher, fragend. Seine Stimme hört sich an wie im Stimmbruch. Doch der Grenzer reagiert kaum. Ist er eingeweiht? »Einen Moment bitte«, sagt der Mann in der grauen Uniform.

In den Staat, in dem Dieter Berle künftig leben will, zieht es im Mai 1989 kaum jemanden. Im Januar des Jahres erzwangen 20 DDR-Bürger ihre Ausreise in den Westen. Sie besetzten die Ständige Vertretung der Bundesrepublik, bis die DDR nachgab und sie ziehen ließ. Viele wollen nicht mehr hinnehmen, dass das starre SED-Regime weitermacht wie bisher, während in der Sowjetunion, in Polen und Ungarn die Hoffnung auf mehr Freiheit wächst. Die DDR-Staatsführung hat vor kurzem die Auslieferung der sowjetischen Zeitschrift *Sputnik* verboten, die ausführlich über Gorbatschows Reformpolitik berichtet, und lässt immer noch auf jeden schießen, der fliehen will. Der Tod von Chris Gueffroy an der Berliner Mauer liegt erst einige Wochen zurück. In Polen ist die oppositionelle Gewerkschaft Solidarność wieder zugelassen, und an der ungarisch-österreichischen Grenze beginnt man am 2. Mai mit dem Abbau der Sperranlagen – genau an dem Tag, an dem Dieter Berle im Bahnhof Friedrichstraße darum bittet, DDR-Bürger werden zu dürfen.

Der Grenzer blättert den westdeutschen Pass auf, hält die Seiten gegen das Licht der altmodischen Tischlampe, die vor ihm steht, kneift die Augen zusammen. Die Sekunden verstreichen zäh. Berle schwitzt. Das merkt der DDR-Grenzbeamte, zieht die Augenbrauen leicht hoch, ohne den starren Gesichtsausdruck zu wechseln. Hat er irgendeinen Verdacht geschöpft? Dann legt er den

Ausweis aufgeklappt auf den Tisch. Ein Schnarren ertönt. Berle kann nicht erkennen, was mit seinem Ausweis passiert. Offenbar wird das Papier gerade kopiert. Der Grenzer legt das Dokument neben sich und wartet. Sein Gesicht verrät nicht, ob er die Fälschung erkannt hat. Vor dem Beamten im Container am Bahnhof Friedrichstraße steht nicht der West-Berliner Fotograf Berle, sondern Rainer Eisner* aus Potsdam-Babelsberg, 29 Jahre alt. Der drahtige junge Mann mit dem vollen braunen Haar hat den Auftrag, mit falscher Identität ins Zentrale Aufnahmeheim für Übersiedler zu gelangen. Mit seinem falschen Ausweis soll er die Volkspolizisten täuschen, die ihn dann ins Heim zu den DDR-Rückkehrern bringen werden. Rainer Eisner ist Hauptamtlicher Inoffizieller Mitarbeiter des Ministeriums für Staatssicherheit.[1]

Endlich geht die Tür auf, und ein Volkspolizist führt Dieter Berle schweigend in einen leeren Raum. Zwei Stunden lassen sie ihn schmoren, die Tür ist von außen verschlossen.[2] Haben sie die Fälschung bemerkt? Das wäre nicht seine Schuld, dann würde das MfS sie schon in ihre Schranken weisen.

Doch Berles Unruhe ist unbegründet. Zwei Zivilpolizisten holen ihn aus dem Warteraum und führen ihn zu einer silbernen Aluminiumtür. Ein Polizist schließt auf, nach kurzem Blick über die Schulter. Über eine schmale Betontreppe kommen sie zu einer zweiten Tür, die ebenfalls auf- und hinter den dreien wieder abgeschlossen wird. Dann geht es ins Freie. Berle steigt in einen grauen Barkas, setzt sich in die zweite Sitzreihe. Die Polizisten schließen die Tür ab und nehmen vorn Platz. Mit lautem Zweitakterknattern verlässt der Transporter das Bahnhofsgelände Richtung Norden. Die Volkspolizisten sprechen nicht mit dem Mann, den sie für einen Fotografen aus West-Berlin halten. Sie wissen nicht, dass hinter ihnen ein Kollege sitzt.[3]

Bei der Gesellschaft für Sport und Technik (GST) hat Rainer Eisner schon als Jugendlicher seine Begeisterung für alles Militärische ausleben können, hat Tauchen gelernt. Nach der Schule macht er eine Lehre als Instandhaltungsmechaniker. Einer, den sie bei der Armee gut gebrauchen können. Doch Rainer Eisner meldet sich nicht zum Wehrdienst in der NVA, sondern zum Ersatzdienst bei der 20. Volkspolizei-Bereitschaft in Potsdam-Eiche. Hier steht auch die Juristische Hochschule der Staatssicherheit.

Und das MfS wird früh auf den sportlichen Volkspolizisten aufmerksam, der es mit 20 Jahren zum Gruppenführer der Tauchergruppe einer Spezialeinheit bringt.[4] Viele Freunde hat er nicht, denen er seine Spitzeltätigkeit verraten könnte.

»Er besitzt keinen festen Umgangskreis«, notiert die Potsdamer Stasi-Abteilung VII/4. »In der Freizeit widmet er sich seinem Hobby, dem Schiffsmodellbau.«[5] Als das MfS den ehrgeizigen Eisner auffordert, seine Polizeikollegen zu bespitzeln, sagt er sofort zu. Rainer Eisner wird Offizier der Volkspolizei und zugleich im Oktober 1982 Inoffizieller Mitarbeiter für Sicherheit (IMS) des MfS. Er erweist sich als ein Könner in der Konspiration. »Ausgeprägtes tschekistisches Verhalten«, lobt sein Führungsoffizier. Eisner findet für das MfS heraus, dass sich im »Arbeiterjugendclub Spartacus« in Berlin eine oppositionelle Gruppe formiert hat, die sich »Die Stube« nennt. Nach Feierabend geht der junge Mann in Zivil in den Jugendklub, besucht Veranstaltungen der »Stube« über Kunst und Fotografie, berichtet, wen er dort trifft und wer mit wem Kontakt hat. Der Stasi-Spitzel meldet ein Netzwerk »feindlich-negativer, dekadenter sowie kriminell-gefährdeter Personen«.[6] Doch der Wunsch, Hauptamtlicher Mitarbeiter der Staatssicherheit zu werden, bleibt zunächst unerfüllt. Rainer Eisner beschließt, die Stasi noch mehr zu beeindrucken.

Im Einsatz

Der Barkas mit dem Aufnahmeersuchenden Dieter Berle alias Rainer Eisner alias IM »Robert« rumpelt durch enge Vorortstraßen mit Kopfsteinpflaster. Endlich taucht am Ende eines Feldes rechts von der Straße das graue Hochhaus auf. Das muss Haus 11 sein, der Neubau des ZAH, in dem die Rückkehrer festgehalten werden, denkt Berle. An der Wache stehen zwei Volkspolizisten und salutieren knapp vor ihren Kollegen, die ihnen Berles Ausweis hinausreichen und den Barkas durch die Schranke rollen lassen. Sie holen Dieter Berle aus dem Transporter und führen ihn direkt in das Hochhaus, wie einen Gefangenen. Das gefällt ihm, doch es macht ihn auch stutzig, dass niemand seine Sporttasche kontrolliert. Ist das nicht fahrlässig, einen möglichen feindlichen Agenten ohne Überprüfung in das Rückkehrerheim zu lassen? Oder haben sie Anweisung, ihn nicht zu kontrollieren? Das wäre gegen die Absprache. Er soll es ja schaffen, die Grenzbeamten, die VP-Wachen in Röntgental und die Polizeivernehmer zu überzeugen, dass er Dieter Berle ist, der erfolglose Fotograf aus West-Berlin, der sich in der DDR ein besseres Leben erhofft – ohne kapitalistischen Konkurrenzkampf und Leistungsdruck, ohne Angst vor sozialem Abstieg. Das ist die Rolle, die er wochenlang geübt hat. Weder vor dem Haus noch im Treppenhaus ist jemand zu sehen. Dieter Berle wird in ein kleines Zimmer im zweiten Stock des Hochhauses geführt. Ein schlauchartiger Warteraum mit drei rot bezogenen Stühlen, daneben ein Couchtisch mit einer alten Ausgabe des *Neuen Deutschland*, beigefarbene Tapeten. Der Polizist schließt ihn ein. Dieter Berle muss wieder warten, vier lange Stunden.[7]

Vier Wochen vorher hatte ihm sein Führungsoffizier einen »speziellen Einsatz« angeboten, der ihm das Gefühl geben soll, ein richtiger Geheimagent zu sein. Rainer Eisner bezieht Anfang April 1989 eine Einraumwohnung des MfS, um seine neue Rolle zu studieren. Er soll Dieter Berle werden, geboren im November 1959 in Berlin-Neukölln. Der IMS taucht in ein fremdes Leben ein. Seine Eltern, lernt er, trennten sich, er lebte mit seiner Schwester bei der Mutter, machte den Realschulabschluss, bekam danach eine Lehrstelle als Feinmechaniker bei Siemens. Im März 1983 wurde er fristlos entlassen, weil er die Handlangerdienste verabscheute, die man ihm als Geselle abverlangte. Im Sommer 1983 lernte Dieter Berle einen Fotografen kennen, in dessen Studio in Lübeck er zwei Jahre als Hilfskraft arbeiten konnte. 1987 kehrte er nach West-Berlin zurück und arbeitete als freier Fotograf. Er hasste es, Klinken zu putzen, sich anzubieten, abgewiesen zu werden, unverschämt niedrige Angebote für seine Fotos zu bekommen. Selbständig zu sein und doch so arm wie ein Sozialhilfeempfänger.[8]

Das Leben, das Rainer Eisner sich aneignet, ist keine ausgedachte Geschichte. Es ist die Geschichte von Dieter Berle, der ein paar Wochen vorher am Bahnhof Friedrichstraße um Aufnahme in die DDR gebeten hat, aber nach einem Tag Befragung zurückgeschickt wurde. Eine verkrachte Existenz, die man in der DDR nicht haben will. Was die Staatssicherheit aber gebrauchen kann, sind seine Geschichte und sein Ausweis. Den hat das MfS kurzerhand konfisziert, Berle soll im Westen erzählen, er habe ihn verloren. Später klebt man das Bild von Rainer Eisner hinein.

IM »Robert« alias Rainer Eisner verwandelt sich in dem unpersönlich möblierten Plattenbau-Appartement ganz allmählich in den Fotografen Dieter Berle. Er trainiert sich ostdeutsches Vokabular ab, sagt nicht mehr »schau«, sondern »geil«, wenn er vor dem Spiegel im Flur Gespräche einübt. Jetzt will er raus, unter Menschen, will die zweite Haut ausprobieren, die er sich übergestreift hat. Der Offizier der Volkspolizei und Spitzel der Staatssicherheit Rainer Eisner steigt in die S-Bahn zum Bahnhof Alexanderplatz.

»Im allgemeinen hielt ich mich im Bereich von Berlin Mitte auf, wo die Masse der BRD-Touristen ist, und versuchte Kontakte zu finden, vor allem in Cafés, Bars, Theatern und Kinos«, schreibt Rainer Eisner in seinem Bericht für die Hauptabteilung VII des MfS. »Je lockerer und ungezwungener ich auftrat und je mehr ich den allgemeinen Klischeevorstellungen eines Bürgers aus WB entsprach, desto einfacher war es, Kontakte zu finden.«[9] Er trägt ein Paar Reebok-Schuhe, Westjeans der Marke Levi's und ein T-Shirt von Fruit of the Loom. Rainer Eisner ist jetzt Dieter Berle, als er die Treppe am S-Bahnhof hinuntersteigt.

Rollenspiele

Dieter Berle steht mit einem Stück Pizza in der Hand in der »Pizza-Bar« im Erdgeschoss des Bahnhofs Alexanderplatz und sieht sich um. Es herrscht dichtes Gedränge an den Stehtischen. Der Hefeteigkloß mit Tomatenmark und gebackenem Streichkäse würde im Westen kaum als Pizza durchgehen. Hier am Alex ist die »Pizza-Bar« einer der wenigen Orte, wo die Passanten ohne allzu lange Wartezeiten einen Imbiss bekommen, auch wenn der nicht wirklich schmeckt.

Dieter Berle entdeckt eine Frau Anfang 20, neben der noch Platz ist. Sie scheint allein hier zu sein, beißt in ihre Pizza. Ihre Rüschenbluse weist sie klar als DDR-Bürgerin aus. Berle fragt sie, ob neben ihr noch frei sei. Als er beim ersten Bissen das Gesicht verzieht, lacht sie. Gern hört sie sich die Geschichte des Fotografen Dieter Berle aus West-Berlin an.[10]

Diese Legende hat IM »Robert« verinnerlicht, als er Wochen später vier endlose Stunden in Röntgental im Wartezimmer sitzt. Endlich dreht sich der Schlüssel. Ein gedrungener Mann im grauen Anzug um die 40 betritt den Warteraum in Röntgental. Berle überlegt. Ist das ein Genosse vom MfS, der seine Legende kennt? Der Mann stellt sich vor als Hauptmann der K, der politischen Polizei. Ein Kripo-Beamter, der wie das MfS die Sicherheit des Arbeiter- und Bauernstaates schützt. Er könnte ein MfS-Zuträger sein, doch auch dann dürfte Berle die Maske nicht fallen lassen. Berles Herz schlägt schnell. Er muss den Mann von der K überzeugen, dass er, der West-Berliner Dieter Berle, unbedingt in die DDR übersiedeln will, weil er sie für das bessere Deutschland hält. Berle muss dem Mann in den sechsten Stock folgen. Dort schließt der Hauptmann eine graue Gittertür auf und führt den Neuankömmling in ein Vernehmerzimmer.[11]

Der Beamte breitet ein Formular von acht Seiten vor sich aus. Ohne jede persönliche Regung trägt er die Fragen vor, schreibt mit blauem Kugelschreiber in die punktierten Felder. Name, Alter, Geburtsort, Beruf, Grund des Übersiedlungsbegehrens und so weiter.

Warum er in die DDR wechseln wolle, will der Vernehmer genauer wissen. Jetzt muss IM »Robert« alias Dieter Berle alias Rainer Eisner seine Rolle spielen, möglichst gut. Er schwitzt. Langsam fängt er an zu erzählen. Von seinen wirtschaftlichen Problemen als freier Fotograf in West-Berlin, von den fehlenden Aufträgen. Von der Aussichtslosigkeit, über das Arbeitsamt einen Job im erlernten Beruf als Feinmechaniker zu bekommen. Der Hauptmann hört misstrauisch zu. In den Stasi-Akten steht:

»Bei der am heutigen Tage durchgeführten Befragung war festzustellen, daß Berle sichtlich nervös war. In der Befragung zeigte er sich gesprächig, beim Unterzeichner entstand jedoch der Eindruck, daß Obengenannter zu seiner Person keine umfassenden Angaben tätigen möchte.«[12]

Dann zückt der Vernehmer ein anderes Formular, das in der Schreibtischschublade lag. Berle muss die Hausordnung unterschreiben und die Gegenstände quittieren, die sie ihm übergeben: Bettwäsche und Handtücher. Er muss nicht ins »Quarantänehaus«, darf sofort in ein Zimmer im Haus 11 ziehen. Dort sitzt er nun und fühlt fast so etwas wie einen Triumph. Die Genossen von der Volkspolizei scheinen ihm seine Geschichte abzunehmen. Jetzt muss er die Nerven behalten und auch die DDR-Rückkehrer, die Aufnahmeersuchenden, erfolgreich täuschen. Er fühlt sich als Tschekist, als Agent im Geist Feliks Dzierzynskis, als Kämpfer an der unsichtbaren Front, wie es in den Kampfliedern des MfS heißt. IM »Robert« wird die Prüfung bestehen: »Er konnte seine Legende sowohl unter den Aufnahmeersuchenden, worunter sich zeitweilig weitere IM befanden, und in den intensiven Befragungen durch Mitarbeiter des Ministeriums des Innern (MDI) anbringen bzw. offensiv ausbauen.« Das wird sein Führungsoffizier nach dem Einsatz im ZAH über seinen Spitzel schreiben.[13]

Es ist der 14. April 1989, als Dieter Berle um 21 Uhr in der »Pizza-Bar« am Alex Petra aus Suhl anspricht. Sie sei Schwesternschülerin, erzählt sie dem Fotografen aus dem Westen, und sie wohne in einem Schwesternheim in Weimar. Sie war auf einer Veranstaltung für Krankenschwestern in Berlin und bleibt über das Wochenende bei Freunden, sieht sich in der Hauptstadt um. Berle spielt den Ortsunkundigen. »In der weiteren Unterhaltung fragte ich sie, ob sie nicht wüsste, was man noch unternehmen könnte«, schreibt IM »Robert« in seinem Stasi-»Bericht zur Bezugspartnerin«. »Ich erklärte ihr, daß ich von Disko nicht allzu viel hielt und mehr auf Jazz und ähnliche Sachen stand.«[14]

Auch Petra mag Jazz, und so gehen sie ins »Haus der Jungen Talente«, ein Fußweg von zehn Minuten bis in die Klosterstraße. Doch dort ist nichts los, also geht es weiter in die »Weißbierstube« im protzigen »Palast-Hotel«. Ein Pianist spielt Jazzmelodien, und die Schwesternschülerin unterhält sich angeregt mit dem West-Berliner Fotografen. »Dabei versuchte ich vor allem, meine Fragen so zu stellen, daß ich Neugierde für die Verhältnisse in der DDR zeigte«, berichtet IMS »Robert«. Petra erzählt freimütig über ihr Leben in der DDR-Provinz. Sie engagiert sich in der evangelischen Kirche, erfährt Berle. »Sie schilderte die Verhältnisse in der DDR aus äußerst kritischer Sicht«, berichtet er später seinem Führungsoffizier.[15] Petra verabredet sich kurz vor Mitternacht mit dem Fotografen, der, wie sie glaubt, ja wieder über die Grenze muss: Morgen Mittag im »Café Kisch« Unter den Linden.[16]

Und dort wartet er, unter dem gerahmten Schwarzweiß-Foto des »rasenden Reporters« Egon Erwin Kisch, bis sie kommt. Petra schlägt vor, am Abend zu einem Konzert in den Klub »Wabe« zu gehen, dort spiele eine Band aus Weimar. Sie trinken noch einen Mokka und schlendern die Chausseestraße bis zum Dorotheenstädtischen Friedhof hoch. Ein kurzer Gang über den berühmten Friedhof, zum Grab Bertolt Brechts, dann ein langer Spaziergang zum Senefelder Platz. In dem muffig riechenden Altbau ist Petras Quartier, sie will noch einen Pullover holen. Dieter Berle folgt ihr die knarrenden Stiegen hoch. Als sie aufschließt, merkt er sich die Namen an der Tür und blickt sich um. Im Zimmer am Ende des Flures, in dem sie verschwindet, ist auch eine Männerstimme zu hören, mit Akzent, offenbar ein Pole. Dieter Berle sieht sich im Wohnzimmer um. Sein Herz schlägt schneller, als er zwei Pappkartons entdeckt, die mit Zeitschriften gefüllt sind, unprofessionell mit Matrizen hergestellt. »Arche Nova« steht auf dem Titelblatt. Berle dreht sich ruckartig weg, als Petra mit ihrem Rucksack kommt. Sie laufen die Treppe hinunter und IM »Robert« jubelt insgeheim. Er hat massenweise Exemplare einer Oppositionszeitung gesehen, die DDR-Dissidenten offenbar auf einer kleinen Druckmaschine hergestellt haben. Genug Material für eine Festnahme. Überall im Lande gärt es inzwischen. Heute Abend wird Dieter Berle alias Rainer Eisner seinen Führungsoffizier anrufen und ihn auf den Fund hinweisen. »Diese Wohnung war vermutlich ein Zentrum für die Erarbeitung und Verteilung dieser Zeitung«, schreibt er später in seinem Bericht an das MfS.[17]

Doch jetzt geht es erst einmal in den Jugendklub »Wabe« im Ernst-Thälmann-Park. Die Jazz-Band spielt, und Dieter Berle schreit seiner Eroberung Petra die Legende vom armen Fotografen ins Ohr. Er erzählt, dass er ernsthaft mit dem Gedanken spiele, in die DDR zu gehen. Petra starrt ihn ungläubig an. Sie weiß nicht, dass er es kaum erwarten kann, seinem Führungsoffizier die Entdeckung der Oppositionszeitungen zu melden. Seine Niedergeschlagenheit ist nur gespielt. »So hielt ich mich beim Tanzen etwas zurück und tat ein wenig depressiv«, schreibt er in seinem Bericht. Weil er nicht will, dass Petra ihn zum Grenzübergang bringt, täuscht er große Müdigkeit vor. Er wolle gehen. »So trennten wir uns mit herzlicher Umarmung dort schon. Insgesamt möchte ich einschätzen, daß wir ein gutes freundschaftliches Verhältnis gefunden hatten.«[18]

Berle eilt in die konspirative Wohnung. Der Bericht, den er schreibt, wird wenige Tage später zu Ermittlungen der Stasi gegen das »Grüne Netzwerk Arche« führen, einer Abspaltung der oppositionellen Berliner Umweltbibliothek, die im Januar 1988 entstanden ist und aus Sicht der Staatsmacht politisch noch gefährlicher sein könnte als die Bibliothek im Keller des Gemeindehauses der Zionskirchgemeinde in Berlin-Mitte.[19]

In Röntgental lernt Dieter Berle nach und nach die anderen Aufnahmeersuchenden kennen. Die Heiminsassen treffen sich allabendlich in der Küche. Was sollen sie auch sonst tun? An den öden Nachmittagen, nach dem Kaffeetrinken um drei, gehen sie manchmal in kleinen Gruppen vor das Haus, lungern an der Kegelbahn herum. Am frühen Abend sind die Runden in der Küche das Beste für die, die gesellig sein wollen oder die, wie Dieter Berle, etwas erfahren wollen. »Trotz meiner großen Aufregung versuchte ich, so locker als möglich zu bleiben und durch witziges selbstsicheres Auftreten mich an dieser Runde in der Küche zu beteiligen«, schreibt IMS »Robert«.

»Die Aufnahmeersuchenden offenbaren doch recht schnell ihren Charakter.«[20]

Ein Rückkehrer berichtet, er sei in Hamburg nicht zurechtgekommen und wolle deshalb mit seiner Frau zurück in die DDR. Berle notiert: »Er wirkt auf mich recht labil, vordergründig und ist schnell beeinflußbar. Sehr offen bekennt er sich dazu, daß die Übersiedlung ein Fehler gewesen wäre.«[21]

Könnte das ein Kandidat sein? Berle soll für das MfS unter den Rückkehrern nach Menschen Ausschau halten, die bereit sind, gegenüber Ausreisewilligen ihre Geschichte von den Enttäuschungen des Westens auszubreiten. Berle sucht nach Schwachstellen, nach dem Erpressungspotential bei jedem Einzelnen. Der ehemalige Hamburger erzählt, dass er früher in der DDR einen verdeckten Handel mit Autoersatzteilen betrieben habe. »Wenn er jetzt zurückkehrt«, berichtet Dieter Berle dem MfS, »will er versuchen, die alten Kontakte wiederherzustellen, denn das durch normale Arbeit verdiente Geld reiche ihm nicht.«[22] Ein Mann nach dem Geschmack der Staatssicherheit, denkt IM »Robert«. Das leichtfertige Geständnis beim Bier in der Küche des Rückkehrerheims dürfte ausreichen, um den ehemaligen Hamburger von der Kooperation mit der Stasi zu »überzeugen«.

Dieter Berles Einsatz in Röntgental dauert sechs Wochen. Er hat sich kontaktfreudig gegeben, hat viel erfahren, doch zum Glück hat ihn niemand heimlich nach seiner Adresse in West-Berlin gefragt. Einige, vermutet IM »Robert«, hätten ihm wohl auch nicht restlos vertraut: »Probleme hatte ich vor allem bei selbstbewußten Charakteren, da diese oft recht mißtrauisch sind und einem etwas vorspielen. Überhaupt denken viele Aufnahmeersuchende, daß es in den Räumen Abhöranlagen gibt und Telephon sowie die Post kontrolliert wird. Es geht soweit, daß Räume regelrecht nach ›Wanzen‹ durchsucht werden oder ganz interne Gespräche auf dem Balkon oder anderswo im Freien geführt werden.« Laut seiner Legende muss Dieter Berle zurück in den Westen, hat die Aufnahmerituale nicht bestanden.[23]

Das MfS ist zufrieden mit seinem Spitzel und kann aufgrund der Spitzelberichte des IM »Robert« 18 Ermittlungsverfahren gegen DDR-Rückkehrer wegen ungesetzlichen Grenzübertritts einleiten.[24]

Als der graue Barkas mit einem enttäuscht dreinblickenden Dieter Berle vom Hof des Aufnahmeheims fährt, klopft es an der Tür des Schwesternheims in Weimar. Schwesternschülerin Petra aus Suhl kann sich nicht erklären, wie die beiden Männer von der Stasi ausgerechnet auf sie gekommen sind. Woher wissen die, dass sie Kontakt zu den Umweltaktivisten hat, die in Ost-Berlin im Untergrund arbeiten?

Auch Rainer Eisner ist zufrieden mit seinem Einsatz: »Ich gewann einen guten Einblick in die Mittel und Methoden der konspirativen Arbeit und konnte meine Kenntnisse im Umgang mit den Menschen anwenden und weiter vertiefen«, schreibt IM »Robert« in seinem Abschlussbericht für das MfS Ende Juni 1989.[25]

Er will nicht wahrhaben, dass der Anfang vom Ende der DDR bereits da ist: Bürgerrechtler hatten sich getraut, den Leuten auf die Finger zu sehen, die bei der DDR-Kommunalwahl die Stimmen auszählten. Die Oppositionellen deckten einen gigantischen Wahlbetrug auf. Am Wahlabend hatte Egon Krenz lächelnd das Wahlergebnis verkündet: 98,85 Prozent für die SED und die Blockparteien. Seit diesem Tag, dem 7. Mai 1989, demonstrieren die Bürgerrechtler jeden Monat am Alexanderplatz gegen die Wahlfälschung. Und es schließen sich ihnen immer mehr Menschen an, die immer mutiger werden.

Als im Sommer 1989 Tausende DDR-Bürger die westdeutschen Botschaften in Prag und Budapest stürmen und das Ende der DDR einläuten, hat Rainer Eisner ganz andere Wünsche.

Er möchte gern ein richtiger »Kundschafter für den Frieden« werden. Er bittet seine Vorgesetzten um das Buch des Kanzleramtsspions Günter Guillaume. Von dem, denkt Eisner, könne er noch einiges lernen über den Umgang mit den Menschen.[26]

Die Wende

Der Sturm der Zepernicker auf das Zentrale Aufnahmeheim

Am 22. November 1989 lässt Roland Stegbauer den zwei Meter hohen grauen Blechzaun abmontieren, der das weitläufige Gelände des Zentralen Aufnahmeheims Röntgental (ZAH) bis dahin gegen neugierige Blicke schützte und Fluchtversuche verhindern sollte. »Wir haben nichts zu verbergen«, sagt Wirtschaftsleiter Weger, Stegbauers Stellvertreter. Der große schlanke Mann mit der Igelfrisur und der Windjacke steht im Türrahmen, taxiert seinen Chef. Stegbauer schwitzt. In wenigen Tagen müssen auch die restlichen Papiere vernichtet sein. Dann wollen die Zepernicker kommen, die Leute vom Neuen Forum. Die Männer ahnen voneinander, dass sie beide wohl einen guten Draht zur Staatssicherheit haben. Stegbauer, der kleine Dicke mit dem runden Gesicht und den rosigen Wangen, hat es bis zum Leiter des Aufnahmeheims gebracht. »Roland Kreutzberger« ist sein Deckname als IM. Von seiner zweiten Karriere darf auch Weger nichts wissen. Stegbauer, der unsicher wirkende gedrungene Mann, der leicht ins Schwitzen gerät, ist bei der Stasi vom IM zur Spitzenkraft aufgestiegen, ist seit kurzem Offizier im besonderen Einsatz (OibE). Er hat unterschrieben, dass er niemandem davon erzählt. »Wir haben nichts zu verbergen!«, wiederholt Stegbauer eindringlich und nickt Weger zu.[1]

An diesem Morgen ist das ZAH zum ersten Mal in der Regionalzeitung *Neuer Tag* erwähnt worden. Nun muss Roland Stegbauer sichergehen, dass die Zepernicker Bürger die Abhörtechnik und die wichtigen Akten nicht mehr finden, wenn sie das Gelände stürmen. SED und Stasi haben also alles noch ganz gut im Griff.

Tagelang haben die ZAH-Mitarbeiter den Schredder laufen lassen und verräterische Papiere beseitigt. Im zweistöckigen Stasi-Gebäude am Hintereingang des ZAH ist rund um die Uhr geschuftet worden, haben die Mitarbeiter Mikrofone und Bandmaschinen ausgebaut und lastwagenweise Spionagetechnik abtransportiert. Es war jedoch nicht genug Zeit, die Kabel und Abhörmikrofone sorgfältig auszubauen. Noch Monate später werden die Bürgerrechtler hinter Fußleisten und in Steckdosenkabelschächten abgeschnittene Drähte finden.

Anfang Dezember 1989 klettert Gisa Kuhn auf einen LKW-Anhänger und blickt sich um. Die Schönerlinder Straße und der große Parkplatz vor dem ZAH sind schwarz vor Menschen. Es ist bitterkalt, aber die Frau mit der Rotfuchsmütze und dem roten Schal wird sich nicht davon abhalten lassen, eine Rede zu halten. Am Vorabend waren drei Männer aus dem Aufnahmeheim überraschend bei ihr aufgetaucht, die wie Stasi-Leute auf sie wirkten. Sie solle bloß nicht diese Demo vor dem Heim veranstalten, das würde ihr und ihrer Tochter nicht gut bekommen, hatten die Männer gedroht.

Jetzt hebt Gisa Kuhn ein Megaphon an die Lippen: »Meine sehr verehrten Damen und Herren«, fängt sie an. Sie hat noch nie auf einer Demonstration gesprochen.

Einer hält ein Schild hoch: »ZAH wird FAH«. Die Stasi soll das geheimnisvolle Lager räumen, damit hier ein Feierabendheim, ein Altenheim, entsteht. Gisa Kuhn erzählt den Zepernickern, wie es im baufällige Altenheim »Buchenhof« aussieht: In der Buchenallee sind zwei alte Leute auf jeweils acht Quadratmetern untergebracht. Pro Flur gibt es nur ein Bad, für Männer wie Frauen: drei Kloschüsseln und zwei Waschbecken für 20 Menschen. »Die alten Leute sollen ein menschenwürdiges Leben führen, dafür kämpfen wir!«, ruft Gisa Kuhn. Das Zentrale Aufnahmeheim mit seinem modernen Hochhaus, dem Haus 11, soll endlich von den Alten bezogen werden.

Die Demonstranten und Mitglieder des Zepernicker Bürgerkomitees klopfen ungeduldig an das Blechtor. Nach kurzem Warten öffnet ein Zivilist. Heimchef Stegbauer, sein Wirtschaftsleiter Weger und der Kreisstaatsanwalt Schulz kommen zum offenen Tor. Zögernd gehen ihnen die Bürger entgegen, blicken nach links und rechts. Dann heißt es: »Nur zwölf Mann. Es soll eine geordnete Begehung werden.«

Nun blicken sich die Demonstranten neugierig um: Was wohl der doppelte Maschendrahtzaun soll, der rund um das Areal läuft? Pfarrer Gerd Natho lässt die Hand über den mit Draht umwickelten Betonpfeiler gleiten. Das macht nur Sinn, denkt er, wenn zwischen beiden Zäunen Hunde laufen. Wie an der DDR-Grenze, als ob sie Schwerverbrecher in Schach halten wollten. Ja, in der Nacht haben Anwohner immer wieder Hundegebell gehört. Aber niemand, der am Blechzaun vorbeiging oder entlangfuhr, hat angehalten, um zu horchen oder zu beobachten. Nur schnell weiter, sonst könnten sie selbst drinnen im Lager landen.

Die Eindringlinge müssen in das Wachgebäude gehen und ihre Ausweise abgeben. Stegbauer, Weger und Schulz warten geduldig, bis die Papiere eingesammelt sind. Gisa Kuhns Blick fällt auf die Wand in der Wache. »Die Mauer hier muß auch weg« – Irgendjemand hat das mit rotem Filzstift angeschrieben. Ein Polizist, der hier Wache schiebt? Oder ein Rückkehrer, der hier festgehalten wurde?

Dann führt Weger die Gruppe wie ein Fremdenführer über das Gelände. »Hier entlang, bitte sehr. Es gibt nichts zu verbergen.« Stegbauer läuft schnaufend hinter seinem Stellvertreter her, fixiert die Eindringlinge immer wieder nervös. Die trotten folgsam Weger nach. Hinter dem Doppelzaun und dem Wachgebäude macht der Weg eine Biegung nach links. Die Zepernicker sehen zum ersten Mal die Quarantäne, das »Hexenhäuschen«, in dem die Neuankömmlinge hinter einem zusätzlichen Zaun schmoren mussten. Beim Anblick des eingezäunten Hauses wird die Gruppe unruhig. Hier seien Leute aus dem Westen mit ansteckenden Krankheiten untergebracht worden, bekommen sie zu hören. Gisa Kuhn schüttelt ungläubig den Kopf. »Denken Sie bloß mal an AIDS, Frau Kuhn!« warnt einer.

Danach geht es vorbei an den Zollgaragen, in denen die Autos der Rückkehrer gefilzt wurden, und an Haus 2, wo das Gepäck durchwühlt und durchleuchtet wurde. Jetzt marschiert die Gruppe nach rechts auf das eigentliche Machtzentrum zu, ein zweigeschossiges Steinhaus. In Haus 1, wird ihnen erklärt, waren die Büros von Staatssicherheit und Volkspolizei untergebracht. »Treten Sie näher, wir haben nichts zu verbergen.«

Wie ausgeweidet präsentieren sich die Räume mit den bräunlichen Blümchentapeten und den dünnen Vorhängen. Überall Tische und Schränke, aus denen die Elektronik ausgebaut wurde. Nur noch die herausbaumelnden Kabel und ein paar Schalttafeln zeugen von der Abhörtechnik, den Tonbandmaschinen, mit denen die Gespräche in den Baracken und Zimmern belauscht wurden.

Warum brauchte die Stasi ein Sprachlabor? Der Raum mit seinen abgetrennten Plätzen, der Tonbandanlage und den Mikrofonen auf den Arbeitstischen wirkt, als hätte hier gestern noch Sprachunterricht stattgefunden. Aber wofür? Bildete die Staatssicherheit hier Experten für fremde Länder aus? Spione oder Militärhelfer? »Alles halb so dramatisch«, beschwichtigen die ZAH-Chefs. Hier haben Ausländer Deutsch gepaukt, die in die DDR übersiedeln wollten: Chilenen, Argentinier, afrikanische Freiheitskämpfer, die aus Militärdiktaturen geflohen waren. Und warum liegen in den Regalen im Haus 1 Pläne westdeutscher Städte mit markierten Straßenzügen? Sind das Aufmarschpläne für einen Krieg, der hier geplant wurde?

Die Gruppe tastet sich in den ersten Stock vor. Die zwei großen Räume, die Stegbauer ihnen schweigend zeigt, haben gemauerte Backsteintische. Glaskolben stehen herum. Offenbar Chemielabore. »Kein Grund zur Aufregung«, heißt es wieder. »Hier wurden kriminaltechnische Untersuchungen ausgeführt. Sprengstoffspuren, Gifte und so weiter.« Die Besucher wundern sich: Wer in die DDR zurückkehrte, wurde also wie ein Terrorist in einem Hochsicherheitsgefängnis behandelt? Wie paranoid war dieser Staat, dass er hinter jedem Heimkehrer eine Gefahr für die Existenz der DDR sah? Hatte die Staatsführung solche Angst vor dem Westen? Das wäre eine Erklärung dafür, dass das Honecker-Regime plötzlich wie ein Kartenhaus zusammenfiel.

Beim Hinausgehen entdecken die Zepernicker im Erdgeschoss zwei merkwürdige Räume: schlichte Zimmer mit Tisch und zwei Stühlen, sonst nichts. Die Wände sind aus grauem, geripptem Styropor. Als die Gruppe sich in einem Zimmer zusammendrängt, schließt einer die Tür. Sie horchen: nichts, kein Geräusch von außen.

»Hallo!« ruft einer, und die Wände verschlucken seine Stimme. Ein schalldichter Verhörraum. »Wurde hier gefoltert, und keiner sollte die Schreie hören?«, fragt jemand entsetzt.

Antworten gibt es nicht, die Gruppe wird hinausgedrängt.

Als die Bürgerrechtler den geschwungenen Weg zum Hinterausgang hinter sich haben, stehen sie vor einem Bunkereingang. Ein Wachsoldat schließt auf, und das Neonlicht springt an. Die Zepernicker blicken in einen hell erleuchteten Tunnel, durch den Drähte gespannt sind. Am Ende hängt eine dicke schwarze Gummimatte, davor eine moderne Kamera. Für das Trefferbild, erklärt der Uniformierte. Im Gummi stecken verformte Geschosse. Hier hat jemand an der Waffe geübt. Es sieht aus, als sei der letzte Schütze gerade eben noch hier gewesen.

»Hier ist Munition!«, ruft einer. Die Patronen, die die Bürgerrechtler finden, werden sich später als Munition erweisen, die zu einer Spezialwaffe der italienischen Gebirgsjäger gehört. Kein Zweifel, in diesem Schießtunnel hat die Stasi ausländische Waffen erprobt. Als ein Besucher einen durchschossenen Helm der NVA und einen Wehrmachtshelm mit Einschussloch entdeckt, gruseln sich alle. Was ist hier nur geschehen?

Aufgeregt blättert ein Zepernicker im Schießbuch: »Da, da steht Mielke!«, ruft er. Der verhasste Stasi-Minister persönlich hat hier geschossen. Bei einer zweiten Begehung wird das Buch verschwunden sein.

Terroristen in Röntgental?

Im Juni 1990 überschlagen sich die Gerüchte in Röntgental. Wie Gespenster aus der Vergangenheit tauchen im Fernsehen die Gesichter der Terroristen von der Roten Armee Fraktion (RAF) auf. Sie waren fast zehn Jahre lang von der Stasi vor dem Zugriff westdeutscher Behörden in der DDR versteckt worden. In den Nachrichten sehen die staunenden Zuschauer Inge Vieth in Handschellen aus einem Polizeihubschrauber steigen. Zehn Terroristen, die nicht mehr schießen wollten, hatten als spießige DDR-Bürger unentdeckt im Osten gelebt.

Gisa Kuhn hat den Verdacht, dass die SED-Führung Terroristen der RAF auch in Röntgental versteckt oder sogar ausgebildet hat. Der zweite Stock in Haus 11 kommt ihr verdächtig vor. Überall Bewegungsmelder. Einige Zepernicker wollen Schüsse gehört haben. Natürlich, der Schießtunnel am Rande des ZAH-Geländes! Hat der Terrorist Christian Klar in der DDR sogar mit der Panzerfaust für den Anschlag auf US-General Frederick J. Kroesen trainiert? Das Attentat fand 1981 in Heidelberg statt.

Jahre später wird in der Stasi-Unterlagen-Behörde ein rätselhaftes Dokument auftauchen. Ein Antrag mit der Bitte um Aufnahme in die DDR: »Röntgental, 1.9.1980« steht oben auf dem Papier, und unterschrieben hat es eine gewisse Angelika Gerlach. Nur ein paar Zeilen, in schöner Mädchenschrift verfasst:

»Hiermit stelle ich den Antrag auf Aufnahme in die DDR und Erteilung der Staatsbürgerschaft der DDR.« [2]

»Angelika Gerlach«, das ist der Deckname von Silke Maier-Witt, die wegen der Beteiligung an der Entführung Hanns Martin Schleyers im Westen gesucht wurde und 1980 in der DDR untertauchte. War die Ex-Terroristin im ZAH Röntgental von der Stasi versteckt worden, bis sie unter dem Decknamen »Angelika Gerlach« ein neues Leben als Krankenschwester in Erfurt beginnen konnte? Silke Maier-Witt, die 1990 in der DDR gefasst wurde und bis 1995 im Gefängnis saß, will bis heute keine Antwort darauf geben.

Die Akten der Abteilung XXII (Terrorabwehr) haben die Stasi-Mitarbeiter im Herbst 1989 nur teilweise vernichtet. Als die Schredder in der Normannenstraße heißliefen, zerrissen die MfS-Mitarbeiter mit der Hand die Papiere, die der Feind auf keinen Fall bekommen sollte. Sie packten die Schnipsel in große Papiersäcke, die sie später verbrennen oder auf Müllkippen schaffen wollten. Die Ost-Berliner Bürger, die im Januar 1990 die Stasi-Zentrale stürmten, und die Bürgerrechtler, die die Normannenstraße im September desselben Jahres vorübergehend besetzt hielten, verhinderten die erst vom MfS und dann von der Bundesregierung geplante Aktenvernichtung. Und so hinterließ die Staatssicherheit 14 000 Säcke mit Papierfetzen. In Zirndorf bei Nürnberg setzen seit Mitte der 1990er Jahre 40 Experten diese Schnipsel wieder zusammen. Das wird Jahre, wenn nicht Jahrzehnte dauern. Seit einiger Zeit beschleunigt ein Computerprogramm die Sisyphusarbeit.

Eines der wieder zusammengesetzten Papiere ist der Aufnahmeantrag von Silke Maier-Witt alias »Angelika Gerlach«. Doch der Antrag ist ungewöhnlich kurz, es fehlt das achtseitige Formular PM 8, das jeder Zuziehende ausfüllen musste. Und warum findet sich der Antrag in der Akte 19 481 der Abteilung XXII und nicht in den Unterlagen der für Röntgental zuständigen Abteilung VII? Am 13. Juni 1985 hatte ein junger Mann, der aus der DDR in den Westen übergesiedelt war, das Fahndungsfoto von Silke

Maier-Witt im Fernsehen gesehen. Die kenne er, meldete der Übersiedler aufgeregt der Polizei im schwäbischen Möglingen. Er habe mit der Frau an der Medizinischen Fachschule in Weimar studiert. In der DDR würde sie sich »Angelika Gerlach« nennen. Die westdeutschen Geheimdienste versuchten erfolglos, dieser frühen Spur der RAF in die DDR nachzugehen. Doch der sowjetische Geheimdienst hatte Quellen im Bundesnachrichtendienst und im Verfassungsschutz und erfuhr von der Fahndung nach Silke Maier-Witt. Die Sowjets warnten die Stasi: Silke Maier-Witt musste ihre Wohnung in der Moskauer Straße 18 in Erfurt fluchtartig verlassen und sich einer Nasenoperation unterziehen. Die Krankenschwester, die sich »Angelika Gerlach« nannte, verschwand. Die Frau wurde unter dem neuen Decknamen Sylvia Beyer und mit verändertem Aussehen in Neubrandenburg versteckt. Dort lebte sie bis zur Wende, unentdeckt von den westdeutschen Fahndern.

Doch was würde geschehen, wenn die westlichen Geheimdienste schon auf der Spur von »Angelika Gerlach« waren? Die Stasi-Chefs fürchteten, dass ihre Unterstützung für die zehn RAF-Aussteiger bekannt werden könnte. Im Westen wussten sie schon längst, dass jeder Zuziehende das Aufnahmelager Röntgental durchlaufen musste. Sollte herauskommen, dass »Angelika Gerlach« nicht dort war, wäre das höchst verdächtig. Also beschloss die Staatssicherheit, die Legende von Silke Maier-Witt wasserdicht zu machen:

»Zur Abdeckung dieser Legende wurden folgende Maßnahmen realisiert: ... Entsprechend der erarbeiteten Legende wurde eine Zuzugsakte (ZAH Röntgental, Einreise aus Portugal) angelegt ... Vermerke fertigen über alle Stellen, wo Eintragungen zur Person G. (von der Einbürgerung bis zum Verlassen!) vorhanden sind.«[3]

Tatsächlich finden sich in den Aktenbeständen der Hauptabteilung VII einige Seiten der Volkspolizei-Arbeitsgruppe »Zentrales Aufnahmeheim« über »Angelika Gerlach«. Die drei Blätter tragen das Datum 10.10.1980, gut fünf Wochen nach dem Aufnahmeantrag. Oberstleutnant Plischke schließt das Aufnahmeverfahren »mit Aufnahme in die DDR und Einweisung« ab. »Angelika Gerlach« alias Silke Maier-Witt wird in das Arbeiterwohnheim in der Thomas-Müntzer-Straße in Hoyerswerda eingewiesen. Die Blätter sind offenbar Teil einer nachträglich angelegten Zuzugsakte.[4]

Die Akten der Abteilung XXII, zu denen »Angelika Gerlachs« angeblicher Aufnahmeantrag gehört, deuten darauf hin, dass Silke Maier-Witt erst nach ihrer Entdeckung durch den Übersiedler in Möglingen den Aufnahmeantrag mit der Kopfzeile »Röntgental« schrieb und dass die Staatssicherheit nachträglich Dokumente über »Angelika Gerlachs« Einbürgerung und ihr Verlassen der DDR anfertigte. Der Hinweis auf das »Verlassen« bedeutet, dass die Stasi die Akten dahingehend manipulierte, dass »Angelika Gerlach« angeblich wieder aus der DDR verschwand.

Im »Vorschlag zum weiteren Vorgehen im Zusammenhang mit der Anfrage zur Person Gerlach, Angela (sic!)« vom 15.3.1988 präzisiert die MfS-Terrorabwehr, wie sie Anfragen aus dem Westen nach »Angelika Gerlach«/Silke Maier-Witt begegnen will:

»Für den Fall, daß die BRD-Seite weiter versucht, ... eine Bestätigung für ihren Verdacht in bezug auf die Person G. zu erhalten, wird ... folgendes entwickelt:

... Die genannte Person übersiedelte 1980 als BRD-Bürgerin aus einem Drittland in die DDR ... Im April 1985 verzog sie überraschend von Erfurt. Dafür gab sie glaubhafte familiäre Gründe an. Im Sommer 1985 kehrte sie von einer privaten Auslandsreise nicht wieder in die DDR zurück.«[5]

Am 3. März 1988, so die Stasi-Akten, hatte der ehemalige bundesdeutsche Justiz-Staatssekretär Renger bei einem Empfang in der Ständigen Vertretung der Bundesrepublik seinen DDR-Gesprächspartner direkt nach dem Verbleib von »Angela (sic!) Gerlach« alias Silke Maier-Witt gefragt. Daraufhin entwickelte die MfS-Terrorabwehr den Plan, Unwissen über den Verbleib der bundesdeutschen Übersiedlerin vorzutäuschen, da mit weiteren Nachfragen des Westens zur RAF-Stasi-Verbindung gerechnet werden müsse.[6]

Auch die Röntgentaler Akten könnten demnach 1988 gefälscht worden sein. Der Verdacht, dass die DDR die RAF-Aussteiger in Röntgental versteckt haben könnte, erscheint anhand der gefundenen Dokumente äußerst unwahrscheinlich.

Verbürgt ist allerdings, dass das MfS die RAF-Terroristen Anfang der 1980er Jahre in einem Stasi-Ferienlager, dem »Objekt 74«, unterbrachte und für den Partisanenkampf ausbildete. Südwestlich der brandenburgischen Gemeinde Briesen befindet sich am Oder-Spree-Kanal das »Forsthaus an der Flut«. Dort und auf nahegelegenen Truppenübungsplätzen brachten Stasi-Ausbilder den westdeutschen Gästen Techniken und Theorie des Untergrundkampfes bei. Das Schießen mit Pistolen, MPs und Panzerfäusten wurde ebenso trainiert wie Sprengstoffanschläge. Umstritten ist, ob dieses Training die Vorbereitung für den RAF-Sprengstoffanschlag auf den US-Stützpunkt Ramstein oder den Panzerfaustangriff auf US-General Frederick J. Kroesen war. Zur gleichen Zeit versteckte die Staatssicherheit zehn RAF-Aussteiger in verschiedenen DDR-Städten. In den Geheimaktionen »Stern I« und »Stern II« wurden die Terror-Ruheständler mit neuen Identitäten ausgestattet. Drei von ihnen, darunter Silke Maier-Witt, wurden jedoch erkannt und mussten innerhalb der DDR noch einmal umziehen und die Identität wechseln. Zumindest Silke Maier-Witt musste ihre Röntgental-Legende handschriftlich für die Stasi-Akten verfassen.[7]

Die Fälschung gelang der Staatssicherheit offenbar so gut, dass sogar das Landgericht Berlin darauf hereinfiel: Als die Führungsoffiziere der RAF-Aussteiger, Harry Dahl und Günter Jäckel, 1995 wegen »Strafvereitelung« verurteilt wurden (das Urteil wurde später aufgehoben), ging das Gericht davon aus, dass auch die Terroristen Ekkehard Freiherr von Seckendorff, Ralf Friedrich und Sigrid Sternebeck das ZAH Röntgental durchlaufen hätten und dann in die DDR eingebürgert worden seien. Günter Jäckel von der MfS-Abteilung XXII bestätigt, dass die Terroristen nie in Röntgental untergebracht waren. Auch ihre Akten wurden offenbar im Nachhinein angelegt, um die Spuren der Terroristen in der DDR zu verschleiern.[8]

Das Ende

Die ZAH-Leiter wollen am 22. November 1989 den Tross der aufgeregten Zepernicker vom Schießtunnel zurück zum Ausgang führen. Doch was sind das für Häuser im Wald? Die Gruppe trifft auf zwei einsame Baracken, die fast hinter den mächtigen Birken verschwinden. Ein Besucher rüttelt an einer Tür, sie klemmt. Dann springt sie auf und gibt den Blick frei auf riesige Stacheldrahtrollen. Im zweiten Gebäude stapeln sich zusammengefaltete Militärzelte, daneben steht ein nagelneues Notstromaggregat.

Mindestens 20 Feldtelefone werden in dem dunklen Raum aufbewahrt. Im Herbst 1989 kursieren Gerüchte, dass die DDR-Führung im Falle eines Bürgerkriegs für die Oppositionellen Internierungslager in allen Bezirken geplant habe. »War auch das ZAH für die Unterbringung der besiegten Bürgerrechtler und Demonstranten vorgesehen?«, wollen die Zepernicker wissen.

Stegbauer, Weger und der Staatsanwalt zucken wieder mit den Achseln. Gisa Kuhn läuft ein Schauder über den Rücken. Die Männer, die ihre Gruppe jetzt so willig über das Gelände führen, geht es ihr durch den Kopf, hätten ebenso gut ihre Bewacher sein können, wenn die Wende anders verlaufen wäre, wenn die Demonstranten in Leipzig und Berlin in Gefangenenlager verschleppt worden wären.

Jetzt läuft die Gruppe auf den grauen Block zu. Die primitive Kegelbahn steht verlassen am Rand der kleinen Grünfläche. Dieses Viereck mit dem Teerweg drum herum war der Auslauf der Rückkehrer, ein Hofgang wie im Knast. Die Gruppe bewegt sich durch das Treppenhaus des Plattenbaus, sucht nach Spuren der Menschen, die hier lebten und litten. Neben dem Speisesaal ein Büro mit gepolsterter Tür. An den Wänden hängen keine Bilder, nicht ein Nagel, die Tapeten wie neu. Hier wurde aufgeräumt. Der Tresor steht offen und ist leer, am Boden davor ein Lenin-Bild. Die Bürgerrechtler schütteln die Köpfe.

Der sechste Stock, hat ihnen eine Krankenschwester im Ort erzählt, war der Medizin- und der Verhörtrakt. Da wollen sie jetzt hin, die Treppen hinauf. Vom Gang geht ein gutes Dutzend Verhörzimmer ab, alle gleich ausgestattet mit Tisch und Stühlen und Schreibmaschine. Als sie wie eine Touristengruppe in einem der Zimmer mit Blümchentapete verweilen, klingelt plötzlich das rote Telefon auf dem Vernehmertisch. Gisa Kuhn kommt Weger zuvor, als der zögert. Sie schnappt sich den Hörer und lauscht. Ein Mann spricht Russisch, kurz und abgehackt, legt nach wenigen Worten auf. Eine Direktleitung zu den sowjetischen »Freunden«! Also war auch der sowjetische Geheimdienst KGB im Spiel, wenn es darum ging, die Rückkehrer zu überprüfen.

Es ist Frühling geworden in Zepernick, fast 20 Grad. Am 30. März 1990 schließt der Hausmeister die alte Verwaltungsbaracke auf. Raum 13 und 14 bekommen die Zepernicker Bürger. Sie sollen das

Gelände übernehmen. Die Bürgervertreter sind sich einig, dass das ZAH ein Altenheim werden soll. Seit knapp zwei Wochen ist alles anders. Bei der ersten freien Volkskammerwahl hat die SED, die sich jetzt PDS nennt, gerade einmal 16 Prozent bekommen. Ihre Macht ist gebrochen. Der letzte Innenminister der Regierung Modrow, Generalleutnant Ahrendt, hat noch kurz zuvor den Befehl 115/90 unterschrieben, wonach die Planstellen der ZAH-Mitarbeiter in einem neuen Asylbewerberheim erhalten werden sollen, wenn das Heim in Röntgental den Bürgern übergeben werden müsse.[9] Auf einer Bürgerversammlung hat die alte SED-Kreisverwaltung das Neue Forum und Gisa Kuhn vor die Wahl gestellt: »Wollen Sie das Gelände haben oder wollen Sie wissen, was hier genau los war?« Die Zepernicker wollen das Gelände und verzichten auf die Herausgabe der restlichen Dokumente.

Die Überreste des ZAH werden verlegt. Das alte Schild vom Eingangstor kommt an ein Kasernentor in Ahrensfelde: »Zentrales Aufnahmeheim der DDR«. Die alten Genossen wollen ihre Arbeitsplätze als Staatsbedienstete über die Wende hinüberretten. Im neuen ZAH ist jetzt Weger der Chef. Stegbauer hat als letzte Amtshandlung das Gelände in Röntgental dem Zepernicker Bürgermeister Hackbusch übergeben und sich zurückgezogen. Wer weiß, was kommt.

Doch wie sollen die Stadträte von Zepernick ohne Geld ein Altenheim aufbauen? Zum Glück gibt es jede Menge gut eingerichteter Zimmer, ausreichend Mobiliar und für den ganzen Winter noch genug Braunkohlen im Heizwerk gegenüber. Doch mit den 50 Blechschränken, die die früheren Herren von Röntgental zurückgelassen haben, können sie wenig anfangen.

Die D-Mark kommt, es wird Herbst und das Land, das einmal die DDR war, gehört jetzt zur Bundesrepublik Deutschland. Der Traum vom Altenheim ist wahr geworden. Haus 11 hat mittlerweile 150 Bewohner, die dort leben, wo vor wenigen Jahren Rückkehrer auf ihre Wiedereingliederung warteten. Das Gitter im sechsten Stock haben die neuen Nutzer abgeschraubt. In den ehemaligen Verhörzimmern leben jetzt altersdemente Menschen.

Der Stasi-Major, der sich den Zepernickern als Verantwortlicher für den Schießtunnel vorgestellt hatte, steht eines Tages plötzlich im Büro des Bürgerkomitees in der Heinestraße. Er sei jetzt Repräsentant der Firma Suhler Jagdhütte, erklärt der Major unbe-kümmert. Und der Waffenhersteller sei rechtmäßiger Eigentümer des Schießtunnels und der angrenzenden Gebäude. Zur Not müsse die Firma zur Klärung der Besitzverhältnisse die Gerichte anrufen, droht der Stasioffizier und verabschiedet sich.

Auch der Brief aus Ahrensfelde ein paar Tage später kommt wie ein Faustschlag ins Gesicht, völlig überraschend. Vom früheren ZAH-Vize Weger hat Gisa Kuhn lange nichts mehr gehört. Jetzt ist sie Gemeindevertreter-Vorsteherin, und auf ihrem Tisch lan-den die wichtigen Schreiben an die Gemeinde. Weger fordert Geld, viel Geld von der Gemeinde, und er scheint sich seiner Sache sicher zu sein: 225 491 Mark und 26 Pfennig schulde Zepernick dem ZAH in Ahrensfelde, behauptet Weger. Das sei der Wert der Kohlen, Möbel und Panzerschränke. Weger ist inzwischen nicht mehr der kleinlaute Vertreter des abgewählten SED-Regimes. Jetzt ist er Amtsträger der Bundesrepublik. Gisa Kuhn wendet sich verzweifelt an Bundespräsident Richard von Weizsäcker:

»Besonders betroffen macht uns alle die Tatsache, daß die frü-heren Leiter des ZAH – treue Vasallen des SED-Regimes – auch nach der Wende mit uns verhandelten und sich jetzt offensichtlich als Mitarbeiter des Bundesinnenministeriums fühlen.«

Das reicht an Druck: Weger schlägt seinem neuen Dienstherrn, Innenminister Schäuble, vor, der Gemeinde Zepernick großzügig die Schulden zu erlassen.[10] Gezeichnet: »Weger, amtlicher Leiter des Aufnahmeheimes«.

Schlussbetrachtung

Nur wenige Monate nach dem Tod Horst Geißlers in Röntgental begann der Auflösungsprozess eines Regimes, das den Rückkehrern als unüberwindlicher Sicherheitsapparat erschienen war. Die Flüchtlinge in den Botschaften von Prag und Budapest und die Demonstranten von Leipzig, Dresden und Berlin zwangen eine Diktatur in die Knie, die kurz zuvor noch willkürlich über ihre Staatsbürger herrschen konnte. Die unheimliche Macht, mit der die SED und ihr Geheimdienst die DDR-Rückkehrer zu kontrollieren und zu brechen versuchten, war plötzlich verschwunden.

Das ausgeklügelte Spitzel- und Überwachungssystem in den Rückkehrerlagern und die Unberechenbarkeit der Lagerführung, die den Insassen das Gefühl gaben, dem Regime in Röntgental hilflos ausgeliefert zu sein, müssen im Nachhinein als Ausdruck von großer Furcht betrachtet werden. Die Angst vor Spionen entsprach in vieler Hinsicht der Angst der Partei- und Staatsführung vor dem eigenen Volk.

Vernehmer und Spitzel in Röntgental gingen eher davon aus, dass ein Mensch, der in der DDR leben wollte, ein feindlicher Agent war als ein von Heimweh geplagter Bürger. Ihr gesamtes Denken war auf die »abwehrmäßige Sicherung des Zentralen Aufnahmeheimes (ZAH) Röntgental und Abwehrarbeit unter Rückkehrern und zuziehenden Ausländern« ausgerichtet. Überall vermutete die Staatsmacht Feinde, handelten ihre Vasallen unter größter Konspiration und auf unmenschliche, rücksichtslose Weise. Manfred Stiehl, der in diesem Buch zu Wort kommt, musste 1977/78 acht Tage in der »Quarantäne« verbringen und anschließend ein halbes Jahr im Lager Barby ausharren, ohne Ausgang und fast vollkommen isoliert. Außer ihm waren zeitweise nur drei weitere Rückkehrer im alten Schloss untergebracht, so dass das Verhältnis der Bewacher zu den Insassen zehn zu eins war.[1]

MdI und MfS betrieben einen enormen Sicherheitsaufwand bei der Überprüfung der Zuziehenden und Rückkehrer, nicht zu vergleichen mit den Kontrollen und Befragungen in westlichen Aufnahmelagern. Ein großer Prozentsatz der potentiellen Rückkehrer wurde abgewiesen und nach teilweise monatelangen Befragungen und Überprüfungen zurückgeschickt. Zwischen 1961 und 1965 beispielsweise wurden 58 Prozent der Zuzugswilligen und 27 Prozent der Rückkehrer abgelehnt.[2]

Die Zurückgeschickten wurden von der Staatssicherheit zugleich benutzt, um im Agentenspiel des Kalten Krieges die »feindlichen Geheimdienste zu täuschen und sie an desinformierende Arbeitsprozesse zu binden«. DDR-Rückkehrer oder Bundesbürger, die in die DDR ziehen wollten und die der SED-Staat aber zum Beispiel wegen hoher Schulden nicht aufnehmen wollte, wurden vom MfS bewusst mit falschen Informationen versorgt und gezielt nach bestimmten Objekten befragt, damit »der Gegner auf eine falsche Fährte geführt und gebunden wird«. Durch solche desorientierenden Maßnahmen sollten die späteren Befrager von BND und Verfassungsschutz mit nutzlosem Spielmaterial beschäftigt werden. In einzelnen Fällen wurde den Zurückgewiesenen die Einreise in die DDR auch nicht verboten, wie sonst üblich. Auf diese Weise würde die andere Seite verwirrt und der Gegner glaube den Zurückgewiesenen dann nicht, dass die DDR sie nicht haben wollte, hofften die Mitarbeiter des DDR-Geheimdienstes.[3]

Die als potentielle Feinde wahrgenommenen Rückkehrer erlebten in den Aufnahmeheimen ein Regime des Misstrauens, das sie stets im Ungewissen über ihr Schicksal ließ. Zu keinem Zeitpunkt wussten die Lagerinsassen, was im nächsten Augenblick mit ihnen geschehen würde. Diese ständige Unsicherheit war einkalkuliert und Teil einer Zermürbungsstrategie. »Wir sollten klein gemacht werden«, beschreibt DDR-Rückkehrer Alwin Ziel die Hilflosigkeit im Heim. Dass viele Menschen diese Ungewissheit nicht aushalten konnten, nahmen Lagerleitung und MfS offenbar in Kauf.

Letztlich zeigte sich das Lager Röntgental mit seinem Sicherheitswahn als eine »kleine DDR«, wie der Schriftsteller F.C. Delius in seinem Roman »Der Spaziergang von Rostock nach Syrakus« treffend schreibt.[4]

Anhang

Dank

Den Rückkehrern, die mich in ihre Akten und ihre Lebensge-
schichten blicken ließen, gilt mein Dank. Sie haben ein bislang
fast völlig unbekanntes Kapitel der DDR-Geschichte erhellt. Und
sie lassen vermuten, dass noch viele Geschichten aus diesem un-
tergegangen Staat zu erzählen sind.

Anmerkungen

Einführung (S. 11–25)

1   Vgl. Tobias Wunschik: Aufnahme und Überwachung von Zuwande-
    rern aus der Bundesrepublik Deutschland in die DDR, in: Klaus Bade
    (Hg.): IMIS-Beiträge 32/2007, S. 33; vgl. Helge Heidemeyer: Flucht
    und Zuwanderung aus der SBZ/DDR, Düsseldorf 1994, S. 3.
2   Vgl. Niklas Gustke: Die West-Ost-Wanderung 1949–1961 in der
    Selbstdarstellung der beiden deutschen Staaten, Magisterarbeit,
    Münster 2003; vgl. auch Andrea Schmelz: Migration und Politik
    im geteilten Deutschland während des Kalten Krieges, Opladen
    2002, S. 8f. Danach kamen 1954 etwa 53 Prozent der Rückwande-
    rer aus familiären Gründen zurück in die DDR, rund 21 Prozent
    wegen mangelnder Perspektiven in der Bundesrepublik. Bei den
    erstzugezogenen Bundesbürgern waren es 35 Prozent, die aus fami-
    liären Motiven in den Osten gingen, aber auch 56 Prozent, die we-
    gen wirtschaftlicher Motive den Weg in die DDR suchten. Die Zu-
    verlässigkeit der von beiden Staaten veröffentlichten Zahlen darf
    angezweifelt werden. Viele West-Ost-Übersiedler kehrten offenbar
    nach einer kurzen Zeit in der DDR aufgrund der schlechten Versor-
    gungslage wieder in den Westen zurück. Vgl. auch Cornelia Röh-
    lke: Die West-Ost-Migration, in: Bettina Effner, Helge Heidemeyer

(Hg.): Flucht im geteilten Deutschland, Berlin 2005, S. 102f. und Jörg Roesler: Rübermachen. Politische Zwänge, ökonomisches Kalkül und verwandtschaftliche Bindungen als häufigste Motive der deutsch-deutschen Wanderungen zwischen 1953 und 1961, Berlin 2004, S. 28.

3   MfS-Instruktion 15.11.1965, BStU ZA MfS-BdL 003349 und Wunschik: Aufnahme, S. 46; vgl. auch Jens Müller: Übersiedler von West nach Ost in den Aufnahmeheimen der DDR am Beispiel Barbys, Sachbeiträge Nr. 15 des LStU Sachsen-Anhalt, Magdeburg 2000, S. 11.

4   Wunschik: Aufnahme, S. 41.

5   Vgl. Müller: Übersiedler, S. 13 und Dienstanweisung (DA) MfS DA IX/20 (1954), DA 6/53 vom 27.3.1953, BStU MfS-BdL Nr. 002041, S. 2 ff; BStU MfS DA 16/53, BStU MfS BdL 002048, BStU MfS DA 21/53, BStU MfS-BdL 002049.

6   Rede Walter Ulbrichts in: Neues Deutschland, 5.7.1956.

7   Vgl. Wunschik: Aufnahme, S. 54, und BStU MfS HA VII BdL 782.

8   Vgl. Müller: Übersiedler, S. 8–10 und 13f. Den Aufnahmestellen an Grenzübergangsstellen (GÜST) der DDR waren Aufnahmeheime zugeordnet. Ankommende in Oebisfelde und Marienborn wurden ins ZAH Barby gebracht, die GÜST in Grevesmühlen, Schwanheide schickte Übersiedler in das ZAH Pristier, die GÜST Nordhausen, Heiligenstadt, Gerstungen und Schmalkalden ins ZAH Eisenach, die GÜST Probstzella und Gutenfürst in das ZAH Saasa. Die Grenzübergänge in Berlin leiteten weiter in das ZAH Berlin-Blankenfelde; BStU MfS-BdL 011359 und 011366.

9   Neues Deutschland, 11.11.1958.

10 Wunschik: Aufnahme, S. 45; vgl. auch Der Spiegel, 13.4.1960.

11 Wunschik, S. 45; Verschärfung DA 7/57 durch 1. Ergänzung vom 22.10.1960.

12 Neues Deutschland, 4.9.1958; Junge Welt, 21.11.1958.

13 MdI BArch Berlin DO 1, 34.0, Nr. 23865, zitiert nach: Müller: Übersiedler, S. 9.

14 Winfried Junge, Hans Kracht: Der Kinder wegen – Flucht ins Vaterland, DEFA-Studio für Wochenschau und Dokumentarfilme, 16 mm, 16 min, s/w, Berlin 1963.

15 Walter Heynowski, Gerhard Scheumann: OK, DEFA-Studio für Wochenschau und Dokumentarfilme, 16 mm, 32 min, s/w, Berlin 1965.

16 Anonym: Die Aufgaben des MfS zur qualifizierten operativen Nutzung von übersiedlungswilligen Personen, MfS-Fachschulabschlußarbeit VVS-JHS-001-834/76, Juristische Hochschule Potsdam-Eiche 1976, S. 7, BStU MfS HA VII 1374.

17 Vgl. BArch DO 102.1.

18 Zuzieher-Zahlen finden sich auch in einem Dokument der AG VP im ZAH vom 6.3.1985: BStU HA VII 4067, S. 22. Dort werden für 1980 382 Zuzieher/Rückkehrer aufgelistet, für 1981 454, für 1982 432, für 1983 468 und für 1984 517 Personen. Vgl. zu den Ausreisewilligen Bernd Eisenfeld: Die Zentrale Koordinierungsgruppe, MfS-Handbuch BStU, Berlin 1996, S. 50. Nach der dort angeführten ZKG-Statistik beantragten 1980: 21 500 DDR-Bürger die Ausreise in den Westen, 1981: 23 000, 1982: 24 900, 1983: 30 400 und 1984: 50 600.

19 Vgl. BStU HA VII 4067, S. 22. Danach wurden 1983 194 Zuzieher/Rückkehrer über das ZAH Röntgental in die DDR aufgenommen, 1984 waren es 232.

20 Statistisches Jahrbuch der DDR, Berlin 1990, S. 398. Dort sind für 1986 260 Zuziehende vermerkt.

21 MfS Dienstanweisung 1/79 vom 9.3.1979, S. 3, BStU MfS BdL 102 550.

22 Information über ausgewählte Erkenntnisse und Schlussfolgerungen, Berlin, 25.8.1989, BStU VII 6003, S. 253.

23 Vgl. ebd. und BArch DO 1/8.0 41618.

24 Beratung der Arbeitsgruppe ZAH des MdI am 19.12.1979, BArch DO 1/8.0 41618.

25 Major Aernecke: Stand der Vorbeugung, Aufklärung und Bekämpfung feindl. Pläne u. Maßnahmen, Berlin, 10.7.1987, BStU MfS HA VII 2523, S. 82.

26 Ebd., S. 89.

27 Ebd., S. 100.

28 Ebd., S. 105.

29 Plan der massenpolitischen Arbeit im Aufnahmeheim Barby für das Jahr 1967, BArch DO 1, 34.0, Nr. 32171. Magdeburg Rep. M1 Bezirkstag/Rat d. Bezirkes Nr. 16118, in: Müller: Übersiedler, S. 22.

30 Im ZAH Röntgental hielten Vertreter der SED-Bezirksleitung und der Urania zum Beispiel im 1. Quartal 1980 32 Vorträge. Es gab 21 Filmabende, fünf Sportveranstaltungen und »21 gesellige Veranstaltungen wie Wein- und Musikabende«, also ein Angebot für fast jeden Wochentag im Rückkehrerheim; vgl. Bericht über die politisch-operative Bearbeitung von aufnahmersuchenden Personen ..., in: BStU MfS ZKG 1101, S. 339.

31 LArch Magdeburg Rep. M 1. RdB/BT Magd. Nr. 16118 und 3566.

32 Ordnung 0134/86 des MdI, in: BStU MfS HA VII 1187, S. 6f.

33 Vgl. Interview Erika Ahrens vom 31.8.2008.

34 Bericht über die politisch-operative Bearbeitung von aufnahmersuchenden Personen ..., 5.1.1981, HA VII/3, in: BStU MfS ZKG 1101, S. 340.

35 Ebd., S. 338.

36 MdI Ordnung 0118/77 vom 8.3.1977, VVS 020815 (Archiv des Autors).

37 Ebd., Abschnitt 5.1.

38 MfS Dienstanweisung 1/79, 9.3.1979, S. 19, Abschnitt 3.6, BStU MfS-BdL 102550.

39 Deutschlandfunk, 7.3.1985; ZDF: Kennzeichen D, 13.3.1985.

40 Übersicht der erzielten Ergebnisse in der politisch-operativen Arbeit im Planjahr 1986, 12.1.1987, BStU MfS HA VII 2523, S. 35.

41 Stasi-Chef Mielke legte 1979 fest, dass »die in die DDR aufgenommenen Personen durch den Einsatz von IM und GMS weiter aufgeklärt und bei Vorliegen der erforderlichen Voraussetzungen [...] die operative Personenkontrolle eingeleitet wird«. MfS Dienstanweisung 1/79, 9.3.1979, BStU MfS-BdL 102550, S. 7.

42 Maßnahmeplan für die Auswahl, Vorbereitung und den Einsatz von IM, 8.4.1988, BStU HA VII 2530, S. 2f.

43 Ebd., Maßnahmeplan, S. 2–5.

Gefangen (S. 26–40)

1 Interview und Gespräche Alwin Ziel 2007/2008.

2 Beurteilung des Kollegen Ziel, Fachschule für Ökonomie Rodewisch, 1.2.1980 (Persönliche Akte Ziel).

3 VP-Inspektion Lichtenberg, 31.5.1988, an MdI HA Pass- und Meldewesen (Akte Ziel).

4 Interview und Gespräche Alwin Ziel 2007/2008.

5 Ebd.

6 Vernehmungsprotokoll des Beschuldigten Ziel, Alwin, VP (K) Röntgental, 23.8.1988, S. 3–4, (Akte Ziel); Interview und Gespräche Alwin Ziel 2007/2008.

7 Abschlußbericht zum Aufnahmeverfahren, HA VII/, 25.8.1988; Vernehmung des Beschuldigten Ziel, Alwin, VP (K) Röntgental, 23.8.1988 (Akte Ziel); Gespräche und Interview Alwin Ziel vom 18.8.2008.

OPK »Schiene« (S. 41–58)

1 Interview Andreas Mäder vom 22.8.2008.

2 Andreas Mäder: Information vom 18.6.1988 zu der Jugendtourist-Reisegruppe, die vom 6. bis 13.6.88 in Hamburg und Lauenburg war, BStU MfS BV Dresden 1672/89 OPK »Schiene«, S. 129.

3 Befragungsprotokoll Mäder, 25.7.1988, BStU MfS BV Dresden 1672/89 OPK »Schiene« S. 211 f.

4 Befragungsprotokoll Mäder, 14.7.1988, BStU MfS BV Dresden 1672/89 OPK »Schiene«, S. 203, und Information IM »Beate«, 15.6.1988, BStU MfS BV Dresden 1672/89 OPK »Schiene«, S. 325.

5 Vorgespräch vom 20.3.2007 und Interview Andreas Mäder vom 22.8.2008, Information IM »Beate«, 15.6.1988, BStU MfS BV Dresden 1672/89 OPK »Schiene«, S. 326 f.

6 Interview Andreas Mäder vom 22.8.2008.

7 Befragungsprotokoll Andreas Mäder, 12.7.1988, BStU MfS BV Dresden 1672/89 OPK »Schiene«, S. 198 f.

8 Interview Mäder vom 22.8.2008 und Information VII/3, 23.8.1988, BStU MfS BV Dresden 1672/89 OPK »Schiene«, S. 364.

9 Interview Andreas Mäder vom 22.8.2008.

10 Ebd.; Brief Mäder an Ehepaar Boysen, 12.8.1988, BStU MfS BV Dresden 1672/89 OPK »Schiene«, S. 357.

11 Interview Andreas Mäder vom 22.8.2008.

12 Ebd.

13 Ebd. und Vorgespräch vom 20.3.2007.

14 Interview Andreas Mäder vom 22.8.2008.

15 Befragungsprotokoll Mäder, 12.7.1988, BStU MfS BV Dresden 1672/89 OPK »Schiene«, S. 199–201.

16 Aktenvermerk Arbeitsgruppe VP im ZAH, 19.6.1988, BStU MfS BV Dresden 1672/89 OPK »Schiene«, S. 26.

17 Interview Andreas Mäder vom 22.8.2008.

18 Bericht über die politisch-operative Bearbeitung von AE…, VII/3, 15.1.1981, BStU MfS ZKG 1101, S. 338.

19 Interview Andreas Mäder vom 22.8.2008.

20 Ebd.

21 Einschätzung zu A. Mäder, 26.7.1988, Akte BStU BV Dresden 1672/89 OPK »Schiene«, S. 334.

22 Ebd.

23 Interview Andreas Mäder vom 22.8.2008 und Vorgespräch vom 20.3.2007.

24 Interview Andreas Mäder vom 22.8.2008 und A. Mäder: Information, 12.7.1988, BStU MfS BV Dresden 1672/89 OPK »Schiene«, S. 136.

25 Einleitungsbericht zur OPK »Schiene«, 4.7.1988 und Sachstandsbericht zur OPK, 15.8.1988, BStU MfS BV Dresden 1672/89 OPK »Schiene«, S. 9, 13 und 271.

26 Information, 29.6.1988, BStU MfS BV Dresden 1672/89 OPK »Schiene«, S. 133 f.

27 Abschlußbericht OPK, 19.7.1989, und Sachstandsbericht zur OPK, 15.8.1988, Akte BStU MfS BV Dresden 1672/89 OPK »Schiene«, S. 386 und S. 270a.

28 »Bernd Kellermann«: Information zum AE Mäder, 21.7.1988, und Sachstandbericht zur OPK, 15.8.1988, BStU MfS BV Dresden 1672/89 OPK »Schiene«, S. 111 und 271.

29 Information zum DDR-Bürger Mäder, Andreas, 28.7.1988, BStU MfS BV Dresden 1672/89 OPK »Schiene«, S. 331.

30 Protokoll zum Aufnahmeverfahren Mäder, 16.7.1988, BDVP Dresden, BStU MfS BV Dresden 1672/89 OPK »Schiene«, S. 215.

31 Schlußbericht, 27.7.1988, MDI/AG VP im ZAH, MfS BV Dresden 1672/89 OPK »Schiene«, S. 266.

32 Interview Andreas Mäder vom 22.8.2008.

33 Information MfS BV Dresden, 23.9.1988, und Informationsbedarf MfS KD Dresden-Stadt, 26.9.1988, BStU MfS BV Dresden 1672/89 OPK »Schiene«, S. 346f. und 343.

34 Telefonate mit Gert Boysen vom Mai 2009.

35 Abschlußbericht OPK »Schiene«, 19.7.1989, BStU MfS BV Dresden 1672/89 OPK »Schiene«, S. 386.

Der Spitzel (S. 59–66)

1 »Bernd Kellermann«: Abschlußbericht über meinen legendierten Einsatz ..., ohne Datum [1988], BStU MfS AIM 3704/89, S. 138.

2 Major Fraesdorf: Einschätzung, 10.1.89, BStU Abt VII Magdeburg 3693 KuS, S. 88 f.

3 Verpflichtung, Magdeburg, 29.4.1988, und Vereinbarung, 29.4.1988, BStU MfS AIM 3704/89, S. 27 und 20.

4 Maßnahmeplan für die Auswahl ...von IM, Berlin, 8.4.1988, BStU MfS HA VII 2530, S. 2 ff.

5 »Bernd Kellermann«: Abschlußbericht, BStU MfS AIM 3704/89, S. 142.

6 Ebd.

7 Ebd., S. 143.

8 Vgl. Abschlußbericht OPK »Küster«, 12.7.1988, in: MfS AOPK 7692/88, S. 365 ff.

9 »Bernd Kellermann«: Bericht über politisch-moralische Auffassungen der AE, 17.6.1988, in: MfS AIM 3704/89, S. 91.

10 Ebd.

11 Stellungnahme zur Einstellung des HIME, 2.2.1989, BStU Abt. VII Magdeburg 3693 KuS, S. 103.

12 Einstellungsvorschlag, 9.2.1989, BStU Abt. VII Magdeburg 3693 KuS, S. 27.

13 Ebd., S. 24f. und 92.

14 Gedächtnisprotokoll: Telefonat mit Bruno Kreminski vom 18.9.2008.

15 Einarbeitungsplan, 7.4.1989, BStU Abt. VII Magdeburg 3693 KuS, S. 52.

Horst aus Jena (S. 67–76)

1 Interview Erika Geißler vom 23.8.2008.

2 Recherchegespräche Erika Geißler, Frühjahr 2008.

3 Recherchegespräche und Interview Stefan Geißler vom 23.8.2008.

4 Recherchegespräche und Interview Erika Geißler vom 23.8.2008.

5 Interview Erika und Stefan Geißler vom 23.8.2008.

6 Interview Werner Zimmermann vom 23.8.08.

7 Ebd.

8 Fernschreiben Ergänzungsmeldung ungesetzlicher Grenzübertritt, 18.8.1988, BStU MfS HA VII/3 ZMA 3382, S. 42.

9 Vorgespräch Erika Geißler vom 23.8.08.

10 Sofortmeldung BDVP Gera, 10.8.1988, BStU MfS HA V II, 7248, S. 204a.

11 Vorgespräch Werner Zimmermann vom 23.8.08 und Protokoll VP Jena, 25.8.1988, BStU MfS HA VII/3, 3382, S. 67.

12 Fernschreiben MfS, 18.8.1988, Ergänzungsmeldung, BStU MfS HA VII 7248, S. 205.

13 Vorgespräch Erika Geißler vom 23.8.2008.

14 Ebd.

15 Interview Erika Geißler vom 23.8.2008.

16 VP Jena Protokoll, 25.8.1988, BStU MfS HA VII/3, 3382, S. 70.

17 Ebd.

18 Vgl. Information, 19.8.1988, VII/3 und VP Jena Protokoll, 25.8.1988, BStU MfS HA VII/3, 3382, S. 3 und 70.

19 Aktenvermerk AG VP im ZAH, 18.8.1988, und VP Jena Protokoll, 25.8.1988, BStU MfS HA VII/3, 3382, S. 11 und 70.

20 Tätigkeitsbuch ZAH, S. 93f. (Archiv des Autors).

21 Aktenvermerk AG VP im ZAH, 18.8.1988, BStU MfS HA VII/3, 3382, S. 11.

22 Tätigkeitsbuch ZAH, S. 93f. (Archiv des Autors).

23 Gespräch Dr. Burghard Müller vom 18.12.2007, Recherchepapier S. 57ff.

24 Ebd., Information zum AE, 19.8.1988, BStU HA. VII/3, 3382, S.13.

25 Gespräch Dr. Burghard Müller vom 18.12.2007, Recherchepapier
   S. 57 ff; Tätigkeitsbuch ZAH, S. 93 ff. (Archiv des Autors); Vernehmung Müller, 20.8.1988, BStU HA VII/3, 3382, S. 29.

26 Aktenvermerk AG VP im ZAH, 20.8.1988, in: MfS HA VII/3 3382,
   S. 14.

27 Interview und Vorgespräch Erika Geißler vom 23.8.2008.

28 Tätigkeitsbuch ZAH, S. 110 (Archiv des Autors).

29 Ebd., S. 99–110 (Archiv des Autors).

Der Sprung (S. 77–88)

1 Interview Alwin Ziel vom 18.8.2008.

2 Vgl. »Bernd Kellermann«: Abschlussbericht, BStU MfS AIM
   3704/89, S. 136 ff.

3 »Bernd Kellermann«: Information zum Selbstmord …, 22.8.1988,
   BStU MfS HA VII/3 3382, S. 72 f.

4 Ebd.

5 Tätigkeitsbuch ZAH, S. 117 f. (Archiv des Autors).

6 Gespräch mit Peter Reinke vom 18.8.08; Tätigkeitsbuch ZAH,
   S. 118 f. (Archiv des Autors).

7 Interview Alwin Ziel vom 18.8.2008.

8 »Bernd Kellermann«: Information …, 22.8.1988, BStU MfS HA
   VII/3, 3382, S. 72.

9 Information zum Sachverhalt, 20.8.1988, BStU MfS HA VII/3,
   3382, S. 37 f.

10 Tätigkeitsbuch ZAH, S. 118 (Archiv des Autors).

11 Ebd.

12 Vgl. »Bernd Kellermann«: Information …, 22.8.88, in: MfS HA
   VII/3, 3382, S. 73 f.

13 Tätigkeitsbuch ZAH, S. 121 f. (Archiv des Autors).

14 Recherchegespräch und Interview Erika Geißler vom 23.8.2008.

15 AG VP im ZAH Information, 21.8.1988, BStU MfS HA VII/3 ZMA
   3382, S. 51.

16 Recherchegespräch und Interview Stefan Geißler vom 23.8.2008.

17 Interview und Vorgespräch Erika Geißler vom 23.8.2008.

18 Vorgespräche Erika und Stefan Geißler vom 23.8.2008.

19 AG VP im ZAH, Aktenvermerk, 18.8.1988, BStU MfS HA VII/3
   ZMA 3382, S. 11.

20 Information über nichtnatürlichen Tod, 21.8.1988, BStU MfS VII/3,
   in: MfS HA VII 7248, S. 76.

21 Tätigkeitsbuch ZAH, S. 101 (Archiv des Autors), und Information zum AE Geißler, 19.8.1988, BStU MfS HA VII/3 ZMA 3382, S. 13.

22 Büchner: Bericht ...OiBE, 10.11.1986, BStU MfS HA VII 3842, S. 22.

23 VP Jena Protokoll, 25.8.1988, BStU MfS HA VII/3 ZMA 3382, S. 68 f.

24 AG VP ZAH Aktenvermerk, 18.8.1988, BStU MfS HA VII/3 ZMA 3382, S. 11.

25 ZAH Lagefilm, 22.8.88, BStU MfS HA VII/3 ZMA 3382, S. 25.

26 Informationen zum Sachverhalt, 20./21.8.1988, BStU MfS HA VII/3 ZMA 3382, S. 33–46.

27 Ebd., S. 39.

28 Ebd., S. 44.

29 Zeugenvernehmung, 20.8.1988, BStU MfS HA VII/3 ZMA 3382, S. 28f.

30 Olt. Mettner VII/3 Information, 22.8.1988, BStU MfS HA VII/3 ZMA 3382, S. 75.

31 Ebd., S. 75f.

32 Information IM VL »Sylvia«, 19.9.1988, BStU MfS HA VII/3 ZMA 3382, S. 89; Tätigkeitsbuch ZAH, S. 101 (Archiv des Autors).

33 Information IM VL »Sylvia«, 19.9.1988, BStU MfS HA VII/3 ZMA 3382, S. 89.

34 Information über nichtnatürlichen Tod, 21.8.1988, BStU MfS HA VII/3 7248, S. 77.

35 Interview und Gespräche Alwin Ziel 2008/2009.

Der lange Weg zurück (S. 89–101)

1 Urkunde Entlassung aus der Staatsbürgerschaft, 13.10.1976, BStU OPK-Akte 1330/80 Stiehl, S. 37.

2 Erklärung Manfred Stiehl, 13.12.1977, BStU OPK-Akte 1330/80 Stiehl, S. 184.

3 Befragungsprotokoll, 28.11.1977, BStU OPK-Akte 1330/80 Stiehl, S. 116 ff.

4 Befragungsprotokoll, 14.12.1977, BStU OPK-Akte 1330/80 Stiehl, S. 181, und Interviews Manfred Stiehl, Frühjahr 2009.

5 Brief Gertrud, 5.11.1977, BStU OPK-Akte 1330/80 Stiehl, S. 24.

6 Operativ-Information, 27.12.1976, MfS KD Schönebeck, BStU OPK-Akte II 1330/80 Stiehl, S. 30.

7 Ebd., S. 29.

8 Sachstandsbericht VII/3, 22.12.1977, BStU OPK-Akte 1330/80 Stiehl, S. 202.

9 Überwachungsprotokoll MfS KD Schönebeck, 4.3.1977, BStU OPK-Akte 1330/80 II Stiehl, S. 157f.

10 Protokoll VII/3 Auswertung OPK, 13.19.1977, und Lagefilm OpD, 6./7.3.1977, BStU OPK-Akte 1330/80 Stiehl, S. 164, und BStU OPK-Akte II, S. 84.

11 Befragungsprotokoll, 1.12.1977, BStU OPK-Akte 1330/80 Stiehl, S. 136; Interviews Manfred Stiehl, Frühjahr 2009.

12 Fernschreiben GÜST MMA, 17.9.1977, BStU OPK-Akte 1330/80 Stiehl, S. 21.

13 Sachstandsbericht VII/3, 22.12.1977, BStU OPK-Akte 1330/80 Stiehl, S. 204.

14 Information IM »G. Nordmann«, 23.9.1977, BStU OPK-Akte 1330/80 Stiehl, S. 206.

15 Information IM »Traut«, 9.11.1977, BStU OPK-Akte 1330/80 Stiehl, S. 210.

16 Hinweis, 6.11.1977, BStU OPK-Akte 1330/80 Stiehl, S. 213.

17 Kommissionsbeschluß, 21.2.1978, und Zwischenbericht MfS KD, 25.10.1978, BStU OPK-Akte II 1330/80 Stiehl, S. 268, 276.

18 Protokoll, 13.2.1978, Bezirksheim Barby, Arbeitsgruppe VP, BStU PKA 1330/80, Band 8, S. 76.

19 Protokoll Betr. Rücksprache Bezirksheim Barby, 13.2.1978, BStU OPK-Akte 1330/80 Stiehl, S. 76.

20 IM-Information, 31.3.1978, BStU OPK-Akte 1330/80 II Stiehl, S. 283.

21 IM-Hinweis, ohne Datum, BStU OPK-Akte 1330/80 II Stiehl, S. 286.

22 Eingabe an den Rat des Bezirkes, 28.11.1978, BStU OPK-Akte 1330/80 II Stiehl, S. 284.

23 IM-Information, 9.7.1979, BStU OPK-Akte 1330/80 Stiehl, S. 309, 322.

»Du fängst wieder bei uns an!« (S. 102–109)

1 Interview Achim Mentzel vom 5.3.2009

2 Ebd.

3 Ebd.

4 Ebd. und Interview auf blog.myoon.com.

5 Ebd.

6 Ebd.

Grenzgängerinnen (S. 110–121)

1 Vermerk VP Kreisamt Zittau, 3.7.1980, BStU MfS BV Dresden ZMA K/227, S. 233.

2 Vgl. Maßnahmeplan BStU MfS KD Zittau, 9.11.1976, BStU MfS BV Dresden ZMA K/227, S. 20.

3 Vermerk VP Zittau, 25.4.1977, BStU MfS BV Dresden ZMA K/227, S. 43.

4 VP (K) OSL Müller, Entscheidung über den Antrag Kretschmer, 30.4.1981, BStU HA VII/3 ZMA AV 1981, S. 609.

5 BStU HA VII/3 ZMA AV 1981, S. 608.

6 Ebd., S. 609.

7 Fernschreiben VP Zittau Betr. Zuziehende Kretschmer, 27.3.1981, in: BStU MfS BV Dresden ZMA K/227, S. 137.

8 Fernschreiben Jungnickel, MfS BV Dresden, 8.4.1981, BStU MfS ZMA K/227, S. 143.

9 Fernschreiben MfS VII/3 ZAH 8.4.1981, BStU MfS BV Dresden, KD Zittau, Abt. K/227, S. 336.

Frauke und Edith (S. 122–138)

1 Interview Frauke Naumann vom 30.7.2008.

2 Gespräch mit Edith Schmidt vom 7.11.2008.

3 Interview Frauke Naumann vom 30.7.2008.

4 BStU MfS HA VII/3 ZMA 2579, S. 6.

5 Interview Frauke Naumann 30.7.2008.

6 Erstinformation zum Aufnahmeersuchen, MfS VII/3 ZAH, 3.3.1986, BStU MfS HA VII/3 ZMA 2579, S. 6.

7 Aktenvermerk MfS VII/3 ZAH, 4.4.1986, BStU MfS HA VII/3 ZMA 2579, S. 45.

8 Bericht über das Zusammentreffen der AE Naumann …, MfS VII/3 ZAH, 8.4.1986, BStU MfS HA VII/3 ZMA 2579, S. 7.

9 Ebd.

10 Ebd., S. 8f., und Interview Frauke Naumann vom 30.7.2008.

11 Ebd., S. 11.

12 Abschlußbericht MfS VII/3 ZAH, 11.4.1986, BStU MfS HA VII/3 ZMA 2579, S. 66.

13 Interview Frauke Naumann vom 30.7.2008.

14 Erklärung, 7.4.1986, BStU MfS HA VII/3 ZMA 2579, S. 46.

15 Vgl. Befragungsprotokoll, 4.3.1986, und Protokoll Rücksprache, 23.4.1986, BStU MfS HA VII/3 ZMA 2579, S. 41 und 55.

16 Abschlussbericht AG VP im ZAH, 27.3.1986, BStU MfS HA VII/3 ZMA 2579, S. 60.
17 Interview Frauke Naumann vom 30.7.2008.
18 Vgl. Information, 16.5.1986, BStU MfS HA VII Akte 1425, S. 42; Gespräch mit Edith Schmidt vom 7.11.2008.
19 IM-Bericht, 16.5.1986, BStU MfS HA VII Akte 1425, S. 22.
20 Information Stegbauer, 16.5.1986, BStU MfS HA VII Akte 1425, S. 27.
21 Gespräch mit Edith Schmidt vom 7.11.2008.
22 Interview Frauke Naumann vom 30.7.2008.

Nicht nur Heimweh (S. 139 – 156)

1 Interview Gernot Krüger im März 2008.
2 Ebd. und Personalbogen MfS Gernot Krüger.
3 Personalakte des Inoffiziellen Mitarbeiters, BStU MfS 9240/61 GI »Primus«, Registrierung XV/131/69 F 16 HV A Makosch, 18.1.1965, F 22 HV A IMB, 25.2.1969.
4 Interview Gernot Krüger im März 2008.
5 Bericht Öffentlichkeitsarbeit 1985, BStU MfS ZAIG 27323, S. 96; »Heimweh«-Fertigstellung, BStU ZAIG 27324, S. 19; Öffentlichkeitsarbeit Filmprojekt »Heimweh«, BStU ZAIG 26205, S. 2.
6 Bericht Öffentlichkeitsarbeit 1985, BStU MfS ZAIG 27323, S. 96.
7 Schreiben OSL Dudek, 17.7.1985, BStU MfS HA VII/3 206/85, S. 65 ff.
8 Abschlußentscheidung OSL Dudek, 17.7.1985; Ebd.
9 Schreiben Renate Schäfer vom 16.1.1985, in: MfS HA XII 245/86 BV Dresden, S. 28.
10 Schreiben an Familie Schäfer, ohne Briefkopf und Datum: KA/81/85 Major Kosko, BStU MfS HA XII 245/86 BV Dresden, S. 63
11 Registrierkarte vom 12. bis 16.7.1985, BArch DO 102 (unpaginiert).
12 IM-Bericht »Ina Berger«, 20.7.1987, BStU MfS HA XII 245/86 BV Dresden, S. 98
13 »Heimweh« Fertigstellung und Filmprojekt »Heimweh«, BStU MfS ZAIG 27324, S. 19, und ZAIG 26205, S. 2.
14 IM-Bericht »Ina Berger«, 20.7.1987, BStU MfS HA XII 245/86 BV Dresden, S. 98.
15 Information zur Familie Schäfer, 24.1.1986, BStU MfS HA XII 245/86 BV Dresden, S. 3 f.
16 Interviews mit Renate Schäfer im Herbst 2006.
17 Interview mit Gernot Krüger im März 2008.

1 Verpflichtung IM »Robert«, ohne Datum, BStU MfS AIM 11254/89 I, S. 21.

2 Vgl. Abschlußbericht über den Einsatz des IM »Robert« im ZAH, 30.6.1989, BStU MfS AIM 11254/89 II, S. 320.

3 Ebd., S. 321.

4 Ebd., S. 313.

5 Angaben zur Person, 7.9.1981, BStU MfS AIM 11254/89 I, S. 29.

6 Einschätzung der bisherigen inoffiziellen Zusammenarbeit mit IM »Robert«, 20.9.1989, BStU MfS AIM 11254/89 I, S. 369 ff.

7 Abschlußbericht über den Einsatz des IM »Robert« im ZAH, 30.6.1989, BStU MfS AIM 11254/89 II, S. 321.

8 Befragungsprotokoll des ständigen Einwohners von Berlin (West), 11.5.1989, BStU MfS AIM 11254/89 II, S. 183.

9 Abschlußbericht über den Einsatz des IM »Robert« im ZAH, 30.6.1989, BStU MfS AIM 11254/89 II, S. 321

10 Bericht zur Bezugspartnerin des IM »Robert«, 20.4.1989, BStU MfS AIM 11254/89 II, S. 203 ff.

11 Vgl. Befragungsprotokoll des ständigen Einwohners von Berlin (West), 11.5.1989, in: MfS AIM 11254/89 II, S. 183 ff.

12 Kurzeinschätzung AG VP im ZAH, 6.5.1989, BStU MfS AIM 11254/89 II, S. 188.

13 Abschlußbericht über den Einsatz des IM »Robert« im ZAH, 30.6.1989, BStU MfS AIM 11254/89 II, S. 315 ff.

14 Bericht zur Bezugspartnerin des IM »Robert«, 20.4.1989, BStU MfS AIM 11254/89 II, S. 204.

15 Ebd., S. 205.

16 Ebd., S. 206.

17 Ebd., S. 208

18 Ebd., S. 209.

19 Vgl. www.archiv-buergerbewegung.de.

20 Abschlußbericht über den Einsatz des IM »Robert« im ZAH, 30.6.1989, BStU MfS AIM 11254/89 II, S. 322.

21 Bericht über den DDR-Bürger (Name geschwärzt), 16.5.1989, BStU MfS AIM 11254/89 II, S. 219.

22 Ebd.

23 Abschlußbericht über den Einsatz des IM »Robert« im ZAH, 30.6.1989, BStU MfS AIM 11254/89 II, S. 323.

24 Einschätzung der bisherigen inoffiziellen Zusammenarbeit mit IM »Robert«, 20.9.1989, BStU MfS AIM 11254/89 I, S. 369

25 IM »Robert«: Einschätzung Zusammenarbeit mit dem Führungsof-
    fizier, 7.8.1989, BStU MfS AIM 11254/89 II, S. 179.
26 Ebd., S. 172.

Die Wende (S. 168–179)

1   Vgl. Begründung zur Planstelle OibE, BStU MfS VII 3842, S. 22, und
    Auskunftsbericht, 11.8.1978, »Roland Kreutzberger«, BStU MfS
    17413/82, S. 325.
2   Antrag Angelika Gerlach, 1.9.1980, BStU HA XXII Nr.19481, S.
    1.
3   Vorschlag zum weiteren Vorgehen im Zusammenhang mit der An-
    frage zur Person Gerlach, Angela, 15.3.1988, BStU MfS HA XXII
    Nr. 19481, S. 67f. (zerrissene rekonstruierte Akte).
4   AG VP im ZAH, Zuziehende Gerlach, Angelika, 10.10.1980, BStU
    HA VII/3 ZMA Nr. AV 1980, S. 34–36.
5   Vorschlag zum weiteren Vorgehen im Zusammenhang mit der An-
    frage zur Person Gerlach, Angela, 15.3.1988, BStU MfS HA XXII
    Nr. 19481, S. 63 (zerrissene rekonstruierte Akte).
6   Ebd., S. 62.
7   Vgl. Der Spiegel 26/1991, S. 92 f., und BStU-Homepage, Themenar-
    chiv, http://www.bstu.bund.de/cln_028/nn_712834/DE/MfS-
    DDR-Geschichte/Einzelthemen/Themenarchiv/RAF/raf__node.
    html__nnn=true.
8   Vgl. Klaus Marxen u. a. (Hg.): Strafjustiz und DDR-Unrecht, Berlin
    2006
9   Befehl 115/90 des Ministers für Innere Angelegenheiten vom 16.3.1990,
    in: BArch DO 1/2.2. 59433, S. 59 ff.
10 Entscheidungsvorschlag Aufnahmeheim Dienstobjekt Ahrensfelde,
    2.11.1990 (Archiv des Autors).

Schlussbetrachtung (S. 180–181)

1   Interviews mit Manfred Stiehl vom 13.9.2007 und 30.3.2009.
2   BStU MfS ZKG 1101, S. 339; vgl. auch Wunschik: Aufnahme, S. 4.
3   Vorschlag der HA VII an Minister Mielke zur Täuschung des Gegners
    vom 17.5.1979 (Archiv des Autors).
4   Vgl. Friedrich Christian Delius: Der Spaziergang von Rostock nach
    Syrakus, Reinbek 1995, S. 149.

Biografien

Horst Geißler
Sommer 1988 in Röntgental

Geboren 1939 in Lossa, legte Horst Geißler 1958 das Abitur am Internat Schulpforte ab. 1959 begann er ein Studium an der Hochschule für Verkehrswesen Dresden, das er 1964 als Diplomingenieur für Verkehrsbauwesen abschloss. Er heiratete 1964 und arbeitete bis 1968 als Bauführer und Produktionsingenieur im VEB Straßenwesen Weimar. 1966 trat Geißler der SED bei. 1967 wurde sein Sohn geboren. Von 1968 bis 1974 war Geißler im Wohnungsbaukombinat Jena beschäftigt, danach von 1977 bis 1988 im VEB Investbau Jena.

Am 23. Juli 1988 trat er mit seiner Ehefrau eine genehmigte Reise nach Bayern an und meldete sich bei den westdeutschen Behörden als Flüchtling. Er durchlief vom 3. bis 5. August 1988 das Notaufnahmeverfahren in Gießen und blieb anschließend zwölf Tage in Frankfurt am Main. Am 17. August 1988 kehrte er in die DDR zurück. Im Zentralen Aufnahmeheim Röntgental beging Horst Geißler am 20. August 1988 Selbstmord.

Annemarie Kretschmer
Frühjahr 1981 in Röntgental

Die gebürtige Kasselerin Annemarie Kretschmer, Jahrgang 1936, folgte 1955 ihrem Verlobten in die DDR. Sie bekam einen Sohn und zwei Töchter und lebte nach der Scheidung von ihrem Ehemann als alleinerziehende Kindergärtnerin in Seifhennersdorf in Sachsen. Ab 1975 stellte sie immer wieder erfolglos Ausreiseanträge, um ihre kranken Eltern in Kassel versorgen zu können. Erst 1980, nach dem Tod der Mutter, konnte sie mit der jüngsten Tochter Sabine, die 1967 zur Welt gekommen war, ausreisen. Nach elf Wochen im Westen wollten Mutter und Tochter in die DDR zurückkehren. Die elfjährige Sabine und ihre Mutter mussten sechs Wochen in Röntgental verbringen und wurden anschließend nach Westdeutschland abgeschoben und mit einer mehrjährigen Einreisesperre belegt.

Andreas Mäder
Sommer 1988 in Röntgental

Geboren 1955 in Görlitz, leistete Andreas Mäder nach dem Abitur 1973 bis 1976 seinen Wehrdienst bei den Grenztruppen der DDR. 1976 trat er der SED bei, heiratete ein Jahr darauf und wurde Vater zweier Kinder. Von 1976 bis 1980 studierte er Schienenfahrzeugtechnik an der Hochschule für Verkehrswesen Dresden. Nach dem Ingenieurdiplom 1980 arbeitete er in leitender Stellung bei den Dresdner Nahverkehrsbetrieben. 1986 promovierte Mäder »cum laude« zum Dr. Ing. 1987 ließ er sich scheiden. Am 6. Juni 1988 trat er mit einer FDJ-Gruppe eine Reise nach Hamburg an, die er zur Flucht nutzte. Er durchlief vom 11. bis 15. Juni 1988 das Notaufnahmeverfahren in Gießen und kehrte am 17. Juni 1988 über den Grenzübergang Schwanheide in die DDR zurück. Im ZAH Röntgental war er bis zum 28. Juli 1988 untergebracht und arbeitete danach im Verkehrskombinat Dresden. Bis Juli 1989 wurde er von der Staatssicherheit observiert. Mäder lebt heute als selbständiger Ingenieur in Dresden.

Achim Mentzel
Winter 1973/74 in Barby

Achim Mentzel wurde 1946 in Berlin geboren und erlernte den Beruf des Polsterers. Mit 16 Jahren gründete er das »Diana-Schau-Quartett« und spielte bis zum Verbot seitens des Staates im Jahr 1965 Titel der Beatles und Rolling Stones nach. Im Juni 1973 nutzte er ein Gastspiel des »Alfons-Wonneberg-Sextetts« in West-Berlin zur Flucht. Er arbeitete im Saarland sechs Monate lang als Schweißer und Freizeitmusiker. Am 11. November 1973 meldete Mentzel sich am Bahnhof Friedrichstraße zurück in der DDR und verbrachte neun Wochen im Aufnahmeheim Barby bei Magdeburg, anschließend 14 Tage im Bezirksheim Berlin-Weißensee. Er wurde wegen Republikflucht zu zehn Monaten Haft auf Bewährung verurteilt. Von 1974 bis 1979 sang und spielte er unter anderem mit Nina Hagen in verschiedenen Unterhaltungsbands und begann 1979 eine Solokarriere. 1988 moderierte er die Unterhaltungssendung »Ein Kessel Buntes« im DDR-Fernsehen und war auch nach der Wende als Musiker und Fernsehmoderator erfolgreich.

Frauke Moeller-Naumann
Frühjahr 1986 in Röntgental

Geboren 1964 in Goslar, erlernte sie nach dem Realschulabschluss 1983 den Beruf der Bürokauffrau und fand nach der Ausbildung im Januar 1986 keine Arbeit. Mit 21 Jahren entschied sie sich, zu ihrem Verlobten nach Ostdeutschland überzusiedeln. Am 1. März 1986 reiste sie in die DDR ein und verbrachte sechs Wochen im ZAH Röntgental. Danach musste sie in der Nähe von Güstrow im Haus der Schwiegereltern leben und durfte nicht zu ihrem Ehemann nach Berlin ziehen. 1987 trennten sich die Eheleute. Bis zur Wende wurde sie vom MfS überwacht. Frauke Moeller-Naumann arbeitete in einem Landtechnikbetrieb und dann in einer Landwirtschaftlichen Produktionsgenossenschaft (LPG) bei Güstrow als Facharbeiter für Pferdezucht. Seit 1991 ist sie in einem Verlag in Güstrow tätig, seit 1994 als Verlagsleiterin.

Edith Schmidt
Frühjahr 1986 in Röntgental

Edith Schmidt wurde 1944 in Hennigsdorf geboren und war als Arbeiterin im dortigen Stahlwerk in der Dampferzeugung tätig. Nachdem ihrem älteren Bruder und dessen Frau die Ausreise nach Westdeutschland 1984 nach längerer Haft erlaubt worden war, stellte sie ebenfalls einen Ausreiseantrag. Sie heiratete 1985 einen Westdeutschen in der DDR und durfte nach Niedersachsen ausreisen. Nach drei Monaten Ehe meldete sie sich im Januar 1986 als Rückkehrerin am Bahnhof Friedrichstraße und wurde drei Monate lang in Röntgental festgehalten. Im Mai 1986 wurde sie aus dem ZAH entlassen und heiratete ihren jetzigen Ehemann, mit dem sie bis heute in Hennigsdorf lebt.

Manfred Stiehl
Herbst und Winter 1977/78 in Barby

Manfred Stiehl, geboren 1941 in Schönebeck/Elbe, erlernte von 1957 bis 1959 den Beruf des Anlagen- und Apparatefahrers im VEB Gummiwerk Schönebeck und leistete von 1960 bis 1962 Wehrdienst bei der NVA. Er heiratete 1963. Aus der Ehe gingen zwei Töchter hervor. Manfred Stiehl trat 1966 der SED bei und arbeitete in verschiedenen Betrieben als Anlagen- und Kraftfahrer. 1974 wurde er aus der SED ausgeschlossen. Er ließ sich nach 13 Ehejahren scheiden und verlobte sich mit einer Westdeutschen. 1976 konnte er die DDR legal verlassen. Er verliebte sich in eine Frau aus der DDR, löste die Verlobung in Westdeutschland und beantragte die Wiederaufnahme in die DDR. Von September 1977 bis Februar 1978 wurde er im Zentralen Aufnahmeheim Barby festgehalten. Nach seiner Entlassung und Wiedereingliederung überwachte die Staatssicherheit ihn und seine Frau bis Mitte 1980 in einer »Operativen Personenkontrolle«.

Alwin Ziel
Sommer 1988 in Röntgental

1941 wurde Alwin Ziel in Quernau/Westpreußen geboren und ab 1965 an der Pädagogischen Hochschule Güstrow zum Diplomlehrer für Deutsch und Russisch ausgebildet. An der Humboldt-Universität Berlin erwarb er den Zusatzabschluss als Diplompädagoge (1974) und war als Leiter einer Beratungsstelle in Dessau und als Fachschullehrer an der Fachschule für Ökonomie in Berlin tätig. 1980 bis 1986 studierte er neben dem Lehrerberuf Rechtswissenschaft in Berlin mit dem Abschluss Diplom-Jurist. Am 22. April 1988 nutzte er einen von den DDR-Behörden genehmigten Verwandtenbesuch in der Bundesrepublik Deutschland zur Flucht. Nachdem seiner Frau und den beiden Söhnen der Umzug nach Westdeutschland verweigert worden war, kehrte er am 16. August 1988 in die DDR zurück und wurde bis zum 27. August 1988 im ZAH Röntgental festgehalten. Danach durfte er nicht mehr als Lehrer arbeiten und wurde wissenschaftlicher Assistent an der Humboldt-Universität Berlin.

Im Dezember 1989 wurde Alwin Ziel Mitglied der Sozialdemokratischen Partei der DDR (SDP) und im März 1990 Abgeordneter der ersten frei gewählten DDR-Volkskammer sowie Parlamentarischer Staatssekretär im Ministerium für Arbeit und Soziales. Im Herbst 1990 wurde er in den brandenburgischen Landtag gewählt und war von 1990 bis 1999 Innenminister Brandenburgs. Von 1999 bis 2002 war er Minister für Arbeit und Soziales und gehört bis heute dem Landtag an.

Abkürzungsverzeichnis

Abt.	Abteilung
AE	Aufnahmeersuchende
AG	Arbeitsgruppe
AIM	Archivierter Vorgang eines Inoffiziellen Mitarbeiters
AV	Aufnahmeverfahren
BArch	Bundesarchiv
BdL	Büro der Leitung
BDVP	Bezirksdirektion der Volkspolizei
BND	Bundesnachrichtendienst
BRD	Bundesrepublik Deutschland
BStU	Die Bundesbeauftragte für die Unterlagen des Staatssicherheitsdienstes der ehemaligen Deutschen Demokratischen Republik
BV	Bezirksverwaltung
BZH	Bezirksaufnahmeheim
CDU	Christlich Demokratische Union (Deutschlands)
CIA	Central Intelligence Agency (US-amerikanischer Geheimdienst)
ČSSR	Tschechoslowakische Sozialistische Republik
DA	Dienstanweisung
DDR	Deutsche Demokratische Republik
DEFA	Deutsche Film-Aktiengesellschaft
DSF	Gesellschaft für Deutsch-Sowjetische Freundschaft
FDGB	Freier Deutscher Gewerkschaftsbund
FDJ	Freie Deutsche Jugend
GMS	Gesellschaftlicher Mitarbeiter Sicherheit
GÜST	Grenzübergangsstelle
HA	Hauptabteilung
HIME	Hauptamtlicher Inoffizieller Mitarbeiter (im Einsatzgebiet)
IM	Inoffizieller Mitarbeiter des Ministeriums für Staatssicherheit
IM VL	IM-Vorlauf
JHS	Juristische Hochschule des MfS
K	Kriminalpolizei
KD	Kreisdienststelle
KGB	Abkürzung (russ.) für Komitee für Staatssicherheit
KSZE	Konferenz über Sicherheit und Zusammenarbeit in Europa
LArch	Landesarchiv
LDPD	Liberal-Demokratische Partei Deutschlands
LPG	Landwirtschaftliche Produktionsgenossenschaft

LStU	Der Landesbeauftragte für die Unterlagen der Staatssicherheit der ehemaligen DDR
MdI	Ministerium des Innern der DDR
MDR	Mitteldeutscher Rundfunk
MfS	Ministerium für Staatssicherheit, auch Stasi
ND	Neues Deutschland, Tageszeitung, Zentralorgan der SED
NVA	Nationale Volksarmee
OibE	Offizier im besonderen Einsatz
OPK	Operative Personenkontrolle
OV	Operativer Vorgang
RAF	Rote Armee Fraktion
RdB	Rat des Bezirkes
SBZ	Sowjetische Besatzungszone
SDP	Sozialdemokratische Partei (in der DDR)
SED	Sozialistische Einheitspartei Deutschlands
SPD	Sozialdemokratische Partei Deutschlands
SWR	Südwestrundfunk
UdSSR	Union der Sozialistischen Sowjetrepubliken
Urania	Gesellschaft zur Verbreitung wissenschaftlicher Kenntnisse
VEB	Volkseigener Betrieb
Vopo	Volkspolizist
VP	Volkspolizei
VVS	Vertrauliche Verschlusssache
ZA	Zentralarchiv
ZAH	Zentrales Aufnahmeheim (Röntgental)
ZAIG	Zentrale Auswertungs- und Informationsgruppe (des MfS)
ZDF	Zweites Deutsches Fernsehen
ZKG	Zentrale Koordinierungsgruppe (des MfS)
ZMA	Zentrale Materialablage

Literaturverzeichnis

Anonym: Keine »Connection« mit der RAF und anderen Terror-Organisationen, in: MfS-Insider, www.mfs-insider.de/SachbuchPDF/Terror9.pdf.

Delius, Friedrich Christian: Der Spaziergang von Rostock nach Syrakus, Reinbek 1995.

Eisenfeld, Bernd: Die Zentrale Koordinierungsgruppe. MfS-Handbuch BStU, Berlin 1996.

Geheim-Operation »Stern 2«, in: Der Spiegel 9/1997, 24.2.1997, S. 56.

Grashoff, Udo: Selbsttötungen in der DDR und das Wirken des Ministeriums für Staatssicherheit. Sachbeiträge Nr. 35 des LStU Sachsen-Anhalt, Magdeburg 2004.

Grashoff, Udo: »In einem Anfall von Depression«. Selbsttötungen in der DDR, Berlin 2006.

Gustke, Niklas: Die West-Ost-Wanderung 1949–1961 in der Selbstdarstellung der beiden deutschen Staaten. Magisterarbeit, Münster 2003.

Heidemeyer, Helge: Flucht und Zuwanderung aus der SBZ/DDR, Düsseldorf 1994.

Lippmann, Bernd: Übersiedlung von West nach Ost. Vortrag, Archiv des Autors, Berlin 1985.

Marxen, Klaus u. a. (Hg.): Strafjustiz und DDR-Unrecht. Dokumentation Band 6, Berlin 2006.

Müller, Jens: Übersiedler von West nach Ost in den Aufnahmeheimen der DDR am Beispiel Barbys. Sachbeiträge Nr. 15 des LStU Sachsen-Anhalt, Magdeburg 2000.

Roesler, Jörg: Rübermachen. Politische Zwänge, ökonomisches Kalkül und verwandtschaftliche Bindungen als häufigste Motive der deutsch-deutschen Wanderungen zwischen 1953 und 1961, Berlin 2004.

Röhlke, Cornelia: Die West-Ost-Migration. In: Bettina Effner, Helge Heidemeyer (Hg.): Flucht im geteilten Deutschland, Berlin 2005, S. 97–114.

Rücksiedler. Kampagne gegen Ausreisewillige, in: Der Spiegel 11/1985, 11.3.1985, S. 118–120.

Schädlich, Birgit u. a.: Wo bitte geht's in die DDR? Zur Geschichte des Zentralen Aufnahmeheimes Röntgental. Arbeit zum Schülerwettbewerb Deutsche Geschichte Schüler-Geschichtswerkstatt BBZ, Bernau 1995.

Schmelz, Andrea: Migration und Politik im geteilten Deutschland während des Kalten Krieges, Opladen 2002.

Stahlbaum, Stefan: Neue Heimat DDR, Barnim-Blog 6.11.2007, www.
bar-blog.de/2007/11/06/neue-heimat-ddr-das-zentrale-aufnahme-
heim-roentgental/.
West-Ost-Wanderer. Flucht ins Gewisse, in: Der Spiegel 64/1960,
13.4.1960, S. 28.
Wie im Zoo, in: Der Spiegel 3/1981, 12.1.1981, S. 75.
Wunschik, Tobias: Aufnahme und Überwachung von Zuwanderern aus
der Bundesrepublik Deutschland in die DDR. In: Klaus Bade (Hg.):
IMIS-Beiträge 32, Osnabrück 2007.

Filme

Junge, Winfried und Kracht, Hans: Der Kinder wegen – Flucht ins Vaterland, DEFA-Studio für Wochenschau und Dokumentarfilme, 16
mm, 16 min, s/w, Berlin 1963.
Heynowski, Walter und Scheumann, Gerhard: OK, DEFA-Studio für
Wochenschau und Dokumentarfilme, 16 mm, 32 min, s/w, Berlin
1965.
Kernau, Gerd: Nicht nur Heimweh, Filmfragment 47 min., MfS-Film-
studio Agitation, Berlin o.J. (1986).

Hörfunk

Richter, Christoph: Ich geh nach drüben. Über einen Mann, der vom
Westen in die DDR übersiedelte, Manuskript SWR 2, Redaktion Leben, 24.6.2008.

Angaben zum Autor

Foto: Ulrike Hullmann

Ulrich Stoll

1959 in Berlin geboren, studierte in München Germanistik, Theaterwissenschaft und Neuere Geschichte, seit 1984 arbeitet er als Fernsehjournalist u. a. für den WDR *(ZAK, Monitor)*, VOX *(ZeitPunkt)* und ZDF *(Frontal)*; er ist heute Redakteur des ZDF-Magazins *Frontal21* und Autor zahlreicher TV-Dokumentationen für ARD, ZDF und ARTE, darunter »Einmal Freiheit und zurück – die Geschichte der DDR-Rückkehrer« (ARTE 2009, 60 min.).

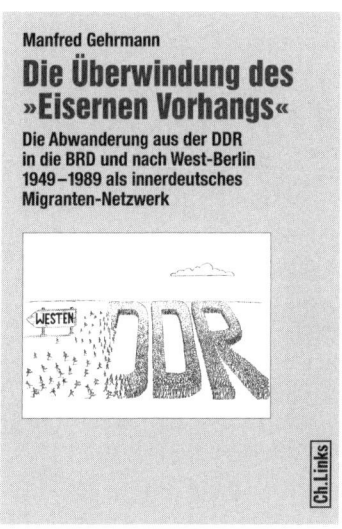